古典文獻研究輯刊

十五編

潘美月・杜潔祥 主編

第 15 冊

明代八股文編年史（第一冊）

陳文新／王同舟 著

國家圖書館出版品預行編目資料

明代八股文編年史（第一冊）／陳文新／王同舟　著 — 初版
— 新北市：花木蘭文化出版社，2012〔民 101〕
目 8+226 面；19×26 公分
（古典文獻研究輯刊 十五編；第 15 冊）
ISBN：978-986-254-998-8（精裝）
1. 八股文　2. 編年史　3. 明代
011.08　　　　　　　　　　　　　　　　　101015067

ISBN-978-986-254-998-8

9 789862 549988

古典文獻研究輯刊
十五編　第十五冊　　　　　　　ISBN：978-986-254-998-8

明代八股文編年史（第一冊）

作　　者　陳文新／王同舟
主　　編　潘美月　杜潔祥
總 編 輯　杜潔祥
企劃出版　北京大學文化資源研究中心
出　　版　花木蘭文化出版社
發 行 所　花木蘭文化出版社
發 行 人　高小娟
聯絡地址　新北市永和區中正路五九五號七樓
　　　　　電話：02-2923-1455／傳眞：02-2923-1452
網　　址　http://www.huamulan.tw 信箱 sut81518@gmail.com
印　　刷　普羅文化出版廣告事業
初　　版　2012 年 9 月
定　　價　十五編 26 冊（精裝）新台幣 42,000 元

明代八股文編年史（第一冊）

陳文新／王同舟　著

作者簡介

陳文新，男，1957 年 8 月生，湖北公安人。現為武漢大學教授、《湖北省志》總纂委員會副總纂、中國俗文學學會副會長。主要研究中國小說史和明代詩學。主編我國首部系統完整、涵蓋古今的《中國文學編年史》，與韓國閔寬東教授合著中文圖書中第一部《韓國所見中國古代小說史料》。個人學術專著主要有「古典文學論著四種」：《傳統小說與小說傳統》、《文言小說審美發展史》、《明代詩學的邏輯進程與主要理論問題》、《中國文學流派意識的發生和發展》。

王同舟（1969 ～），文學博士。生於湖北省丹江口市，畢業於武漢大學，現任職於中南民族大學。研究方向為明清思想文化、中國古典小說，出版《中國文學編年史‧晚清卷》、《欽定四書文校注》、《天罡地煞——〈水滸傳〉與民俗文化》等著作。

提　　要

本書是迄今為止第一部明代八股文編年史。

「八股文」是明清兩代科舉考試的專用文體。明清兩代的鄉試、會試，最重要的測試內容，是要求士子依照嚴格的程式對儒家經典進行闡釋。由此形成的考試專用文體，通稱「制義」，此外還有制藝、經義、時文、時藝等名稱。至於「八股文」，雖是從制義的結構與寫法而來的一種俗稱，卻最為現代讀者所熟悉，這就是本書名為《明代八股文編年史》的原因。

明代是八股文形成到成熟的時期，無體不備，名家疊出，對於研究八股文來說，具有標本意義。《明代八股文編年史》重點收錄下述內容：與八股文有關的重要科舉法規；對八股文發展演變有顯著影響的奏疏、會議、人物言論等；八股名家的履歷；與八股文有關的科舉教育；與八股文有關的科場事件；八股文風及相關文體；與八股文有關的科舉文獻；名家八股文作品……這些豐富的材料，有助於我們細密地把握明代八股文的流變，觀察傳統的思想文化如何將其影響注入到八股文之中，觀察八股文又如何將其影響彌散到思想文化體系的各個方面。

優秀的八股文作品，在寫作技巧與思想內容方面都有可資借鑒之處。八股文中不乏值得傳世的經典之作。

本書為高等學校人文社會科學
重點研究基地重大項目
「科舉制度與明清社會」成果
（11JJD750001）

目

次

前　言

　　「八股文」是明清兩代科舉考試的專用文體。明清兩代的鄉試、會試，最重要的測試內容，是要求士子依照嚴格的程式對儒家經典進行闡釋。由此形成的考試專用文體，通稱「制義」，此外還有制藝、經義、時文、時藝等名稱。至於「八股文」，雖是從制義的結構與寫法而來的一種俗稱，卻最為現代讀者所熟悉，這就是我們將本書命名為《明代八股文編年史》的原因。

　　熟悉「八股文」這一名稱，並不意味著熟悉八股文。相反，社會上存在著不少因知之不深而引起的輕視和敵視，最大的冤案莫過於將八股文視為導致近代中國落後挨打局面的罪魁。晚清官員張亨嘉曾有一段關於中西學問優劣問題的牢騷話：「中國積弱至此，安有學？即有學，安敢與外人較優劣？假而甲午爭朝鮮，一戰而勝日；戊戌援膠州，再戰而勝德。諸夷跂足東望，謂中國之盛由人才，人才出科舉，歐美各邦將有倣吾楷摺、八股而立中華學堂者矣！」（胡思敬撰《國聞備乘》卷二「二張」條）因為不滿時論對八股取士制度的攻擊，轉而一口咬定科舉、八股絲毫不需要對近代中國的積弱負責，這當然是憤激之言。從救國保種的需要出發，必須對八股取士的制度加以調整，晚清政府也確實這樣做了，光緒二十一年（1905）明令廢止科舉制度，八股文自此成為明日黃花。這種調整無疑是明智的，但我們今天回顧張亨嘉的牢騷，分明感受到當時對八股取士制度的批評也存在偏激之處。無論是過分誇大八股取士制度對中國積弱局面的責任，還是完全抹煞八股取士制度的合理成分，都是至今猶存的傾向，不難想見百年前八股取士制度批評者的情緒化、極端化現象。

　　評價八股文的功過，必須聯繫科舉制度。科舉制度本質上是一種國家文

官考試選拔制度，與歷史上的世祿制、九品中正制等選舉制度相比，這種制度無疑更加公平，更加有效。考試必然需要有相對固定的內容、形式，明清兩代八股取士的制度設計即源於此。

一切制度都不可能完美，八股取士的制度設計自然也存在缺陷。科舉時代，人們關於八股取士的有效性，主要有兩種質疑：首先，八股文承載的是對儒家經典的闡釋，以這種「學問」作為考選官吏的統一標準，是否具有充足的理由？由於傳統社會不能提供更具優勢的學問來替代它，這種質疑就不能動搖八股文的地位。其次，即使八股文所承載的學問是重要的，能否根據八股文考察士人「為學」的動機以及真正的施政能力，從而選拔出德才兼備的官員？但選拔失效的情況又是任何大規模實施的考試都無從避免的。因此，儘管在科舉時代對八股取士有很多批評，朝廷仍然堅持實施。

至於人們批評的八股文形式呆板僵化問題，不過是八股取士制度的派生性缺陷。八股文源出宋代的「經義」，其特點是「明白切實」；明初的八股文也與宋代「經義」相去不遠，「惟以明理為主，不以修詞相尚」。（《四庫總目提要》卷一百八十九《經義模範》提要）從開國到成化、弘治的一百多年間，八股文一般都是比較簡單而樸實地引用朱熹等對於經書的傳注，作者的技巧並不豐富，考官的標準也並不像後世那樣嚴苛。然而八股文作為國家考選官員的依據，天下士人心力彙集於此，自然推動了八股文技藝的提高，也推動了選拔標準的提高。歷史地看，所謂八股文形式「呆板僵化」，不過是考試組織者的標準化要求與應考者的技巧性追求交互作用的結果。過於僵化的形式，過於複雜的技巧，並不是制度設計者的本意；而在八股文發展過程中凝固下來的一些形式與技巧，又往往內在地符合邏輯與修辭的需要。這一切又遠非「呆板僵化」四字所能概括。

如果要追問八股文有沒有用處，不妨先問一問詩賦有沒有用處。唐代科舉以詩賦取士，可是唐朝國力領先世界並不由詩賦取士而來。關於詩賦取士，唐人趙匡已有「習非所用，用非所習」的批評，詩賦之才與治國理民之才，二者確實難以建立直接的聯繫。後人懲於詩賦的「無用」，改用八股取士，而八股又不免「無用」之譏，如明末清初的學問家顧炎武就很鄙薄八股。問題是，《日知錄》、《音學五書》的學問就能應對晚清海道大通以來的世變嗎？進一步說，風靡有清一代的「實學」，從經史之學，到音韻文字、金石考據等等，以今天的眼光看，也無非是「虛學」。以這些學問取代八股文作為

科舉的內容，恐怕未必能避免近代中國落後挨打的命運。

　　作出這樣的假設，並不是替八股文推脫責任，而是要說明評價八股文時應當看到它背後的整個文化。八股取士制度，著重考查士人對儒家經典的掌握，而儒家經典很大程度上是綜合了中國傳統的人文社會知識；爲了寫出「熔經液史」的八股文而進行的長期訓練，屬於典型的通識教育。這種教育並不強調直接培養出具體的職業技能，但由此形成的較高文化水平和學習能力，往往可以轉化爲較強的社會適應力。這一點正是八股文的「有用」之處。

　　這樣的教育和選拔制度必定會造成一定比例的「失敗者」，包括無法適應八股文寫作的人士，也包括僅能掌握八股文寫作的人士。問題還不止此——這種教育和選拔制度有其存在社會基礎，它更適合在分工程度和流動性較低的社會，特別是傳統的農業社會。在這種社會環境中，大多數知識份子只能以向「仕」轉化爲目標。一旦工業社會帶來新的社會分工體系，一旦出現自然技術科學知識的爆發性增長，這種教育和選拔制度都會顯現出不適應。

　　明代以來，隨著教育普及程度日漸提高，知識份子的總量大大超出社會所需要的官吏數量，社會應當鼓勵知識份子向工商業等行業分流。中國沒有走向這條歷史道路，一代一代，多數知識份子仍以皓首窮經、鑽研八股爲唯一正業。之所以如此，與固有文化中缺乏支撐變革的思想資源有關，更與專制社會的政治需求有關。對專制政體來說，八股文教育和選拔制度帶來的意識形態建設效果，有著難以抗拒的吸引力。

　　站在工業社會的立場上省視八股文，借著鴉片戰爭以來歷史帶來的「後見之明」來評論八股文，我們很容易清晰地看到八股文的歷史侷限。但是，我們同樣需要進入生動的歷史情境，以期獲得「瞭解之同情」。明代是八股文形成到成熟的時期，無體不備，名家迭出，對於研究八股文來說，具有標本意義。《明代八股文編年史》重點收錄下述內容：與八股文有關的重要科舉法規；對八股文發展演變有顯著影響的奏疏、會議、人物言論等；八股名家的履歷；與八股文有關的科舉教育；與八股文有關的科場事件；八股文風及相關文體；與八股文有關的科舉文獻；名家八股文作品……這些豐富的材料，有助於我們細密地把握明代八股文的流變，觀察傳統的思想文化如何將其影響注入到八股文之中，觀察八股文又如何將其影響彌散到思想文化體系的各

個方面。

　　正因為明代八股文與明代思想文化、社會政治諸方面存在複雜聯繫，《明代八股文編年史》一書的編纂也就不僅僅著眼於揭示八股文自身的演變歷程，而是力圖為一系列相關問題的研究提供便利。八股取士制度，是明代文學發展的重要生態。文士命運的升沈往往取決於科場的得失，一些文學流派的地位與科名高低相關；八股取士制度既然帶有規範士人知識結構和人格的用意，那麼八股文對文學面貌的更廣泛的影響也應當被納入視野。在八股文研究所涉及的其他學科中，需要特別提出的是思想史、哲學史研究。一般地說，我們感知的儒家傳統，往往是經過宋明理學改造過的。理學之發生廣泛影響，成為傳統社會後期的「正宗」，它的普及化很大程度上是借助了八股文的力量。但是，八股文在使理學普及化的同時，也對理學進行了取捨，在塑造「正統」方面，八股文的作用不可忽視。在這種宏觀影響之外，我們還應適當評估八股文寫作對儒家義理的新闡釋、新發明。八股文的寫作應當恪遵傳注，但在傳統社會的很多士人那裏，儒學是身心性命之學，制義也是提高學養、檢驗進境的工具。對他們來說，寫作八股文，或者是心有所得，探喉而出，或者是嘔心瀝血，鈏肝鏤腎，往往包含濃烈的情感和精微的義理。這些八股文當然也應成為思想史研究的材料。

　　有理由相信，只要克服誤解和偏見，作為一般讀者也完全可以從八股文中汲取獨特的滋養。清初學者何焯稱：「合天下聰明才辨之士治一事，得之則身顯名立，不得則身晦名沒，然而無一精者，未聞也。窮畢世之力攻一藝，父兄勉其子弟，師摩切其徒，然而無一長者，亦未之聞也。至於閱三百有餘歲，英雄豪傑樹功名、釣祿位，舉出其中，而謂是為卑卑不足道，果通論乎？」（《制義叢話》卷一）優秀的八股文作品，在寫作技巧與思想內容方面都有可供借鑒之處。例如《明代八股文編年史》中收錄的成化、弘治間名家蔡清「吾十有五而志於學」一章題文：「不惑，固明諸心也，未及一原也，又十年而五十，而義理之所自來、性命之所自出，一以貫之而無遺矣；知天命，固與天通也，或未合一也，又十年而六十，則聲入心通者，若決江河，莫之能禦矣。吾未七十，猶未敢從心也，從之猶未免於踰矩，未與天一也。自六十而又進焉，然後天即我心，我心即天，念念皆天則矣。吁！始而與時偕行，終而與時偕極，聖人之學蓋如此。」短短數行文字，將為學的次第分疏清晰，揭示出「與時偕行」、「與時偕極」的精義，確實不愧名作。書中

收錄的黃淳耀「強恕而行，求仁莫近焉」二句題文寫道：「天下勉強之聖賢，終勝於自然之眾庶，循理處善，一念可以有群生；天下篤實之學問，尤勝於高明之性資，致行設誠，匹夫可以容天下。」鏗鏘有力，完全可以作為人生的座右銘。八股文中不乏值得傳世的經典之作。

陳文新　王同舟

2011 年 12 月 30 日於武漢

凡　例

一、本書以編年形式展現明代八股文的發展歷程，重點收錄下述內容：

　　1. 與八股文有關的重要科舉法規。

　　2. 對八股文發展演變有顯著影響的奏疏、會議、人物言論等。

　　3. 八股名家的履歷。

　　4. 與八股文有關的科舉教育。

　　5. 與八股文有關的科場事件。

　　6. 八股文風及相關文體。

　　7. 與八股文有關的科舉文獻。

　　8. 其他。

二、敘事以綱帶目，即在徵引相關文獻之前有一句或數句概述。如，先總敘一句「李舜臣被取爲今年會元」，再徵引相關文獻。前者爲綱，後者爲目，綱、目配合，旨在完整地呈現相關事實。少量見於常用工具書的重要史實，或不必展開的科舉事實，則列綱而略目，以省篇幅。

三、西曆紀年年初與中國傳統紀年年末往往不屬同一年份，如洪武十六年癸亥正月至十二月並不對應於西元 1383 年 1 月～1383 年 12 月，而是對應於西元 1383 年 2 月～1384 年 1 月。我們採用變通的處理方法，以傳統方式紀年紀月，同時標注西曆紀年。人物生卒年，仍據西曆標注。

四、同一年內的史實，按月份先後順序排列。月份不詳而僅知季度的，春季置於三月之後，夏季置於六月之後，其他以此類推。季度、月份均不詳者，另設「本年」目統之。

五、引用文集序跋，一般採用「作者＋篇名」的方式，如「臧懋循《唐詩所

序》」。引用序跋之外的詩文等作品，一般採用「集名＋卷次＋篇名」的方式，如「《高文端公奏議》卷四《議修學政酌朝儀疏》」；無篇名者省略，如「《讕言長語》卷上」。其作者文集中所收爲他人別集等所作的序跋，亦採用這一方式，如「《金忠潔集》卷四《高中孚年兄制義序》」。引用《明實錄》，標明卷次；引用《明史》等正史，一般採用「正史名＋本傳或××志」的方式，如「《明史》本傳」、「《明史‧選舉志》」，不標卷次。引用地方志，標明纂修年代和卷次，如「光緒《烏程縣志》卷三十一」。引用《四庫全書總目提要》，或用全稱，或簡稱「四庫提要」，標明卷次。據類書或工具書轉引時，注明原出處。

六、人物小傳（含生卒年、履歷等要素）和有關明代科舉的一般背景材料從略，讀者可參閱陳文新、何坤翁、趙伯陶主撰的《明代科舉與文學編年》，武漢大學出版社 2009 年版；有關明代文學的一般背景材料從略，讀者可參閱陳文新主編《中國文學編年史》明代部分，湖南人民出版社 2006 年版。

明太祖洪武元年戊申（西元 1368 年）

本　年

去年三月，下令設文武科取士。

《明太祖實錄》卷二十二：吳元年三月丁酉，「下令設文武科取士。令曰：蓋聞上世帝王創業之際用武以安天下，守成之時講武以威天下，至於經綸撫治則在文臣，二者不可偏用也。古者人生八歲學禮、樂、射、御、書、數之文，十五學修身、齊家、治國、平天下之道。是以《周官》選舉之制曰六德、六行、六藝，文武兼用，賢能並舉，此三代治化所以盛隆也。茲欲上稽古制，設文、武二科，以廣求天下之賢。其應文舉者，察其言行，以觀其德；考之經術，以觀其業；試之書算、騎射，以觀其能；策之經史時務，以觀其政事。應武舉者，先之以謀略，次之以武藝。俱求實效，不尚虛文。然此二者，必三年有成，有司預爲勸諭民間秀士及智勇之人，以時勉學，俟開舉之歲，充貢京師，其科目等第各有出身。」吳元年（西元 1367 年，即元惠宗至正二十七年）。案，文舉考試於洪武三年如期舉行，武舉考試則遲至天順八年纔舉行。《明史‧選舉志》：「科目者，沿唐、宋之舊，而稍變其試士之法，專取四子書及《易》、《書》、《詩》、《春秋》、《禮記》五經命題試士。蓋太祖與劉基所定。其文略仿宋經義，然代古人語氣爲之，體用排偶，謂之八股，通謂之制義。三年大比，以諸生試之直省，曰鄉試。中式者爲舉人。次年，以舉人試之京師，曰會試。中式者，天子親策於廷，曰廷試，亦曰殿試，分一、二、三甲以爲名第之次。一甲止三人，曰狀元、榜眼、探花，賜進士及第。二甲若干人，賜進士出身。三甲若干人，賜同進士出身。狀元、榜眼、探花之名，制所定也。而士大夫又通以鄉試第一爲解元，會試第一爲會元，二、三甲第一爲傳臚云。子、午、卯、酉年鄉試，辰、戌、丑、未年會試。鄉試以八月，會試以二月，皆初九日爲第一場，又三日爲第二場，又三日爲第三場。」「廷試，以三月朔。鄉試，直隸於京府，各省於布政司。會試，於禮部。主考，鄉、會試俱二人。同考，鄉試四人，會試八人。提調一人，在內京官，在外布政司官。會試，御史供給收掌試卷；彌封、謄錄、對讀、受卷及巡綽、監門，搜檢懷挾，俱有定員，各執其事。」「初設科舉

時，初場試經義二道，《四書》義一道；二場，論一道；三場，策一道。中式後十日，復以騎、射、書、算、律五事試之。後頒科舉定式，初場試《四書》義三道，經義四道。《四書》主朱子《集注》，《易》主程《傳》、朱子《本義》，《書》主蔡氏《傳》及古注疏，《詩》主朱子《集傳》，《春秋》主左氏、公羊、穀梁三傳及胡安國、張洽《傳》，《禮記》主古注疏。永樂間，頒《四書五經大全》，廢注疏不用。其後，《春秋》亦不用張洽《傳》，《禮記》止用陳澔《集說》。二場試論一道，判五道，詔、誥、表內科一道。三場試經史時務策五道。」「試卷之首，書三代姓名及其籍貫年甲，所習本經，所司印記。試日入場，講問、代冒者有禁。晚未納卷，給燭三枝。文中迴避御名、廟號，及不許自序門第。彌封編號作三合字。考試者用墨，謂之墨卷。謄錄用硃，謂之硃卷。試士之所，謂之貢院。諸生席舍，謂之號房。人一軍守之，謂之號軍。」朱之瑜《朱舜水集》卷十《答源光國問十一條》：「古來取士，其道惟漢爲備，而得人爲最盛，治法爲近古。自唐以降，始有解試、省試之名，而廷試起於宋朝。張奭之子，以曳白登科，而題名強半爲執政親屬；舉子喧嘩，天子始親策之於廷，故曰廷試。此三試者，惟明朝爲大備。唐雖設解額，而節度、廉訪、觀察、轉運等使，俱得自辟士，署爲幕職，考績而升爲朝官。士子亦得竟詣大學舉進士。進士者，省試也，每年一舉，試者甚少，而得第者亦復寥寥。進士科既已得雋，又復舉博學宏詞等科而後得官，故自不同。宋朝稍近於我明，然分天下爲軍。軍府至爲煩多，故解額亦自瑣屑。大明分天下爲十五國，南、北兩京爲天子京畿，故不言省。而十三省乃中書省之分署，故曰省。浙江、江西、福建、廣東、雲南、山東、山西、河南、陝西、四川、湖廣、雲南、貴州爲十三省，合南、北二京，爲十五國。三年一大比，子、午、卯、酉之年，大集舉子於省會。朝廷差京考二員，就其地考試，而房考則督學官自行聘請閱文。中式者爲解元，合次四名爲經魁，又次及末爲文魁。鹿鳴設宴，此即《禮》之賓興，而艱難尊寵過之。省試者，南宮之試也；南宮者，禮部也。禮部尚書侍郎二員爲貢舉官，故曰省試，亦仍唐時中書省、門下省、尚書省試士之稱。秘書者，監、郎、丞俱小官，不與此數，或時承乏典試，亦不以省爲名。會試者，會天下之舉子於辰、戌、丑、未之年，而試之於南宮。中式者爲會元，餘十七名爲會魁，而通謂之進士，瓊林設宴。廷試是天子臨軒策士，宰輔閱卷進呈，對廷讀卷，京兆設歸第宴，故曰廷試，非以翰林院爲廷也。翰林院官，特充房考諸官耳。」「取

士，唐朝以詩，或以賦。宋朝以賦、以策。明朝初舉亦甚簡易，後累年更制，定爲初場試制義，《四書》義三篇，經義四篇，合七篇。舉子各占一經，不許有兼經者。二場，論一道，詔、誥、表內科一道，判五道。三場，策五道，而廷試策自爲一種，不與射策相同。」

明太祖洪武二年己酉（西元 1369 年）

十 月

詔天下府、州、縣皆立儒學。

《明太祖實錄》卷四十六：洪武二年冬十月，「辛巳，上諭中書省臣曰：『學校之教，至元其弊極矣，使先王衣冠禮義之教，混爲夷狄上下之間，波頹風靡，故學校之設，名存實亡。況兵變以來，人習於戰鬥，惟知干戈，莫識俎豆。朕恒謂，治國之要，教化爲先。教化之道，學校爲本。今京師雖有太學，而天下學校未興，宜令郡縣皆立學，禮延師儒，教授生徒，以講論聖道，使人日漸月化，以復先王之舊，以革污染之習。此最急務，當速行之。』」洪武二年冬十月，「辛卯，命郡縣立學校。詔曰：「古昔帝王育人材，正風俗，莫先於學校。自胡元入主中國，夷狄腥膻污染華夏，學校廢弛，人紀蕩然。加以兵亂以來，人習鬥爭，鮮知禮義。今朕一統天下，復我中國先王之治，宜大振華風，以興治教。今雖內設國子監，恐不足以盡延天下之俊秀。其令天下郡縣並建學校，以作養士類。其府學，設教授一員，秩從九品，訓導四員，生員四十人。州學設學正一員，訓導三員，生員三十人。縣學設教諭一員，訓導二員，生員二十人。師生月廩食米，人六斗，有司給以魚肉，學官月俸有差。學者專治一經，以禮、樂、射、御、書、數設科分教，務求實才，頑不率者，黜之。』」《明史・選舉志》：「科舉必由學校，而學校起家可不由科舉。學校有二：曰國學，曰府、州、縣學。府、州、縣學諸生入國學者，乃可得官，不入者不能得也。」「郡縣之學，與太學相維，創立自唐始。宋置諸路州學官，元頗因之。其法皆未具。迄明，天下府、州、縣、衛所，皆建儒學，教官四千二百餘員，弟子無算……洪武二年，太祖初建國學，諭中書省臣曰：『學校之教，至元其弊極矣。上下之間，波頹風靡，學校雖設，名存實亡。兵變以來，人習戰爭，

惟知干戈，莫識俎豆。朕惟治國以教化爲先，教化以學校爲本。京師雖有
太學，而天下學校未興。宜令郡縣皆立學校，延師儒，授生徒，講論聖道，
使人日漸月化，以復先王之舊。』於是大建學校，府設教授，州設學正，
縣設教諭，各一。俱設訓導，府四，州三，縣二。生員之數，府學四十人，
州、縣以次減十。師生月廩食米，人六斗，有司給以魚肉。學官月俸有差。
生員專治一經，以禮、樂、射、御、書、數設科分教。務求實才，頑不率
者黜之。十五年頒學規於國子監，又頒禁例十二條於天下，鐫立臥碑，置
明倫堂之左。其不遵者，以違制論。蓋無地而不設之學，無人而不納之教。
庠聲序音，重規疊矩，無間於下邑荒徼，山陬海涯。此明代學校之盛，唐、
宋以來所不及也。」《明史・職官志》：「儒學。府，教授一人，從九品，訓
導四人。州，學正一人，訓導三人。縣，教諭一人，訓導二人。教授、學
正、教諭，掌教誨所屬生員，訓導佐之。凡生員廩膳、增廣，府學四十人，
州學三十人，縣學二十人，附學生無定數。儒學官月課士子之藝業而獎勵
之。凡學政遵臥碑，咸聽於提學憲臣提調，府聽於府，州聽於州，縣聽於
縣。其殿最視鄉舉之有無多寡。明初，置儒學提舉司。洪武二年詔天下府
州縣皆立學。十三年改各州學正爲未入流；先是從九品。二十四年定儒學
訓導位雜職上。三十一年詔天下學官改授旁郡州縣。正統元年始設提督學
校官。又有都司儒學，洪武十七年置，遼東始。行都司儒學，洪武二十三
年置，北平始。衛儒學，洪武十七年置，岷州衛，二十三年置，大寧等衛
始。以教武臣子弟。俱設教授一人，訓導二人。河東又設都轉運司儒學，
制如府。其後宣慰、安撫等土官，俱設儒學。」萬曆《大明會典》卷七十
八《禮部・學校・儒學》「廩饌」：「洪武初，令師生廩食月米六斗，後復令
日米一升。魚肉鹽醢之類，皆官給之。十五年，令廩饌月米一石。正統元
年，令師生日逐會饌，有司僉與膳夫，府學四名，州學三名，縣學二名。
弘治三年奏准，膳夫每名歲出柴薪銀四兩，以備會饌之用。八年，令膳夫
每名歲出柴薪銀十兩。若師生不行會饌，有司失於供應，聽提學官究治。
嘉靖十九年題准，孔、顏、孟三氏教授司生員廩米，兗州府通融處給。隆
慶六年議准，箚行順天府將交阯歸順土官膳夫，照例編給，不許額外增編。」
又「學規」：「洪武二年，詔天下府州縣立學校，學者專治一經，以禮樂射
御書數，設科分教。三年定學校射儀。前期，戒射定耦，選職事充司正、
副司正、司射、司射器、請射、舉爵、收矢、執旗、樹鵠。陳設訖，至日，

執事者人就位，請射者引主射正官及各官員子弟士民俊秀者，各就品位。司射器者以弓矢置於各正官及司射前，……既畢，司正、副司正各持算白中於主射正官，……飲訖，請射者請屬官以下仍捧弓矢納於司射器，還詣主射正官前相揖而退。六年，令今後一應文字，祇用散文，不許爲四六，誤後學。十五年，頒禁例於天下學校，……一、今後府州縣生員，若有大事干於己家者，許父兄弟姪具狀入官辨訴。若非大事，含情忍性，毋輕至於公門。一、生員之家，父母賢智者少，愚癡者多，……子當受而無違，斯孝行矣。……一、軍民一切利病，並不許生員建言。……一、爲師長者，當體先賢之道，竭忠教訓，以導愚蒙，勤考其課，撫善懲惡，毋致懈惰。一、提調正官務要常加考校，其有敦厚勤敏，撫以進學；懈怠不律、愚頑狡詐，以罪斥去。使在學者，皆爲良善。……一、民間凡有冤抑，干於自己，及官吏賣富差貧，重科厚斂，巧取民財等事，許受害之人，將實情自下向上陳告，毋得越訴。……一、若十惡之事，有干朝政，實迹可驗者，許諸人密切赴京面奏。……二十四年，令各處儒學，每遇朔望，有司官至日早詣學謁廟行香，師生出大門外迎接，行禮畢，請至明倫堂。師生作揖，教官侍坐，生員東西序立講書。提調官考課畢，退，師生復送至大門外迴學……。又令生員熟讀《大誥》律令，歲貢時出題試之，民間習讀《大誥》子弟亦令讀律。又令教官人等務要依先聖先賢格言，教誨後進，使之成材，以備任用。敢有妄生異議，蠱惑後生，乖其良心者，誅其本身，全家遷發化外。二十五年，定禮射書數之法……。永樂三年申明師生每日清晨陞堂，行恭揖禮畢，方退，晚亦如之。生員會食肄業，毋得出外遊蕩。正統六年，令提調官置簿，列生員姓名，又立爲簽，公暇揭取，稽其所業。提學官所至，察提調勤怠以書其稱否，其生員有奸詐頑僻，藐視師長，齟齬教法者，悉斥退爲民。成化三年，令提學官躬歷各學，督率教官化導諸生……。弘治十六年題准，生員不拘廩·增·附學，敢有傲慢師長，挾制官府，敗倫傷化，結黨害人者，本學教官具呈該管官員，查究得實，依律問罪。……嘉靖十年題准，生員內有刁潑無恥之徒，號稱學霸，恣意非爲，及被提學考校或訪察黜退，妄行訕毀，赴京奏擾者，奏詞立案不行，仍行巡按御史拏問。十六年，令士子文字，敢有肆爲怪誕，不遵舊式者，提學官即行革退。」

明太祖洪武三年庚戌（西元 1370 年）

五　月

初設科取士。以八月鄉試，二月會試。

《明太祖實錄》卷五十二：洪武三年五月，「己亥，詔設科取士。詔曰：朕聞成周之制，取才於貢士，故賢者在職，而其民有士君子之行，是以風淳俗美，國易爲治，而教化彰顯也。漢、唐及宋，科舉取士，各有定制，然但貴詞章之學，而不求德藝之全。前元依古設科，待士甚優，而權豪勢要之官，每納奔競之人，夤緣阿附，輒竊仕祿，所得資品，或居貢士之上。其懷材抱道之賢，恥與並進，甘隱山林而不起，風俗之弊，一至於此。今朕統一華夷，方與斯民共用昇平之治，所慮官非其人，有殃吾民，願得賢人君子而用之。自今年八月爲始，特設科舉，以起懷才抱道之士，務在經明行修，博通古今，文質得中，名實相稱。其中選者，朕將親策於廷，觀其學識，第其高下，而任之以官，果有才學出眾者，待以顯擢，使中外文臣，皆由科舉而選，非科舉者，毋得與官，彼遊食奔競之徒，自然易行。於戲，設科取士，期必得於全材，任官惟賢，庶可成於治道。咨爾有眾，體予至懷。」「遣使頒科舉詔於高麗安南占城。」《弇山堂別集》卷八十一：「初設科舉條格詔：『洪武三年五月初一日，奉天承運皇帝詔曰：「朕聞成周之制，取材於貢士，故賢者在職，而其民有士君子之行，是以風俗淳美，國易爲治，而教化彰顯也。漢、唐及宋，科舉取士，各有定制，然但貴詞章之學，而未求六藝之全。至於前元，依古設科，待士甚優。而權豪勢要之官，每納奔競之人，辛勤歲月，輒竊仕祿，所得資品，或居士人之上，懷材抱德之賢，恥於並進，甘隱山林而不起。風俗之弊，一至於此。今朕統一中國，外撫四夷，與斯民共用昇平之治。所慮官非其人，有傷吾民，願得君子而用之。自洪武三年八月爲始，特設科舉，以取懷材抱德之士，務在經明行修，博古通今，文質得中，名實相稱。其中選者，朕將親策於廷，觀其學識，品其高下，而任之以官，果有材學出眾者，待以顯擢。使中外文武，皆由科舉而選，非科舉，毋得與官。敢有遊食奔競之徒，坐以重罪，以稱朕責實求賢之意。所有合行事宜，條列於後：

一、鄉試會試文字程式

　　□第一場試《五經》義，各試本經一道，不拘舊格，惟務經旨通暢，限五百字以上。《易》程朱氏注、古注疏，《書》蔡氏傳、古注疏；

《詩》朱氏傳、古注疏；《春秋》左氏、公羊、穀梁、胡氏、張洽傳；《禮記》古注疏。《四書》義一道，限三百字以上。

□第二場試禮樂論，限三百字以上，詔誥表箋。

□第三場試經史時務策一道，惟務直述，不尚文藻，限一千字以上。

□第三場畢後十日面試，騎觀其馳驟便捷，射觀其中數多寡，書觀其筆畫端楷，律觀其講解詳審。殿試時務策一道，惟務直述，限一千字以上。

一、出身

□第一甲第一名從六品，第二、第三名正七品，賜進士及第。

□第二甲一十七名，正七品，賜進士出身。

□第三甲八十名，正八品，賜同進士出身。

一、鄉試。各省並直隸府州等處，通選五百名為率，人材眾多去處，不拘額數，若人材未備不及數者，從實充貢。

□河南省四十名，山東省四十名，山西省四十名，陝西省四十名，北平省四十名，福建省四十名，江西省四十名，浙江省四十名，湖廣省四十名，廣西省二十五名。在京鄉試直隸府州一百名。

一、會試額取一百名。

一、高麗國、安南、占城等國，如有經明行修之士，各就本國鄉試，貢赴京師會試，不拘額數選取。

一、開試日期。

□鄉試，八月初九日第一場，十二日第二場，十五日第三場。

□會試，次年二月初九第一場，十二日第二場，十五日第三場。

□殿試，三月初三日。

一、三年一次開試。

·於洪武二年鄉試，洪武四年會試。

一、各省自行鄉試，其直隸府州赴京鄉試。凡舉，各具籍貫、年甲、三代本姓，鄉里舉保，州縣申行省，印卷鄉試，中者，行省咨解，中書省判送禮部，印卷會試。

一、仕宦已入流品及曾於前元登科並曾仕宦者，不許應試。其於各色人民並流寓各處者，一體應試。

一、有過罷閒人吏、娼優之人，並不得應試。

一、應舉不第之人，不許喧鬧摭拾考官及擅擊登聞鼓，違者究治。

一、凡試官不得將弟男子侄親屬徇私取中，違者許赴省臺指實陳告。

一、科舉取士，務得全材，但恐開設之初，騎射書算未能遍習，除今科免試外，候二年之後，須要兼全方許中選。於戲，設科取士，期必得乎全材，任官惟能，庶可成於治道。咨爾有眾，體朕至懷，故茲詔示，想宜知悉。」

案，洪武三年庚戌始開科，就試者鄉舉士百二十三人，中式者七十二人。主試則御史中丞劉基、治書侍御史秦裕伯，同考則翰林侍讀學士詹同、弘文館學士睢稼、起居注樂韶鳳、尚寶丞吳潛、國史編修宋濂，而序錄出於濂。中式士未及會試，悉授官。」《客座贅語》卷一《經義兼古注疏》：「洪武三年五月初一日，《初設科舉條格詔》內開：第一場五經義，各試本經一道，限五百字以上。《易》，程、朱氏注；《書》，蔡氏傳；《詩》，朱氏傳。俱兼用古注疏。《春秋》，左氏、公羊、穀梁、張洽傳；《禮記》，專用古注疏。《四書》義一道，限三百字以上。至十七年三月初一日，命禮部頒行科舉成式，始定子、午、卯、酉年鄉試，辰、戌、丑、未年會試。制：第一場試《四書》義三道，二百字以上；經義四道，三百字以上。未能者許各減一道。《四書》主朱子《集注》，《易》主程、朱傳義，《書》主蔡氏傳及古注疏，《詩》主朱子《集傳》，《春秋》主左氏、公羊、穀梁、胡氏、張洽傳，《禮記》主古注疏。案：此兼用古注疏及諸家傳，聖制彰明。後不知何緣，遂斥古注疏不用。《春秋》止用胡傳為主，左氏、公、穀，第以備考。張洽傳，經生家不復知其書與其人矣。《禮記》專用陳澔《集說》，古注疏盡斥不講。近日舉子文，師心剿說，浮蔓無根。誠舉初制，一申明之，使通經博古者得以自見，亦盛事也。」萬曆《大明會典》卷七十七《科舉》：「凡殿試，洪武三年定：殿試時務策一道，惟務直述，限一千字以上。其出身，第一甲第一名，從六品，第二、第三名，正七品，賜進士及第。第二甲，正七品，賜進士出身。第三甲，正八品，賜同進士出身。四年，定恩榮次第：二月十九日，御奉天殿策試貢士；二十日，午門外唱名，張掛黃榜，奉天殿欽聽宣諭，同除授職名，於奉天門謝恩。二十二日，賜宴於中書省。二十三日，國子學謁先聖，行釋菜禮。永樂二年定：前期，禮部奏請讀卷並執事等官。其讀卷，以內閣官，六部、都察院、通政司、大理寺正官，詹事府、翰林院堂上官。提調，以禮部尚書、侍郎。監試，以監察御史二員。受卷、彌封、掌卷，俱以翰林院、

春坊、司經局、光祿寺、鴻臚寺、尚寶司、六科及制敕房官。巡綽，以錦衣等衛官。印卷，以禮部儀制司官。供給，以光祿寺、禮部精膳司官。至日，上御奉天殿，親賜策問。諸舉人對策畢，詣東角門納卷，出。受卷官以試卷送彌封官，彌封訖，送掌卷官，轉送東閣讀卷官處，詳定高下。明日，讀卷官俱詣文華殿讀卷，御筆親定三名次第，賜讀卷官宴。宴畢，仍賜鈔，退於東閣，拆第二甲、三甲試卷，逐旋封送內閣填寫黃榜。明日，讀卷官俱詣華蓋殿，內閣官拆上所定三卷，填榜訖，上御奉天殿傳制，畢，張掛黃榜於長安左門外，順天府官用傘蓋儀從，送狀元歸第。明日，賜狀元及進士宴於禮部，命大臣一員待宴，讀卷、執事等官皆預，進士並各官皆簪花一枝，教坊司承應。宴畢，狀元及進士赴鴻臚寺習儀。又明日，賜狀元冠帶朝服一襲，賜進士寶鈔，人五錠。後三日，狀元率諸進士上表謝恩。明日，狀元率諸進士詣國子監，謁先師廟，行釋菜禮。禮畢，易冠服，禮部奏請命國子監立石題名。弘治六年奏准，讀卷並放榜等項，遞移次一日。嘉靖五年奏准，受卷、彌封官，不許檢看文字，及與掌卷官往來。各卷糊名畢，用關防鈐蓋，送掌卷官處，轉送讀卷官。內除內閣首一人總看各卷，不必分授，其餘讀卷官，各將所看文字第為三等，先將上等一卷，送內閣公同定擬一甲三名，餘卷從內閣至翰林院，各填一卷，周而復始。」梁章鉅《制義叢話》卷一：「蓋經義始於宋，《宋文鑑》中所載張才叔《自靖人自獻於先王》一篇，即當時程試之作也。元延祐中，兼以經義、經疑試士。明洪武初，定科舉法，亦兼用經疑。後乃專用經義，其大旨以闡發道理為宗。厥後其法日密，其體日變，其弊亦遂日生。有明二百餘年，自洪、永以迄化、治，風氣初開，文多簡樸。逮於正、嘉，號為極盛。隆、萬以機法為貴，漸趨佻巧，至於啟、禎，警辟奇傑之氣日勝，而駁雜不醇、倡狂自恣者，亦遂錯出於其間。於是啟橫議之風，長傾詖之習，文體蠱而士習彌壞，士習壞而國運亦隨之矣。」「明科舉，初場試四書文二篇，五經義四篇，故爾時有七篇出身之目。間有合作五經卷以見長者，故又有二十三篇之目。前明以五經卷中試者，洪武二十三年黃文史試南畿，兼作五經題，以違式取旨，特賜第一，免其會試，授刑部主事」。案，詔中所言「使中外文臣皆由科舉而選，非科舉者毋得與官」，僅為明太祖一時設想，非事實也。明朝選官，除科舉外，還有學校、薦舉、吏員等途徑，而洪武間甚至以薦舉為主。又，明確規定舉行鄉、會試的地支、年份，始於洪武十七年。

八　月

京師及各行省舉行鄉試。

《明太祖實錄》卷五十五：洪武三年八月乙酉，「是月，京師及各行省開鄉試。自初九日始試初場，復三日試第二場，又三日試第三場。京師直隸府州貢額百人，河南、山東、山西、陝西、北平、福建、江西、浙江、湖廣各四十人。廣西、廣東各二十五人。若人材眾多之處，不拘額數。或不能及數者，亦從之。考試之法，大略損益前代之制，初場《四書》疑問，本經義及《四書》義各一道。第二場論一道，第三場策一道，中式者，後十日復以五事試之，曰騎射書算律。騎觀其馳驅便捷，射觀其中之多寡，書通於六義，算通於九法，律觀其決斷。」《殿閣詞林記》卷十四《鄉試》：「凡順天府、應天府鄉試，本府以考試官請，與會試同，蓋重畿甸以為天下先也。案：洪武庚戌，京闈主考為前御史中丞劉基、治書御史秦裕伯，同考為侍講學士詹同、弘文館學士睢稼、起居注樂韶鳳、尚寶丞魏潛、國史宋濂。辛亥，京闈主考則兵部尚書吳琳、國子司業宋濂也。永樂癸未，命侍講胡廣、編修王達為應天府考試官，賜宴於本府，自是遂為例。」萬曆《大明會典》卷七十七《科舉》：「凡開科，洪武三年，詔設科取士，以今年八月為始，使中外文臣，皆由科舉而選。京師及各行省鄉試，八月初九日，試初場，又三日，試第二場，又三日，試第三場。初場，經義二道，《四書》義一道；第二場，論一道；第三場，策二道。後十日，復以騎、射、書、算、律五事試之。鄉試中式，行省咨中書省判送禮部會試。其中選者，上親策於廷，第其高下。《五經》義限五百字以上，《四書》義限三百字以上，論亦如之。策惟務直述，不尚文藻，限一千字以上。其高麗、安南、占城等國，如有經明行修之士，各就本國鄉試，許貢赴京師會試，不拘額數選取。四年，詔各行省連試三年，自後三年一舉，著為定例。十七年定：一、三年大比，八月初九日第一場，試《四書》義三道，每道二百字以上，經義四道，每道三百字以上。未能者，許各減一道。《四書》義主朱子《集注》。經義，《易》主程、朱《傳》、《義》，《書》主蔡氏《傳》及古注疏，《詩》主朱子《集傳》，《春秋》主左氏、穀梁、胡氏、張洽《傳》，《禮記》主古注疏（後《四書》、《五經》主《大全》）。十二日，第二場，試論一道，三百字以上，判語五條，詔、誥、表內科一道。十五日，第三場，試經、史、時務策五道，未能者許減二道，俱三百字以上。其中試舉人，出給公據，官為應付廩給腳力，赴禮部印卷會試，就將鄉試文字，咨繳本部照驗。以鄉試之次年，二月初九日、十二日、十五日為

三場。舉人不拘額數。一、舉人試卷及筆墨硯自備。每場草卷、正卷，各紙十二幅，首書姓名、年甲、籍貫、三代、本經。前期，在內赴應天府，在外赴布政司印卷，置簿附寫，於縫上用印鈐記。仍將印卷官姓名，置長條印記，用於卷尾，各還舉人。一、試前二日，圖畫東西行席舍間數，編排開寫某行間係某處舉人某坐，又於間內貼其姓名，出榜曉示。一、試之日，黎明，舉人入場，每軍一人看守，禁講問代冒，黃昏納卷，未畢者，給燭三枝，燭盡文不成者，扶出。成化二年定，考試等官，俱於當月初七日入院。十年定，監試官，都察院十日以前，選差公正御史。公同提調官，於至公堂編次號圖，提點席舍，審察執役人等，禁約希求考試聲譽。每場進題，考試官先行密封，不許進題官與聞，以致漏泄。生員作文全場減場者，監場官各用全減關防印記，至黃昏，全場謄正未畢者給燭，稿不完者扶出。隆慶元年奏准，揭曉之日，提調官即將中式舉人朱墨卷，發出提學道，查驗墨卷字迹，與先前考取科舉原卷，如果出自一手，即令本生於朱墨二卷上親供腳色，提學官用印鈐封，兩京送京府，各省送布政司，差人星馳解部。如試錄先到，而解卷到遲者，將提調官參究治罪。若驗係謄過文卷，而提調官輒為印鈐者，一併參治。其各生赴部，止用文書，不必再錄原卷。萬曆元年奏准，各處鄉試，行令提學官，轉行主考官，除初場照舊分經外，其二三場改發別房，各另品題，呈送主考定奪。查果三場俱優者，即置之高選。後場雋異而初場純疵相半者，酌量收錄。若初場雖善，而後場空疏者，不得一概中式。如有後場雷同作弊者，查將本生從重問擬。其提調、主考等官，仍蹈故習者，聽撫按官及禮部查究。四年議准，場中編號，令監試提調官親自掣簽，一面登記號簿，一面楷書卷面，待其入坐，令軍人各驗看字型大小，如有不同，即時扶出。又委官間出不意，稽查一二，若有通同容隱者，士子即扶出，守號軍人一併究治。謄錄所官，須督責書手真正楷書，如有一字脫誤，及遺落股數者，許對讀所舉送監試提調官究治。」

以御史中丞劉基、治書侍御史秦裕伯為京畿鄉試主考官，侍讀學士詹同、弘文館學士睢稼、起居注樂韶鳳、尚寶司丞吳潛、國史編修宋濂為同考官。就試者一百二十三人，中式者七十二人。未會試，悉授官，有為監察御史者。（據徐學聚《國朝典彙》卷一二八）

王世貞《鳳洲雜編》卷四：「國朝尊尚儒教，科目日重，百餘年來非從此出者，輒以為異路，不得登庸顯矣。案：洪武三年庚戌始開科，鄉舉士就試

者百二十三人，中式者七十二。主考則御史中丞劉基、治書侍御史秦裕伯，同考則翰林侍讀學士詹同、弘文館學士睢稼、起居注樂韶鳳、尚寶丞吳潛、國史宋濂，而序凡出於濂。中未及會試者，悉授官。」顧起元《客座贅語》卷三：「洪武三年，應天鄉試，知貢舉官則特進右丞相汪廣洋、左丞相胡惟庸也。考試官則御史中丞劉基、治書侍御史秦裕伯也。同考則侍讀學士詹同、國史編修宋濂也。四年又鄉試，主試則兵部尚書吳琳、國子監司業宋濂。時考試之法猶未定，且未專屬翰林官，故其制如此。」嘉慶《三水縣志》卷九《選舉・舉人》：「所謂鄉舉者，在唐不過應舉人員，苟一第，則罷歸，非有階級。至宋始有省元、狀元之別，然不第仍須再舉。至明世始以進士、舉人為甲、乙榜，不第者皆得需次就選矣。又宋制稱貢士，無舉人之稱，應三舉始免解，未及三科不免解，免解乃准作貢士，不免解則不准作貢士。唐舉於鄉，自稱曰鄉貢進士，人稱之曰進士，至及第後，則稱前進士，唐人詩所謂『慈恩塔上加前字』是也。宋舉於鄉咸稱解元，謂解榜也，或曰省元，預稱也。自明以至於今，稱謂始不混。」

本　年

設中都國子監。

黃佐《南雍志》卷一《事紀》：「洪武三年設中都國子監（在鳳陽府）。洪武四年春正月，詔擇府、州、縣學諸生之俊秀通經者入國子學，得陳如奎等二千七百二十八人。」

明太祖洪武四年辛亥（西元 1371 年）

正　月

朱元璋與中書省臣論設科取士之法。令直省鄉試連舉三年。自後三年一舉，著為令。

《明太祖實錄》卷六十：洪武四年春正月，「丁未，上謂中書省臣曰：『今天下已定，致治之道，在於任賢。既設科取士，令各行省連試三年，庶賢才眾多，而官足任使也。自後則三年一舉，著為定例。」徐一夔《始豐稿》卷

五《鄉試程文序》：「皇上既平海內，有詔以科目取士。尋以大比之期爲稍稽滯，而天下有遺材之歎。復命歲一舉行，甚盛典也。浙省歲貢四十人。洪武五年八月，省臣合屬郡之士二百餘人，命老於文學之士，如格試之，而差次其高下。有司遵故事，凡職掌之方，選擇之法，防閑惟謹。……上意欲去浮華之習，以收實效，是以廷議稍變前代之制，以趨於古。是故義必以經，論必以禮樂，策必以時務。」

二　月

俞友仁等一百二十人會試中式。

　　《明太祖實錄》卷六十一：洪武四年二月，「壬申，中書省奏會試中式舉人俞友仁等一百二十名。」《殿閣詞林記》卷十四《會試》：「洪武四年會試，陝西、河南、山東、山西、江西、湖廣、廣之東西、福建爲行中書者十一，俊髦皆集，而高句麗之士與焉。以禮部尚書陶凱與前侍講學士潘廷堅爲主司，侍讀學士詹同、國子司業宋濂、吏部員外郎原本、前貢士鮑恂爲同考，取中試者俞友仁等一百二十人。其後罷之。十八年，復以科舉取士，始定今制，以待詔朱善、前典籍聶鉉爲考試官，取中試者黃子澄等四百七十二人。二十一年，取施顯等九十五人。二十四年，取黃觀等三十二人。二十七年，取彭德等一百人。三十年，取宋琮等三十八人，北士皆黜，學士劉三吾爲考試官，竟以是獲罪。上乃命本院官考擇下第北士六十一人廷試之，語見覆試類。革除庚辰科，禮部左侍郎兼學士董倫、侍講學士兼太常寺高巽志爲考試官，取吳溥（溥）等一百一十人。」沈德符《萬曆野獲編》卷十五《鄉會試並舉》：「洪武三年庚戌，開科鄉試，次年辛亥會試，狀元吳伯宗，在紀載中久矣。乃四年京畿鄉試，以前元貢士鮑恂與學士宋濂爲考試官。而解大紳學士文又云『家君以洪武辛亥主考江西』，則是歲鄉闈與南宮同開矣。況解爲江西人，即主江西試，而鮑以青衿與學士同列，且居其前，俱奇事也。又《臨江先哲錄》云洪武五年八月，禮部侍郎曾魯奉旨爲京畿考官，則是庚戌、辛亥、壬子連三年，俱舉鄉試，尤奇之奇也。雖國初典制未定，而後學則未之知，若連三年廷試，則已紀之矣。」李調元《制義科瑣記》卷一《制義開科之始》：「明洪武三年庚戌始開科。就試者，鄉舉士百二十三人，中式者七十二人。主試則御史中丞劉基、治書侍御史秦裕伯，同考則翰林侍讀學士詹同、弘文館學士睢稼、起居注樂韶鳳、尚寶丞吳潛、國史編修宋濂，而序錄出於濂。中試士未及會試，悉授官。四年，京畿鄉試，兵部尚書

吳琳、司業宋濂，濂仍爲序。尋合諸省之士會試，凡二百人，中式者百二十人。知貢舉官，右丞相汪廣洋、左丞相胡惟庸。主文，禮部尙書陶凱、學士潘庭堅。考試，學士詹同、司業宋濂、吏部員外郎原本、貢士鮑恂、吏部侍郎顧貞。監試，御史孔希魯、宋圭。提調兼印卷，禮部尙書楊訓文。同印卷，中書左司郎中孫煜祖。提調，禮部侍郎秦文繹、禮部主事姜漸。受卷，吏部主事林光弼。彌封，兵部主事許方。謄錄，蘇州教授貢穎之。對讀，翰林應奉文字唐肅、禮部主事張孟兼。此外又有監門、搜檢、巡綽、鎮撫、供給及掌行科舉文字省掾令史、奏差等官。廷試總調則汪廣洋、胡惟庸。讀卷，祭酒魏觀、博士孫吾與、給事中李顧、修撰王僎。監試，御史馬貫、徐汝舟。掌卷，工部員外郎牛諒。受卷，工部主事周寅。彌封，秘書監丞陶誼。對讀，尙寶丞魏潛、編修蔡元。提調則陶凱、楊訓文。是歲取中俞友仁等。廷試賜吳伯宗、郭翀、吳公達俱及第，狀元授員外郎，餘及出身授主事，同出身授縣丞，會元亦授縣丞。高麗生入試者三人，唯金濤登三甲第五名，授東昌府安丘縣丞，餘皆不第。三人俱不通華言，請還本國，詔厚給道里費，遣舟送之。濤尋爲其國相。」郎瑛《七修類稿》卷十四：「本朝科場，自洪武三年，第一場經義一篇，限五百字，《四書》義一篇，限三百字。第二場禮樂論，限三百字。逮至第三場，時務策一道，務直述，不尙文藻，一千字以上。三場之後，騎，觀其馳驟便捷；射，觀其中數多寡；書，觀其筆劃端楷；律，觀其講解詳審。此鄉試、會試之式也。殿試亦止策一篇，卻是時務。其時取士，各省四十名，廣西二十名，南直隸一百名，不知何年定以今格。然而刊試錄亦尙與今不同。前後序文有三四篇者，經義一題，或刊二文者。永樂十年，錄有減場五篇者，亦中魁選。又殿試一二甲選部屬，三甲選縣佐。今則皆異於前矣。」《明通鑒》卷四：「始開會試科，以禮部尙書陶凱、翰林院學士潘庭堅爲考官。庭堅以老告歸，至是復召主會試，又以司業宋濂、前貢士鮑恂、學士詹同、吏部員外原本爲同考官。得俞友仁等一百二十人。凱以禮官主試，程文進，御序其簡首，遂爲定例。」梁章鉅《制義叢話》卷一：「《四庫全書總目》云：『《經義模範》一卷，不著編輯者名氏。前有王廷表《序》，稱嘉靖丁未，訪楊升庵於滇，得《經義模範》一帙，乃同年朱良矩所刻云云。所錄凡宋張才叔、姚孝寧、吳師孟、張孝四人「經義」，共十六篇。其弁首即才叔《自靖人自獻於先王》一篇，呂祖謙錄入《文鑒》者也。時文之變，千態萬狀，愈遠而愈失其宗，亦愈工而愈遠於道。今觀其初體，明白切實乃如此。考吳伯宗《榮進集》，亦載其洪武辛亥會試中式之文，是爲明之首科，

其所作亦與此不相遠，知立法之初，惟以明理爲主，不以修詞相尙矣。康熙中，編修俞長城嘗輯北宋至國初「經義」爲《一百二十名家稿》。然所錄如王安石、蘇轍諸人之作，皆不言出自何書，世或疑焉。此集雖編帙寥寥，然猶可見「經義」之本始，錄而存之，亦足爲黜浮式靡之助。惟《劉安節集》載有「經義」十七篇，亦北宋程試之作，此集未載，或偶未見歟？』」

學士宋濂撰《會試錄》題詞，不刻程文。

王圻《續文獻通考》卷四十六《選舉考·舉士四》：「案洪武四年《會試錄》題詞，學士宋濂所撰，不刻程文。會試考官，洪武初以禮部尙書陶凱與前侍講潘庭堅爲主司，侍讀詹同、司業宋濂、吏部員外郎原本、前貢士鮑恂爲同考。至十七年始定制，以待詔朱善、典籍聶鉉爲考試官，而每科額請翰林官二人主之。若同考，則正統前猶參用外官教職，景泰後始純用京職。翰林之外有六科、部屬、行人司。弘治以來，定翰林官九人，與六科、部屬共十四人。正德辛未以《易》、《詩》、《書》房卷多，各增一員，翰林十一人，與科部共十七人云。會試去取在同考，參定高下則主考柄之。至於取士多寡，又俱臨期請自上裁，非若鄉試有定數也。案：洪武辛亥有進士，永樂癸未無進士，天順癸未亦然。永樂初即位，天順南省火，皆以明年甲申會試。永樂己丑，長陵北征，又明年殿試，故有辛卯進士。正德庚辰，康陵南巡，明年，世宗即位，故有辛巳進士。我朝二百六十年，癸未惟一舉。」

今年會元俞友仁爲浙西人。

沈德符《萬曆野獲編》卷十五《科場·開國第一科》：「洪武四年辛亥，始開科取士。時自畿輔外加行中書省，凡十有一列，中式者一百二十名，而吾浙得三十一人，蓋居四分之一。而會元俞友仁，復爲浙西之仁和人，首藩首科，盛事如此。是時劉基、宋濂、章溢、王褘輩，俱浙人，一時同爲開創名臣，宜其聲氣之相感也。累朝教育，遂以科第甲海內，信非偶然！是科獨湖廣一省，無一人中式，而高麗國中一人。」宋濂《文憲集》卷五《會試記》：「皇明設科，倣古者六藝之教，參以歷代遺制，欲兼收文武而任之。既詔天下三年一賓興，其薦於州郡者，凡五百人。五拔其一而授之以官，猶以爲未足。復敕有司自壬子至甲寅，三歲連貢，歲擢三百人。逮於乙卯，始復舊制，湛恩至渥也。先是京畿遵行鄉試，中程式者七十二，未及貢南宮，上求治之

切，皆採用之，至有拜監察御史者。及是當會試之期……，士之就試者二百，黜者僅八十人。」壬子，指洪武五年（1372）。甲寅，指洪武七年（1374）。

三　月

吳伯宗、郭翀、吳公達等進士及第、出身有差。

《明太祖實錄》卷六十二：「洪武四年三月乙酉朔，策進士於奉天殿，登第者百二十人。賜吳伯宗等三名進士及第，第二甲十七人賜進士出身，第三甲百人賜同進士出身。詔賜伯宗朝服冠帶，授禮部員外郎。高麗入試者三人，惟金濤登第，授東昌府安丘縣丞，樸實、柳伯儒皆不第。三人俱以不通華言，請還本國，詔厚給道里費，遣舟送還。」據《洪武四年進士登科錄》：「總提調官：特進榮祿大夫、右柱國、知軍國事、中書省右丞相、忠勤伯汪廣洋，資善大夫、中書省左丞相胡惟庸。讀卷官：嘉議大夫、國子監祭酒魏觀，前太常寺博士孫吾與，奉議大夫、□科給事中李顧，承事郎、翰林院修撰王僎。監試官：朝列大夫、監察御史馬貫，承事郎、監察御史徐汝舟。掌卷官：承直郎、工部員外郎牛諒。受卷官：承直郎、工部主事周寅。彌封官：從事郎、秘書監監丞陶誼。對讀官：承直郎、尚寶司司丞魏潛，將仕郎、翰林院編修蔡玄。搜檢官：忠顯校尉、虎賁左衛所鎮撫俞德。監門官：忠顯校尉、神策衛所鎮撫郭綱。巡綽官：忠顯校尉、金吾右衛所鎮撫周全。提調官：嘉議大夫、禮部尚書陶凱，嘉議大夫、禮部尚書楊訓文。恩榮次第：洪武四年二月十九日廷試。二月二十日午門外唱名，張掛黃榜，奉天殿欽聽宣諭。同日除授職名於奉天門，謝恩。二月二十二日賜宴於中書省。二月二十三日詣先師孔子廟行釋菜禮。」《弇山堂別集》卷八十一：「是歲取中俞友仁等，廷試，賜吳伯宗、郭翀、吳公達俱及第，狀元授員外郎，餘及出身俱授主事，同出身授縣丞，會元亦授縣丞。高麗生入試者三人，唯金濤登三甲第五，授東昌府安丘縣丞，餘皆不第。三人俱以不通華言請還本國，詔厚給道里費，遣舟送之，濤尋為其國相。儒籍中者六十三人。」朱之瑜《朱舜水集》卷十《答源光國問十一條》：「科舉有甲乙。前朝進士之試，百人之中以一二十人為甲榜，授官從優。二三十人為乙榜，僅得出身。所謂第甲乙者此也，謂品第之也。其餘不及格者，駁放回籍，後試聽其更來。明朝之稱不然，第進士者為甲榜，或言兩榜，或言甲科；中鄉試者為乙榜，或為一榜，或言鄉科，更無幾品與名級。」《利瑪竇中國箚記》第一卷第五章：「中國人的第三種學位叫做進士，相當於我們的博士學位，這個學位也是每三年授與一次，

但祇是在北京地區。授與博士學位總是在碩士學位之後的第二年。全國每次授與學位不超過三百名。任何省份獲有碩士學位的人都可以自由參加這一考試，隨便應考多少次。考試在前面提到過的日子，在下半月舉行，方式與上述的前一種學位考試完全相同，祇是或許因爲這一學位具有更大的尊嚴，所以采取更多的防止作弊徇私的措施。這次考試的主考官是從被稱爲閣老的朝廷高官中挑選出的最嚴格的，我們後面還將再談到他們。」（案：其實，明代的進士考試，早期在南京。）「考試結束後，考試結果在上面提到過同一地方以同樣的方式公佈。惟一增加的項目是新博士全都轉移到皇宮，在那裏當著朝廷閣臣、有時也當著皇帝的面，就一個給定的題目寫一篇論文。這次競爭的結果決定這些博士將授予三級官員之中的哪一級。這是一次著名的考試，全部內容祇是做一篇相當簡短的論文。在正規的博士考試中已取得第一名的人，在這次終試中最少也能保證第三名，而那些在這次考試中取爲第一、第二名的則被賦與殊榮，他們一生都可確保高級公職。他們享有的地位相應於我們國家的公爵或侯爵的地位，但其頭銜並不世襲傳授。」朱之瑜《朱舜水集》卷十《答源光國問十一條》：「進士以三月十五日廷試，十八日傳臚，天子親筆書第一甲第一名某人等字，屬有司黃榜張掛，禮部更有題名錄，緘縢而付該司收掌，所謂狀元也。元即元首之元，所謂『君恩賜狀頭』可證也。『狀』字與『壯』字形聲俱近，寫榜字制端方；韓人之來者無學，或者一時誤對，而固執以飾其非耶？自漢及今，皆云狀元，考之書史，未聞『壯元』之說。韓人亦何所本，而遽以爲大魁之號？且三韓小國，何敢創立異名？況壯頭者，天下之褻語耶！必不然已。」案：所謂「進士以三月十五日廷試，十八日傳臚」指的是宣德以後的情形。

狀元吳伯宗爲去年解元。

查繼佐《罪惟錄》志卷十八《科舉志》「科舉盛事·兩元狀元由解元」：「江西金溪吳伯宗，洪武庚戌、辛亥；江西泰和陳循，永樂甲午、乙未；福建長樂李騏，永樂丁酉、戊戌；江西吉水彭教，天順己卯、癸未；浙江餘姚謝遷，成化甲午、乙未；浙江錢塘李旻，成化庚子、甲辰；順天固安楊惟聰，正德己卯、庚辰。」吳伯宗，名佑，以字行，金溪人。洪武辛亥初開科，帝親擢第一，授禮部員外郎，歷武英殿大學士，尋降檢討，有《榮進集》。《殿閣詞林記》卷一《武英殿大學士吳伯宗》：「伯宗生而岐嶷，十歲通舉子業，識者奇之，歎曰：『此兒玉光劍氣，終不可掩。』洪武庚戌鄉試，辛亥廷試，俱第

一。是時初議開科取士，命國子祭酒魏觀、博士孫吾與、修撰王僎爲讀卷官。高皇帝親制策問，略曰：『古者敷奏以言，明試以功，漢之賢良，宋之制舉，得人爲盛。今特延子大夫於廷，不知古帝王敬天勤民，其道何繇？』伯宗條對稱旨，上擢爲第一，賜袍笏冠服，授承直郎。」

七　月

中書省奏科舉定制，定參加科舉考試資格。

《明太祖實錄》卷六十七：洪武四年秋七月，「丁卯，中書奏科舉定制：凡府、州、縣學生員、民間俊秀子弟及學官、吏胥習舉業者，皆許應試。上曰：『科舉初設，凡文字詞理平順者，皆預選列，以示激勸。惟吏胥心術已壞，不許應試。』」《明史・選舉志》：「舉子，則國子生及府、州、縣學生員之學成者，儒士之未仕者，官司之未入流者，皆由有司申舉性資敦厚、文行可稱者應之。其學校訓導專教生徒，及罷閑官吏，倡優之家，與居父母喪者，俱不許入試。」俞汝楫《禮部志稿》卷七十一《陳入試人禁例》：「洪武以來舊制，曾由科目出身未入流品官，生員發充吏，罷閑官吏、監生、生員，倡優、隸卒、刑喪、過犯之人，不許入試。其生員、軍生、儒士及未入流品官、典吏、承差、軍餘人等，若無錢糧等項粘帶者，聽從入試。如有不遵，照例論罪，已中式者斥退不錄，未中式者終身不許入試。」

八　月

應天府（直隸）及河南、山東、山西、陝西、北平、福建、江西、浙江、湖廣、廣東、廣西、四川等十二行省鄉試。（據《明太祖實錄》卷六十「洪武四年春正月」之「令」）

明太祖洪武五年壬子（西元 1372 年）

八　月

應天府（直隸）及河南、山東、山西、陝西、北平、福建、江西、浙江、湖廣、廣東、廣西、四川等十二行省鄉試。（據《皇明貢舉考》

卷一《取士之地》）

十 月

天下貢士至京師，令選其年少者黃昶等入國子監讀書。貢士即舉人。
（據《南雍志》卷一《事紀一》）

明太祖洪武六年癸丑（西元 1373 年）

二 月

暫停科舉。令有司察舉賢才。於是罷科舉者十一年。

《明太祖實錄》卷七十九：洪武六年二月乙未，「上諭中書省臣曰：『朕
設科舉以求天下賢才，務得經明行修文質相稱之士，以資任用。今有司所取，
多後生少年，觀其文詞，若可與有爲，及試用之，能以所學措諸行事者甚寡。
朕以實心求賢，而天下以虛文應朕，非朕責實求賢之意也。今各處科舉宜暫
停罷，別令有司察舉賢才，必以德行爲本，而文藝次之，庶幾天下學者知所
嚮方，而士習歸於務本。』」《弇山堂別集》卷八十一：「六年，諭中書省臣：
『有司所取多後生少年，觀其文詞，若可有爲，及試用之，能以所學措諸行
事者甚寡。朕以實心求賢，而天下以虛應朕，非朕責實求賢之意也。今各處
科舉宜暫停罷，別令有司察舉賢才，必以德行爲本，而文藝次之。』是年，
遂詔天下舉人罷會試。正月初八日，河南解額內選四名，第一人張唯年二十
七，其次王輝年二十八，李端年二十一，張狪年二十七。二十三日，山東解
額內選四名，第一人王璉年二十三，其次張鳳年二十八，任敬年二十六，陳
敏年二十三，馬亮年二十五。皆拜翰林編修。又選國子監蔣學、方徵、彭通、
宋善、王惟吉、鄒傑等拜給事中，於文華堂肄業，命太子贊善大夫宋濂、太
子正字桂彥良分教之。」《明史·選舉志》：「時以天下初定，令各行省連試三
年，且以官多缺員，舉人俱免會試，赴京聽選。又擇其年少俊異者張唯、王
輝等爲翰林院編修，蕭韶爲秘書監直長，令入禁中文華堂肄業，太子贊善大
夫宋濂等爲之師。帝聽政之暇，輒幸堂中，評其文字優劣，日給光祿酒饌。
每食，皇太子、親王迭爲之主，賜白金、弓矢、鞍馬及冬夏衣，寵遇之甚厚。

既而謂所取多後生少年，能以所學措諸行事者寡，乃但令有司察舉賢才，而罷科舉不用。至十五年，復設。十七年始定科舉之式，命禮部頒行各省，後遂以為永制，而薦舉漸輕，久且廢不用矣。」

九　月

詔禁四六文辭。

《殿閣詞林記》卷十三《表箋》：「洪武六年九月庚戌，詔禁四六文辭。先是，上命翰林儒臣擇唐宋名儒表箋可為法者，遂以韓愈《賀雨表》、柳宗元《代柳公綽謝表》進，上命中書省臣錄二表，頒為天下式。諭群臣曰：『唐虞三代，典謨訓誥之辭，質實不華，誠可為千萬世法。漢魏之間，猶為近古。晉宋時文體日衰，駢麗綺靡，而古法蕩然矣。唐宋名儒輩出，雖欲變之而卒未能。近時若詔誥章表之類，仍蹈舊習。朕嘗厭其雕琢，殊異古體，且使事實為浮文所蔽。其自今凡誥諭臣下之辭，務從簡古，以革弊習。爾中書省宜播告中外臣民，凡表箋奏疏，毋用四六對偶，悉從典雅。』十二年六月壬申，命翰林院定皇太子與諸王往復書箋之式。二十九年八月，上以天下諸司所進表箋多務奇巧豔浮，心甚厭之，乃命學士劉三吾、右贊善王俊華撰慶賀謝恩表箋成式，頒於天下諸司，令如式錄進。自是詞垣秉筆者，多用散文，如宋濂《進大明律表》是也。成祖時，有白鵲之瑞，行在禮部行南京慶賀，自皇太子監國，下及五府、六部，例各進表。時楊士奇以病在告，監國表命庶子、贊善呈稿，東宮命尚書蹇義持以示，士奇曰：『甚寂寥，且不著題，以賀白龜、白鹿皆可。』因命改之。士奇改一聯云：『望金門而送喜，馴彤陛以有儀。』後增一聯云：『與鳳同類，蹌蹌於帝舜之庭；如玉其輝，鴶鴶在文王之囿。』義以進，仁宗喜曰：『此方是帝王家白鵲。』適內使陳昂進御饌，撤以賜之，且傳旨使勉進藥食，早相見也。案國初陞除，猶具表陳謝，其後惟狀元率諸進士謝恩，衍聖公及公侯伯襲封謝恩始用之。車駕幸館閣，及太學初開經筵，及有非常之賜，亦具謝表。朝廷有大喜慶及諸祥瑞具賀表，進呈實錄及書籍等，皆具進呈表，例本院詞臣司之。若有東宮，則增一箋云。《會典》：『凡南京各衙門遇朝廷冊立大禮，及上徽號等項，合用慶賀表箋，南京禮部行南京翰林院撰進。』」

明太祖洪武八年乙卯（西元 1375 年）

十 月

詔有司舉才。

《明太祖實錄》卷一百一：「冬十月丁亥朔，上謂中書省臣曰：『古人立賢無方。孟子曰：「有恒產者有恒心。」今郡縣富民多有素行端潔、通達時務者，其令有司審擇之，以名進』。既而，又恐有司冒濫舉不以實，命戶部第民租之上者，下其姓名於各道，俾按察司及分訓監察御史覈其素行以聞。」

明太祖洪武十四年辛酉（西元 1381 年）

三 月

詔頒《五經》《四書》於北方學校。

《明太祖實錄》卷一百三十六「洪武十四年三月辛丑（十六日）」：「頒《五經》《四書》於北方學校。上謂廷臣曰：『道之不明，由教之不行也。夫《五經》，載聖人之道者也，譬之菽粟布帛，家不可無。人非菽粟布帛，則無以為衣食，非《五經》《四書》，則無由知道理。北方自喪亂以來，經籍殘缺，學者雖有美質，無所講明，何由知道。今以《五經》《四書》頒賜之，使其講習。夫君子而知學，則道興；小人而知學，則俗美。他日收效，亦必本於此也。』」

四 月

命國子生兼讀劉向《說苑》及律令。

《明太祖實錄》卷一百三十七：洪武十四年夏四月，「丙辰朔，詔改建國子學於雞鳴山下，命國子生兼讀劉向《說苑》及律令。上諭祭酒李敬曰：『士之為學，貴於知古今，窮物理，聖經賢傳，學者所必習，若《說苑》一書，劉向之所論次，多載前言往行，善善惡惡，昭然於方冊之間。朕嘗於暇時觀之，深有勸誡。至於律令，載國家法制，參酌古今之宜，觀之者亦可以遠刑辟。卿以朕命導諸生，讀經史之暇，兼《說苑》，講律令，必有所益。』」

明太祖洪武十五年壬戌（西元 1382 年）

三　月

改國子學為國子監。

《明太祖實錄》卷一百四十三「洪武十五年三月丙辰（初七）」：「改國子學為國子監。設祭酒一人，從四品；司業一人，正六品；監丞一人，正八品；典簿一人，博士三人，助教一十六人，俱從八品；學正三人，正九品；學錄三人，從九品；掌饌一人，雜職。其文移，則六部箚付國子監，國子監呈六部。中都國子監，制同。」黃佐《南雍志》卷一《事紀》：「洪武十五年三月丙辰，改國子學為國子監，初定監規九條。已而敕諭監丞專掌罪罰諸生之不守學規者，毋得署錢糧文卷；典簿專掌錢糧文卷，毋得輒罪生員；掌饌則專掌師生飲食而已。若提督養牲供食灑掃堂舍，則監丞、典簿、掌饌皆與焉。囚徒膳夫不聽使令有誤飲食者，再犯笞五十，三犯處斬。盜物者割其足筋。若管束不嚴，其刑杖一百。有通外人盜監中諸物者，處斬，發其家口，安置雲南。又令本監行移有逕呈六部堂上者，典簿毋預。」黃佐《南雍志》卷七《規制考》：「太祖高皇帝之初，立國子學也，歲乙巳即元集慶路學為之。廟則大成殿，在靈星門北，戟門內從祀，位在兩廊；學則中為明德堂，左右各列二齋。丁未賜正四品印，設祭酒、司業。洪武十五年，改建於雞鳴山之陽。既落成，三月初七日改國子學為國子監，定制從四品，中為彝倫堂，分兩廳、六堂、三十二班，於是以舊國子學為應天府儒學。」「（太學之制）為正堂一、支堂六。洪武十五年落成，正堂一十五間，每間闊一丈九尺，深五丈四尺二寸，高二丈三尺四寸，扁曰『彝倫』，……博士恒居考課所，亦呼『繩博士廳』，六堂在正堂之後，乃支堂也，一曰『率性』，二曰『修道』，三曰『誠心』，四曰『正義』，五曰『崇志』，六曰『廣業』。」

八　月

詔禮部設科取士。令天下學校期三年試之，著為定制。

《明太祖實錄》卷一百四十七：洪武十五年八月丁丑朔，「詔禮部設科舉取士。令天下學校期三年試之，著為定制。」《國榷》卷七：「洪武十五年八月丁丑朔，詔復科舉，期三年，著為令。陳于陛曰：古之選舉專論行，今之進士專論文，似相背馳。然古以行舉者，未必便保其終，如茲科目雖以文進，

而進士一科，尤爲世所崇重。士登其目者，未免自顧科名，愛惜行檢，不敢爲非。是勵行崇化之道，實默寓其間。古之辟舉，蓋異轍而同途矣。楊愼曰：本朝以經學取人，士子自一經之外，罕所通貫。近日稍知務博，以嘩名苟進，而不究本原，徒事末節；五經諸子，則割取其碎語而誦之，謂之蠡測；歷代諸史，則抄節其碎事而綴之，謂之策套。其割取抄節之人已不通經涉史，而章句血脈，皆失其眞：有以漢人爲唐人、唐事爲宋事者，有以一人拆爲二人、二事合爲一事者。予曾見考官程文，引制氏論樂，而以制氏爲致仕；又士子墨卷，引《漢書·律曆志》，先其算命作先算其命。近日書坊刊佈其書，士子珍之，以爲秘寶，轉相差訛，殆同無目人說詞話。嘻！士習至此，卑下極矣。」《明鑒綱目》卷一：「綱：秋八月，復行科舉。目：三年一行爲定制。時雖復行科舉，而監生與薦舉人才參用者居多。嘗擢監生劉政等六十四人，爲布政按察使，及參政副使等官，或用爲御史、給事中。而薦舉之途尤廣，賢良郭有道，秀才范敏、曾泰，稅戶人才鄭沂，儒士趙瑴，皆起家爲尙書。其他由布衣登大僚者，不可勝數。」

明太祖洪武十六年癸亥（西元 1383 年）

正　月

欽定國子監監規。

黃佐《南雍志》卷九《謨訓考》：「洪武十六年正月欽定：一、正官嚴立學規，六堂講誦課業，定生員三等高下，定六堂師範高下。一、以二司業分爲左右，各提調三堂。一、博士五員，隨分五經，共於彝倫堂西設座，教訓六堂，依本經考課。一、凡生員通四書未通經者，居正義、崇志、廣業堂；一年半之上，文理條暢者，許升修道、誠心堂；坐堂一年半之上，經史兼通，文理俱優者升率性堂。一、生員坐堂，各堂置立勘合文簿，於上橫列生員姓名，於下界畫作十方，一月通作三十日，坐堂一日，印紅圈一個，如有事故，用黑圈記。每名須至坐堂圈七百之上，方許升率性堂。一、凡生員日講，務置講誦簿，每口須於本名下書寫所講所誦所習，以憑稽考。一、凡生員遇有事故者，須置文簿，但遇生員請假，須至祭酒處呈稟批限，不許於本堂擅請離堂。一、凡生員升率性堂，方許積分。積分之法，孟月試本經義一道；仲

月試論一道，詔、誥、表章內科一道；季月試經史策一道，判語二條，每試文理俱優與一分，理優文劣者半分，文理紕謬者無分。歲內積至八分者為及格，與出身。不及分仍坐堂肄業，試法一如科舉之制，果有材學超越異常者，取自上裁。」

二 月

令天下府、州、縣學校，歲貢生員於京師，中式者入國子監。

《明太祖實錄》卷一百五十二：洪武十六年二月丙申，「命天下學校歲貢生員。時諫官關賢言：『國朝崇尚儒術，春秋祭享先師，內外費至鉅萬，尊師之道，可謂隆矣。天下生員，歲給廩米，亦數萬石，養賢之禮，可謂厚矣。今又建太學，聚天下英才以教育之，期為國家用也。奈何所司非人，師道不立，平居教養，既無其法，及至選貢，賢愚混淆，至有員缺，又或府選於州，州選於縣，致使為師者不能各任其責，甚至布政司、按察司，將俊秀有學問生員，選充承差，有乖朝廷育才之意。今宜令府州縣學，歲貢生員各一人，如考試中式，則賞及所司教官，否則所司論如律，教官訓導，停其廩祿，生員罰為吏。如是，則士有勸懲，學有成效。』從之。命禮部榜諭天下府州縣學，自明年為始，歲貢生員各一人，正月至京，從翰林院試經義、四書義各一道，判語一條，中式者入國子監，不中者罰之。」《殿閣詞林記》卷十《考貢》：「洪武十六年二月丙申，命天下學校歲貢生員。時諫官有言，命禮部榜諭天下府州縣學，自明年為始，歲貢生員各一人。正月至京，從翰林院試經義、《四書》義各一道，判語一條，中式者入國子監，不中者罰之。故有此命也。《會典》曰：『凡考試歲貢生員，禮部奏請出題，本部官赴內閣領題。試畢送卷，本院官批定去取，送部奏請施行。』嘗聞編修張元禎考校精覈，歲貢士鮮入格者，時服其公云。」王圻《續文獻通考》卷四四《選舉考・舉士二》：「凡歲貢生員到部，本部奏聞送翰林院考試。如果中式者，送國子監讀書。其入學五年以上及二次不中者，發充吏典，提調官吏及教官訓導照例決罰。太祖洪武十六年奏准，天下府、州、縣學，自明年為始，歲貢生員各一人，俱限正月至京，從翰林院試經義、《四書》義各一道，判語一條，中式者發國子監，不中者罰充吏。十八年，令歲貢不中式者遣復學肄業，提調官吏論以貢舉非其人律，教官訓導罰俸一年，貢不如期者以違制論。二十一年，令歲貢府學一年，州學二年，縣學三年，各貢一人，必性資純厚，學業有成，

年二十以上者方許。二十四年，奏准歲貢不中者，有司官任及三年者照例論罪，二年者住俸半年，一年者住俸三個月，學官無分久近，照例責罰。生員食廩五年者充吏，不及者復學。次年復不中者，雖未及五年亦充吏。二十五年，令歲貢府學一年二人、州學二年三人、縣學一年一人。二十六年，令四川土官衙門歲貢生員免考送監。二十八年，奏准歲貢初試不中者遣復學，停廩肄業；提調官、教官、訓導取招生員限次年再試；兩廣、四川限兩年再試，復不中者照例充吏，提調官、教官、訓導仍舊責罰。三十年，令歲貢不中復學者免停廩。成祖永樂元年，令廣西土官衙門照雲南例，生員有成材者，不拘常例，從便舉貢。如十年之上學業無成者，就准本處充吏。二年，令歲貢照洪武二十五年例，直隸、浙江、河南限正月到部，山東、山西、陝西、湖廣、福建、江西限二月，四川、廣西、廣東限三月。十八年，令貴州選貢送監。十九年，令歲貢照洪武二十一年例，又令歲貢生員起送到部，遇有事故，不許補貢。其在家或中途事故者，勘明准令次考補貢。若憂及患病，勘明仍補該年之貢。如託故延至三年之外者，亦不准收。有司朦朧送補者，各治罪。宣宗宣德二年，令貴州府學照縣學例三年一貢。七年，令歲貢照洪武二十五年例。英宗正統四年，奏准生員科舉停支廩米，准作食糧月日充貢。六年，令府學一年貢一人，州學三年貢二人，縣學二年貢一人。七年，令歲貢精選端重有文及通書算者起送，仍限正月到部。英宗天順中，令歲貢生員取考科貢，開除廩米月日，准作食糧之數，其餘俱作虛曠。若同案食糧則以籍名先後為次，仍將試過考卷粘連批文親齎赴部。憲宗成化元年，令三氏學三年貢一人，提學官考試起送。二年，奏准衛學照縣學例二年貢一人。四年，令雲南、貴州選貢仍照舊例考送。又令歲貢生員丁憂正服月日准作實數，其養病侍親及服闋不復學皆作虛曠。十六年，令歲貢不分軍民生，俱聽提學官考試，其衛學在布政地方，布政司給批起送，在兩直隸地方，各府起送，在各邊，都司起送。凡京學二年貢三人，軍民指揮使可衛學照府學例，軍民生相間一年貢一人。都司及土官學照州學例，三年貢二人。孝宗弘治八年，奏准自九年起至十三年止，順天、應天二府四年各該貢六名者，許貢一十二名，其餘府學每年該貢一名者，許貢二名；州學三年該貢二名者，二年許貢三名；縣學、衛學二年該貢一名者，每年各貢一名，以後仍照見行例。十三年奏准，自十四年為始，各處州學俱四年三貢，其雲南、四川、貴州等處除軍民指揮使司儒學軍民相間一年一貢，其餘土官及都司學各照先年奏准事例，三年二

貢。凡廣西、雲貴、湖廣、四川等處但有冒籍生員，食糧起貢及買到土人倒
過所司起送公文，頂名赴吏部投考者，俱發口外爲民，賣與者行移所在官司
追贓問罪。若已授職，依律問以詐假官死罪，賣者發邊衛充軍，其提調經該
官吏朦朧起送者，各治以罪。十四年奏准，萬全都司照府學例一年一貢，其
餘都司所屬衛分少者不許濫比。又令今後各處送到歲貢生員願授教職者，雖
係南監人數亦送北監。坐監一年，本監按季考試，能通三場文字，委係家貧
親老者，方許告送吏部，嚴加考試，中者方送廷試，取中選用，不中仍送回
本監肄業。本部仍行提學官，今後務嚴考貢之法，不許姑息起送。」

明太祖洪武十七年甲子（西元 1384 年）

三　月

命禮部頒行《科舉成式》。

《明太祖實錄》卷一百六十：「洪武十七年三月戊戌朔，命禮部頒行《科
舉成式》。凡三年大比，子午卯酉年鄉試，辰戌丑未年會試。舉人不拘額數，
從實充貢。鄉試八月初九日第一場，試《四書》義三道，每道二百字以上，
經義四道，每道三百字以上，未能者許各減一道。《四書》義主朱子《集注》，
經義，《詩》主朱子《集傳》，《易》主程朱《傳》《義》，《書》主蔡氏《傳》
及古注疏，《春秋》主左氏、公羊、穀梁、胡氏、張洽《傳》，《禮記》主古注
疏。十二日第二場，試論一道，三百字以上，判語五條，詔、誥、章、表內
科一道。十五日第三場，試經史策五道，未能者許減其二，俱三百字以上。
次年禮部會試，以二月初九日、十二日、十五日爲三場，所考文字與鄉試同。
鄉試，直隸府州縣則於應天府，在外府州縣則於各布政司。其舉人，則國子
學生及府州縣學生員之學成者，儒士之未仕者，官之未入流者，皆由有司申
舉性資敦厚文行可稱者應之。其學校訓導，專教生徒，及罷閑官吏、倡優之
家與居父母喪者，並不許入試。其中式者，官給廩傳送禮部會試。考試官，
皆訪經明公正之士，官出幣帛，先期敦聘。主文考試官二人，文幣各二表裏。
同考試官，鄉試四人，會試八人，文幣各一表裏。提調官，在內，鄉試應天
府官一人，會試禮部官一人。在外，布政司官一人。監試官，在內，監察御
史二人。在外，按察司官二人。供給官，在內，應天府官一人。在外，府官

一人。收掌試卷官一人，彌封官一人，謄錄官一人，對讀官四人，受卷官二人，皆選居官之清慎者充之。巡綽、監門、搜檢懷挾官四人，在內，從都督府委官，在外，從守禦官委官。凡供用筆箚飲食之屬，皆官給之。舉人試卷自備，每場草卷正卷各用紙十二幅，首書三代姓名及其籍貫年甲、所習經書。在內，赴應天府，在外，赴布政司印卷。會試殿試，赴禮部印卷。試之日，黎明舉人入場，每人用軍一人守之，禁講問代冒，至晚納卷，未畢者給燭三枝。文字迴避御名、廟諱及不許自序門地。彌封者編號，作三合字，謄錄者用朱，考試官用墨，以防欺偽。其會試中式者，三月朔日赴殿試。」黃佐《南雍志》卷一《事紀》：「洪武十七年三月戊戌朔，命禮部頒行《科舉成式》，凡三年大比，子午卯酉年鄉試，辰戌丑未年會試，舉人不拘額數，從實充貢。祭酒司業擇國子生之性資敦厚、文行可稱者應之。」丘濬《重編瓊臺藁》卷九《會試錄序》：「我太祖高皇帝建國之明年，即開設學校，又明年詔開科取士，然甫行而遽罷。至於十有七年，士習既成，始以今制試士，定為一代之制。士各占一經，經必通，然後取之，以試於政。」萬曆《大明會典》卷七十七《科舉》：「凡應試，洪武十七年定：一、三年大比，直隸府、州、縣試於應天府，外府、州、縣試於各布政司。一、應試，國子學生、府、州、縣學生員之學成者，儒士之未仕者，官之未入流而無錢糧等項黏帶者，皆由有司保舉性資敦厚、文行可稱者，各具年甲、籍貫、三代、本經，縣、州申府，府申布政司鄉試。其學官，及罷閑官吏、倡優之家、隸卒之徒，與居父母之喪者，並不許應試。永樂三年，令北直隸府、州、縣於順天府鄉試。洪熙元年，令貴州願試者，就試湖廣。宣德二年，令貴州就試雲南。正統九年奏准：各處應試生儒人等，從提學官考送；在京各衙門吏典承差人等，聽本衙門保勘，禮部嚴考通經無犯者送試，仍行原籍勘實，不許扶同詐冒。又令三氏教授司生員，應山東鄉試，本處提學考選。景泰元年，令應試儒生冊內，原無名籍儒士，及贅婿義男，業儒武官舍軍校匠餘，悉不許於外郡入試。天順二年，令兩京天文生、陰陽生，及官生子弟，許就在京鄉試。八年奏准，依親監生，從提學官考，就本處鄉試。成化二十一年，令南京監生人等，從南京都察院考送應天府鄉試。弘治五年奏准：吏部聽選監生給假在家者，許就本處鄉試。醫士、醫生在冊食糧執役者，方許在京應試。其在部未考歲貢，或在監告就教職監生，及不係在任依親官生，並天文生、陰陽人例不許習他業者，皆不許入試。十年，令太醫院各官醫下子孫弟姪，本院冊內有名者，照

舊鄉試。正德十年，令兩京武學幼官及軍職子弟，有志科目者，亦許應試，
惟不充貢。又奏准：兩京文職衙門及各布政司，凡有弟男人等回籍鄉試者，
令赴告本州縣取結明白，轉送提學官考試入場，不許徑於仕宦衙門移文起送。
其提學官一體遵守，不許阿徇。違者，通查參究。嘉靖六年奏准：歲貢出身
教職，歷任三年，教有成效，提學官考試文學優長者，許就見任地方入試。
十年題准：直隸、德州左等衛儒學，聽山東提學官管轄，就於山東布政司應
試。遼東生儒，聽遼東巡按御史考送順天府應試。十六年題准：今後順天府
鄉試儒士，務要查審辨驗籍貫明白，其附籍可疑之人，取有同鄉正途出身官
印信保結，方許應試。二十二年議准：在京應試監生，備查在監在歷，果無
增減月日，託故遲延，及選期未及先到等項情弊，方許收考。其歷滿歲貢、
援例監生，有志進取者，許赴原籍提學官處，同生儒考選應試。又題准，湖
廣清浪、鎮遠、五開、平溪、偏橋等衛軍生，改就貴州鄉試。」「凡考試官，
洪武十七年定，考試官皆訪明經公正之士，於儒官儒士內選用，官出幣帛，
先期敦聘。主文考試二員，文幣各二表裏。同考試官四員，文幣各一表裏。
在內應天府請，在外各布政司請。永樂十五年，令北京行部及應天府鄉試考
試官，命翰林院春坊官主考，賜宴於本部及本府。正統六年，令考官必求文
學老成，行止端莊者，不許將六十歲以上，及致仕養病，與署事舉人，並年
少新進、學力未至舉用。景泰元年，令在京在外鄉試同考試官，五經許用五
員，專經考試。三年，令凡科舉，布、按二司會同巡按御史，公同推保見任
教官，年五十以下、三十以上，平日精通文學、持身廉謹者，聘充考官。天
順三年，令兩京鄉試，《易》、《詩》、《書》三經，各添考官一員。弘治四年，
令各處提學官，平日巡歷地方，將教官考定等第，以備科舉聘取。若有不堪，
即從本處提學官，於等第內別舉，不許徇私。七年，令考官不許聽囑濫請，
各將舉主職名咨呈禮部。十七年，令從公訪舉考試官，不拘職任，務在得人。
有不勝任者，罪坐所舉官員。嘉靖六年，令兩京鄉試，除主考照例奏請簡命，
禮部仍會吏部，於兩京六科部屬等官內，訪舉每經一員，隨考試官入院，各
總校本房，其餘仍用教官。各布政司預呈禮部，亦會舉京官，或進士，每處
二員主考。監臨官不許干預內簾職事。又奏准，鄉試除主考官上請會舉，其
同考官，巡按御史移文別省請取，止具某經員數，不許明列姓名，聽彼處巡
按御史會提學官推舉開送。萬曆四年議准，兩京鄉試，取到同考教官，令該
府提調官，察其衰老者，以禮止回，或遇病及不到者，仍查照近科事例，在

京於觀政進士及聽補甲科官員，南京於附近推官知縣內，各選補。十三年奏准，各省仍用京官主考，凡遇鄉試之年，巡按御史奏請，禮部會同吏部，於在廷諸臣內，訪其學行兼優者，疏名上請，每省分遣二員，仍酌量道里近遠，先期奏差。」「凡入場官員，洪武十七年定：一、提調官，在內應天府官一員，在外布政司官一員。監試官，在內監察御史二員，在外按察司官二員。供給官，在內應天府官一員，在外府官一員。收掌試卷官一員，彌封官一員，謄錄官一員，書寫於府州縣生員人吏內選用，對讀官四員，受卷官二員，以上皆選居官清愼者充之。巡綽、監門、搜檢懷挾官四員，在內從都督府委官，在外從守禦官委官。一、考試官及簾內簾外官，許各將不識字從人一名，許縱令出入。一、試官入院之後，提調官、監試官封鑰內外門戶，不許私自出入。如送試卷，或供給物料，提調、監試官，眼同開門點檢送入，即便封鑰。舉人作文畢，送受卷官收受，類送彌封官撰字型大小封記，送謄錄所。謄錄畢，送對讀官。對讀畢，送內簾看。提調、監試官不得干預。一、搜檢懷挾官，凡遇每場舉人入院，一一搜檢，除印過試卷及筆墨硯外，不得將片紙隻字，搜檢得出，即記姓名扶出，仍行本貫，不許再試。一、巡綽官，凡遇舉人入院，並須禁約喧鬧。如已入席舍，常川巡綽，不得私相談論，及覺察簾內外，不得泄露事務。一、受卷所，置立文簿，凡遇舉人投卷，就於簿上附名交納，以憑稽數，毋得遺失。一、彌封所，先將試卷密封舉人姓名，用印關防，仍置簿編次三合成字型大小，照樣於試卷上附書，毋致漏泄。一、謄錄所，務依舉人原卷字數語句，謄錄相同，於上附書某人謄錄無差，毋致脫漏添換。一、對讀所，一人對紅卷，一人對墨卷，須一字一句用心對同，於後附書某人對讀無差，毋致脫漏。一、舉人試卷用墨筆，謄錄、對讀、受卷皆用紅筆，考試官用青筆。其用墨筆處不許用紅，用紅處不用墨，毋致混同。成化二年定：一、巡綽、搜檢、看守官軍，止於在營差撥，曾差者不許再差。若他人冒頂正軍入場者，罪之。提調、監試官公同往來巡視，不許私自入號。其巡綽官，止於號門外看察，不許入內與舉人交接，違者，聽提調、監試官舉問。一、試場外，照例五城兵馬率領火夫、弓兵，嚴加防守，不得違誤。一、每場謄錄紅卷，送入內簾考試，候三場考試已定，方許吊取墨卷於公堂比對字型大小，毋致疏漏。一、謄錄對讀等官，取吏部聽選官，年四十上下，五品至七品，有行止者充之。一、謄錄、對讀所，須真正謄錄、明白對讀。若謄錄字樣差失潦草，及對讀不出者，罪之。六年，令監臨等官，不許侵奪

考官職掌，若場中有弊，照例舉問。十年定：一、受卷、供給、巡綽等官入院，監試官搜檢鋪陳衣箱等物，不許夾帶文字朱紅墨筆。廚役皂隸人等，審實正身供事，不許久慣之徒，私替出入。一、搜檢、巡綽，取在外都司輪班京操官軍，三場調用。把門人等，時加更換，不許軍人故帶文字，裝誣生員，勒取財物。弘治四年，令各處鄉試，簾內事不許簾外干預。考官務以禮待，不許二司並御史欺凌斥辱。文章純駁，悉聽去取，不得簾外巧立五經官以奪其權。如考官不能勝任，而取士弗當，刊文有差，連舉主坐罪。」朱之瑜《朱舜水集》卷十一《答小宅生順問六十一條》：「爲學當有實功，有實用。不獨詩歌辭曲無益於學也，即於字句之間，標新領異者，未知果足爲大儒否？果有關於國家政治否？果能變化於民風土俗否？台臺深知其弊，必不復蹈於此。果能以爲學、修身合而爲一，則蔡《傳》、朱《注》、胡《傳》，盡足追蹤古聖前賢；若必欲求新，則禹、稷、契、皋陶、伯益，所讀何書也？」阮葵生《茶餘客話》卷九：「（閻）潛邱嘗發憤歎息，謂明三百年學問文章不能遠追漢、唐及宋、元者，其故有三：一壞於洪武十七年甲子定制以八股取士，盡廢注疏，其失也陋；再壞於李夢陽倡復古學而不原本六藝，其失也俗；三壞於王守仁講致良知之學而至以讀書爲禁，其失也虛。」《利瑪竇中國箚記》第一卷第五章：「我想更詳盡地談一下他們學習的這個方面，讀者將感到既新鮮而又有趣。被稱爲中國聖哲之師的孔子，把更古的哲學家的著作彙編成四部書，他自己又撰寫了五部。他給這五部書題名爲「經」（The Doctrines），內容包括過正當生活的倫理原則、指導政治行爲的教誡、習俗、古人的榜樣、他們的禮儀和祭祀以及甚至他們詩歌的樣品和其他這類的題材。在這五部書之外，還有一部彙編了這位大哲學家和他的弟子們的教誡，但並沒有特殊的編排。它主要是著眼於個人、家庭及整個國家的道德行爲，而在人類理性的光芒下對正當的道德活動加以指導。這部書是從前面提到的那四部書摘錄下來的撮要，被稱爲《四書》（Tetrabiblion）。孔子的這九部書構成最古老的中國圖書庫，它們大部分是用象形文字寫成，爲國家未來的美好和發展而集道德教誡之大成；別的書都是由其中發展出來的。在這個國家有一條從古代帝王傳下來並爲多少世紀的習俗所肯定的法律，規定凡希望成爲或被認爲是學者的人，都必須從這幾部書裏導引出自己的基本學說。除此以外，他遵循這幾部書的一般內容還不夠，更爲困難得多的是他必須能夠恰當而確切地按這幾部書所包含的每一條具體的學說來寫作。爲此目的，他必須背熟整部《四書》，

以便成爲這方面的公認權威。與我們某些作者所說的情況相反，這裏並沒有教授或講解這幾部書的學校或公立學院，每個學生都選擇自己的老師，在家裏自費向他學習。這類私人教師爲數當然極多，這部分是因爲中國字很難掌握，一位教師在同時很難教許多學生，部分是因爲在這裏每個家庭都有爲自己的子弟辦私塾的風俗。有時候除了定期延聘的之外也還請別的教師，爲的是避免他們出於其職業利益的干擾而競爭職位這一風俗。」

九　月

廖孟瞻等二百二十九人鄉試中式。

《明太祖實錄》卷一百六十五：「洪武十七年九月丙申朔，應天府奏鄉試中式舉人廖孟瞻等二百二十九人。」《殿閣詞林記》卷十四《程試》：「國朝鄉試諸錄，會試進士登科錄，俱有成式。蓋科舉自兩京外，鄉試付之藩臬，以爲未信也。會試則以名籍付禮部，考試付翰林，暨於親試，則有殿最而無黜陟，蓋以爲可信矣。其所刻程文，自鄉試以至於殿試，皆宜刻士子所作，庶爲傳信。流弊之極，至於制策亦多代筆，豈所以教之忠歟？案：洪武甲子鄉試、乙丑會試，初爲小錄以傳，然惟列董事之官，試士之題，及中選者之等第、籍貫、經籍而已，其錄前後雖有序，然猶未錄士子之文以爲程文也。次科戊辰，加刻程文，自後永爲定式。但此後五科，其間命官列銜，或多隨時不一。永樂以後，其制始一定而不更易矣。然永樂中各省鄉試，猶有儒士主考、品官同考者，其序文亦不拘篇數。景泰中，序文禁稱公，考官正用實授教官，序爲前後二篇，以兩京爲法也。然兩京序文稱臣，獨與會試同云。案：初場，例出《四書》義三道。正統元年會試，出《大學》、《論語》、《中庸》而不及《孟子》。成化元年順天府鄉試，出《論語》二道、《孟子》一道，而不及《大學》、《中庸》，其後定《大學》、《中庸》內量出一道，《論語》、《孟子》各出一道，遂爲例。二場，洪武四年以射禮論爲題，其後止用經書聖製書中成語。三場策問，先是惟以經史疑難及國家之大者言之，其後始有出於經史之外，並及瑣屑隱僻。若序文，則弘治五年順天鄉試猶具歲月，後皆不然也。葉盛曰：『文衡之任亦難矣。言語文字，不足以變士習，服士心，亦漫浪爲之耳。』正德己未會試，王抑庵土考試，第二名張穆兵馬策，其原卷起語云：『兵本以衛民，非兵無以安夫民之生；馬所以資兵，非馬無以足夫兵之用。』會試錄云：『兵以衛民，非兵無以安民生；馬以資兵，非馬無以足兵用。』

兩句減去八字，抑庵筆也。自是舉子以造語簡嚴典重爲尚。然抑庵又稱永樂辛丑楊文貞公同會試文衡，務先典實之作，以洗浮腐之弊，喜曾鶴齡諸作，多梓行之，至今評程文者以是科爲最。蓋洪武、永樂間，程文體皆渾厚，不特是科而已，誠宜錄出，以正文體而變士習。至若登科錄，永樂甲申二甲刻所對策十餘篇，其後革。正德三年，二甲第一人、三甲第一人俱刻策，事出焦芳輩，非制也。《燕對錄》曰：『正德六年四月十三日，講畢，復召至暖閣，叩頭畢，上手取會試錄一本，付司禮監太監張永，授臣東陽等，內有白紙票粘於紙上者三，皆指摘所刻文字錯誤處。上曰：「今欲別有施行，但念衙門體面，恐不好看，與先生輩知之。」臣東陽出至暖閣，留置案上，永令內臣送至內閣。是年，大學士劉忠累疏辭疾，聞此事而去，蓋已有先入之說矣。』」

十 月

歲貢生在京中式者，令出榜原籍張掛。

陳鼎《百可漫志》：「國初歲貢生在京中式者，必令出榜原籍張掛。嘗見《新昌志》載云：『禮部爲科舉事，洪武十七年九月十三日，本部尙書任昂等官於華蓋殿奏。聖旨：『在京鄉試多有中式的國子監生，爲他肯學，所以取中。似這等生員，好生光顯他父母，恁部裏出榜於原籍去處張掛，著他鄉里知道。欽此。』今將中式生員開坐，合行出榜知會須至榜者。浙江布政司紹興府新昌縣第十名蔡用強。』」

明太祖洪武十八年乙丑（西元 1385 年）

二 月

以朱善、聶鉉爲會試典試官。取黃子澄等四百七十二人。

黃佐《南雍志》卷一《事紀》：「（洪武十八年）二月會試，以翰林院待詔朱善及鉉爲考試官，比揭榜，國子生多在前列。」萬曆《大明會典》卷七十七《科舉》：「凡考試官，洪武十八年令，會試主考官二員，並同考官三員，臨期具奏，於翰林院官請用。其餘同考官五員，於在外學官請用。又令，考試官員，俱用表裏禮請。永樂七年令，會試考官，賜宴於禮部。正統四年奏

准，會試考官，翰林春坊專其事，京官由科第有學行者，兼取以充，教官不許。天順元年令，考官不拘員數，務在得人。成化十七年令，會試同考官，《書》、《詩》經各增一員，共十四員。正德六年令，增會試用同考官共十七員，翰林官十一員，科部各三員，內分《易經》四房，《書經》四房，《詩經》五房，《春秋》二房，《禮記》二房。」《明通鑒》卷八：「以大學士朱善、國子監典籍聶鉉爲典試官，得士黃子澄等四百七十二人。」《明史·選舉志》：「初制，會試同考八人，三人用翰林，五人用教職。景泰五年從禮部尚書胡濙請，俱用翰林、部曹。其後房考漸增。至正德六年，命用十七人，翰林十一人，科部各三人。分《詩經》房五，《易經》、《書經》各四，《春秋》、《禮記》各二。嘉靖十一年，禮部尚書夏言論科場三事，其一言會試同考，例用講讀十一人，今講讀止十一人，當盡入場，方足供事。乞於部科再簡三四人，以補翰林不足之數。世宗命如所請。然偶一行之，輒如其舊。萬曆十一年，以《易》卷多，減《書》之一以增於《易》。十四年，《書》卷復多，乃增翰林一人，以補《書》之缺。至四十四年，用給事中余懋孳奏，《詩》、《易》各增一房，共爲二十房，翰林十二人，科部各四人，至明末不變。」

黃子澄（1350～1402）會試第一。

子澄初名湜，以字行，更字伯淵。分宜人。洪武乙丑賜進士第三，除編修，歷修撰，累官太常寺卿兼翰林院學士。靖難師入，磔死。《明史》黃子澄傳云：「洪武十八年會試第一。」查繼佐《罪惟錄》志卷十八《科舉志》：「（洪武）十八年乙丑二月，會試貢士，黃子澄第一，練子寧次之，後皆爲忠臣，花綸又次之，浙江解元也。合中式四百七十二人。三月，殿試，賜花綸及子寧、子澄等及第、出身有差。既啓封，而上以夜夢故，改丁顯第一，綸第三，而抑子澄三甲爲庶吉士。一甲俱授修撰；二甲馬京爲編修，吳文爲檢討，李震爲承敕郎，陳廣爲中書舍人；三甲危瓛爲衛府紀善，李鳴岡爲潭府奉祠正，楊靖爲吏科庶吉士，黃耕爲承敕郎，蹇瑢等爲中書舍人，鄒仲實爲國子助教。諸進士觀政翰林院、承敕監近侍衙門者，稱庶吉士，在六部稱進士。」

黃子澄元墨被譽爲「開國第一篇文字，足爲萬世楷式」。

李調元《制義科瑣記》卷一《開國元墨》：「是科首題爲：『天下有道，則禮樂征伐自天子出。』黃子澄元墨實爲開國第一篇文字，足爲萬世楷式。其

墨云：『治道隆於一世，政柄統於一人。夫政之所在，治之所在也。禮樂征伐皆統於天子，非天下有道之世而何哉？昔聖人通論天下之勢，首舉其盛爲言，若曰：天下大政固非一端，天子至尊，實無二上。是故民安物阜，群黎樂四海之無虞；天開日明，萬國仰一人之有慶。主聖而明，臣賢而良，朝廷有穆皇之美也；治隆於上，俗美於下，海宇皆熙皞之休也。非天下有道之時乎？當斯時也，語離明則一人所獨居也，語乾綱則一人所獨斷也。若禮若樂，國之大柄，則以天子操之而掌於宗伯；若征若伐，政之大權，則以天子主之而掌於司馬。一制度一聲容，議之者天下，不聞以諸侯而變之也；一生殺一予奪，制之者天子，不聞以大夫而擅之也。皇靈丕振，而堯封之內咸欽聖主之威嚴；王綱獨握，而禹甸之中皆仰一王之制作。信乎，爲天下有道之盛而非後世所能及也。』錢吉士評云：洪武庚戌，詔以八月開鄉試，明年二月禮部會試，所試文仍尚元制。至甲子定《科舉成式》。乙丑會試，止錄士子姓名鄉貫，未刻程文，錄文自戊辰始。此篇見世德堂墨選，後列解學士大紳批語云：『莊重典雅，臺閣文字。』相傳甚久，特爲表出。」梁章鉅《制義叢話》卷四：「《書香堂筆記》云：錄前明制義者，自洪武乙丑科分宜黃子澄元墨爲第一篇文字，解大紳學士批云：『莊重典雅，臺閣文字。』徐存庵曰：『時未立闈牘科條，行文尚涉頌體，而收縱之機，浩蕩之氣，已辟易群英，況此爲文章之始，自應首錄，以存制義之河源也。』案：首題爲『天下有道，則禮樂征伐自天子出』。案：各選本多以劉文成公基『敬事而信』題文爲有明一代制度之祖，然是初體之尤者，其提一機字以爲敬之原，襯一勢字以爲信之影，究未精的，故舍彼錄此。」

三　月

丁顯、練子寧（？～1402）、黃子澄（1350～1402）等進士及第、出身有差。始選進士入翰林院及爲庶吉士。觀政進士之名亦自本年始。

《明太祖實錄》卷一百七十二：「洪武十八年三月壬戌朔，上御奉天殿策試舉人，制策曰：『朕稽古名世者，惟敬事而畏神人，趨事以歷知，涉難以立志，日運不息，歲運無已，雖在寢食，未嘗忘其所以，由是大輔人君，福臻黎庶，所以名世者爲此也。朕自代元統一華夷，官遵古制，律仿舊章，孜孜求賢，數用弗當，有能者委以腹心，或面從而志異，有德者授以祿位，或無所建明。中材下士，寡廉鮮恥，不能克己，若此無已，奈何爲治？爾諸

文士，當進學之秋，既承朕命，悉乃心力，立身揚名，在斯始舉，其條陳之。』
時廷對者四百七十二人，擢丁顯爲第一。臨軒發策日，錦衣衛設鹵簿儀仗，
讀卷官用翰林院及朝臣之文學優者。越三日，上復御奉天殿傳制唱名。是日，
舉人皆給帽笏大帶青羅袍皀綠襴服之以朝。第一甲第一名從六品，第二第三
名正七品，俱賜進士及第。第二甲從七品，賜進士出身。第三甲正八品，賜
同進士出身。禮部捧黃榜揭於通衢，遂賜諸進士宴於會同館。應天府以儀仗
送狀元歸第。明日，諸進士詣國子監孔子廟行釋菜禮。又明日，上表謝恩。
賜狀元冠帶朝服一襲及進士鈔有差。」「內子，以第一甲賜進士及第丁顯等
爲翰林院修撰，第二甲賜進士出身馬京等爲編修，吳文爲檢討，李震爲承敕
郎，陳廣爲中書舍人，第三甲賜同進士出身危瓛爲衛府紀善，李鳴岡爲潭府
奉祠正，楊靖爲吏科庶吉士，黃耕爲承敕郎，蹇瑢等爲中書舍人，鄒仲實爲
國子監助教。瑢後賜名義。其諸進士，上以其未更事，欲優待之，俾之觀政
於諸司，給以所出身祿米，俟其諳練政體，然後擢任之。其在翰林院、承敕
監等近侍衙門者，采《書經》庶常吉士之義，俱稱爲庶吉士。其在六部及諸
司者，仍稱進士。」《殿閣詞林記》卷十《考選》：「考選庶吉士，始自洪武
乙丑，迨永樂初，益重其事，大率每科必選。宣宗時，合三科進士親試之。
正統丙辰，英廟親選庶吉士於文華殿，取蕭鎡等十二人。己未以後罷之。至
戊辰，始純選北方及蜀士爲庶吉士，被選者萬安等二十人，不親試也。自是，
其事付內閣，例取平日所爲詩文，或翻閱試卷，兼采名實。禮部會同吏部試
以古文暨詩，合式者改送吏部讀書。景泰辛未，選吳滙等二十五人，甲戌，
選丘濬等十八人，皆兼選南北士。天順庚辰三月，上御文華殿，召李賢諭曰：
『永樂、宣德中，常選庶吉士教養待用。今科進士中，可選人物端重、語音
正當者二十餘人爲庶吉士，止選北方人，若南方人有似彭時者選取。』賢出
以語時，時疑賢欲抑南人，因應之曰：『立賢無方，何分南北？』賢曰：『果
上意也，奈何？』已而太監牛玉復傳命如前，令內閣會吏部同選。時對牛曰：
『南方士豈獨時比？優於時者甚多也。』是日考選，取十五人，南方止三人，
而江西惟張元禎得與焉。天順甲申，選李東陽等十八人，自是皆兼選南北士。
成化丙戌，選林瀚等二十四人。己丑，選費誾等十五人。戊戌，選梁儲等二
十八人。丁未，選程楷等二十人。弘治癸丑，選顧清等二十人。是科清等已
發各司觀政，後乃得旨取自各司者選。丙辰，選顧潛等二十人。壬戌，選胡
煜等二十人。乙丑，選崔銑等三十人。正德辛未，選許成名等三十三人。丁

丑，選汪佃等二十四人。辛巳，選廖道南等二十四人。」《弇山堂別集》卷八十一：「十八年乙丑會試，命待詔朱善、前典籍聶鉉爲考試官，取黃子澄第一，練子寧次之，花綸又次之。綸，浙江解元也。及廷試，綸第一，子寧次之，子澄又次之。既啓封，上自以夢故，用丁顯爲狀元，子寧如故，綸第三，抑子澄三甲，爲庶吉士。然三人俱授修撰，亡何，亦擢子澄爲修撰云。見刻丁顯策者，僅三百字，稱上爲上位，餘多不成語。實錄云：賜二甲進士馬京等爲編修，吳文爲檢討，李震爲承敕郎，陳廣爲中書舍人；三甲危瓛爲衛府紀善，李鳴岡爲潭府奉祠正，楊靖爲吏科庶吉士，黃耕爲承敕郎，蹇瑢等爲中書舍人，鄒仲實爲國子助教。其諸進士觀政翰林院、承敕監近侍衙門者，采《書經》庶常吉士之義，俱稱庶吉士，六部俱稱進士。」「是歲，沈潛、楊靖咸受上知，不兩歲至兵刑部尚書，而皆不克終。蹇瑢改名義，授中書舍人，滿九載，潛、靖死後始進官，而爲吏部尚書者三十四年。俞憲《登科考》名姓次序俱以《會試錄》爲準，然不載楊靖、蹇瑢，其脫略可知矣。」《明史·選舉志》：「十八年廷試，擢一甲進士丁顯等爲翰林院修撰，二甲馬京等爲編修，吳文爲檢討。進士之入翰林，自此始也。使進士觀政於諸司，其在翰林、承敕監等衙門者，曰庶吉士。進士之爲庶吉士，亦自此始也。其在六部、都察院、通政司、大理寺等衙門者仍稱進士，觀政進士之名亦自此始也。其後試額有增減，條例有變更，考官有內外輕重，闈事有是非得失。其細者勿論，其有關於國是者不可無述也。」李調元《制義科瑣記》卷一《對策》：「練子寧名安，以字行，新淦人。洪武十八年殿試對策有云：『天之生材有限，陛下忍以區區小故，縱無窮之誅，何以爲治？』上大悅，擢一甲二名。」李調元《制義科瑣記》卷一《采書經庶常吉士之義》：「（洪武）十八年乙丑會試，命待詔朱善、前典籍聶鉉爲考試官，取黃子澄第一，練子寧次之，花綸又次之。綸，浙江解元也，及廷試，綸第一，子寧次之，子澄又次之。既啓封，上自以夢故，用丁顯爲狀元，子寧如故，綸第三，抑子澄三甲爲庶吉士。然三人俱授修撰，亡何亦擢子澄爲修撰云。見刻丁顯策者僅三百字，稱上爲上位，餘多不成語。《實錄》云：賜二甲進士馬京等爲編修，吳文爲檢討，李震爲承敕郎，陳廣爲中書舍人。二甲危瓛爲衛府紀善，李鳴岡爲潭府奉祠正，楊靖爲吏科庶吉士，黃耕爲承敕郎，蹇瑢等爲中書舍人，鄒仲實爲國子助教，其諸進士觀政翰林院、承敕監近侍衙門，采《書經》『庶常吉士』之義，俱稱庶吉士，六部俱稱進士。」《明鑑綱目》卷一：「綱：三

月，始選進士入翰林，及爲庶吉士。目：帝廷試進士，擢一甲丁顯（建陽人。）等爲翰林院修撰，二甲馬京等爲編修，吳文等爲檢討。（進士入翰林，自此始。）」

本年錄取情況。

俞憲《皇明進士登科考》卷二：「時廷對之士黃子澄等四百七十二人，擢丁顯第一，授翰林院修撰，第二第三俱授編修，餘賜進士出身有差。擇其未更事者，觀政於諸司。其在翰林院承敕監等近侍衙門者，俱稱庶吉士，蓋取《尙書》庶常吉士之義也。在六部諸司者，仍稱進士。上命立題名碑於國子監，革除，聞於□□皆柄用，侵剝藩王，靖難師起，以奸黨戮之，仆碑削錄，故部本不傳。今民僉事章棨□□□□錄有是科會試人數，乃續而全之（不詳）翰林學士爲聞人，鄉黨宗之，今四百七十二人之名具備，而無聞盛名，不知何也？閩本以湖本增入今數，多湖產，遂疑而不錄，今亦無可考矣，姑存之以備訂。」

第一甲三名，賜進士及第。

丁顯，福建建陽縣人。練子寧，江西新淦縣人。黃子澄，江西分宜縣人。

第二甲賜進士出身，第三甲賜同進士出身。名次俱不可考，共四百六十九名。

從本科起，通常狀元授修撰，榜眼、探花授編修，二、三甲考選庶吉士者，皆為翰林官。其他或授給事、御史、主事、中書、行人、評事、太常、國子博士，或授府推官、知州、知縣等官。舉人、貢生不第，入監而選者，或授小京職，或授府佐及州縣正官，或授教職。（據《明史》卷七十《選舉志》二）

定進士所授官。自此薦舉者乃不輕授。

《殿閣詞林記》卷二十一《薦舉》：「聖祖之靖元亂也，干戈未定，即大召四方名儒，隨所在館穀之使，各以其所知薦。戊戌十二月，辟儒士范祖幹、葉儀爲諮議。己亥正月，克婺州，初置中書省，召儒士許元、胡翰十餘人會食省中，日令二人進講經史，敷陳治道。及克處州，又薦青田劉基、龍泉章溢、麗水葉琛、金華宋濂者，即遣使以書幣徵之。庚子二月至建康，入見甚

喜，賜坐，從容與論經史，及咨以時事，深見尊寵。既而命有司即所居之西創禮賢館以處之，始置儒臺校理，以官儒臣。時朱文忠守金華，復薦王褘、王天錫至，皆用之。尋建尚賓館，以待薦舉至者。丙午年，置博士廳，設博士一人，典簽十餘人，以備顧問，博士則許瑗、許存仁，典簽則劉秩、鮑穎、吳毅、劉辰、黃哲、涂穎之屬。侍從文學之職，實權輿於此。及置翰林院，則擇諸儒之最有文行者任焉。洪武六年，復大徵天下儒士，浙江參政徐本首以桂彥良薦，待詔闕下，奏對稱旨，擢春坊正字。未幾，浙江布政使安然等以懷遠縣教諭王景等薦，既至，命日直翰林，隨班朝見，賜燕西序。七年，學士宋濂侍上登武樓，賜坐，問及宿學之士，濂以會稽郭傳對，上覽其文稱善，召見謹身殿稱旨，擢應奉翰林文字。十年，復聘金華儒士吳沈，以侍臣有薦之者。十月，召見稱旨，以為待制。十五年，復徵耆儒隱逸，侍臣張寧以宛平儒士董倫薦，召至，以為太子贊善大夫，賜冠帶。是年，置諫院官。十月，以耆儒劉靖為諫院左司諫兼左春坊左庶子，關賢為右司諫兼右春坊右庶子，趙肅為諫院左正言兼左春坊左諭德，何顯周為右正言兼右春坊右諭德。十七年七月，下詔徵賢，耆儒汪仲魯至自婺源，儀禮司引見，有旨舉西伯勘黎篇命之講釋，稱旨，授左春坊左司直郎。又數日，劉三吾至自茶陵，入見便殿，見其莊重宏博，甚禮重之，即拜左春坊左贊善。未幾，擢本院學士。十八年三月，開進士科，始定進士入翰林之制。自此薦舉者乃不輕授云。永樂初，本院員少，遂簡命侍臣更薦引之，於是首擢審理副楊士奇為編修，繼擢儒士曾日章為侍講，助教鄒緝為侍讀，改給事中金幼孜、王洪、桐城縣知縣胡儼為檢討，又以太平訓導蕭引高、袁州訓導廖敬先為檢討，應天訓導于汝玉、蕪湖訓導張伯穎為五經博士，皆異數也。自後惟於進士及庶吉士內擢用。宣德七年，大學士楊士奇薦交阯南靈州知州黎恬文學操行可任近侍，遂拜右春坊右諭德。恬既至，不副輿論，江右人寓詞林者或詬之，乃求歸其鄉。自是薦舉進者益罕矣。天順二年，忠國公石亨、大學士李賢交薦撫州處士吳與弼，召以為左春坊左諭德，固辭不拜。成化十八年，廣東布政使彭韶、巡撫兩廣都御史朱英交薦新會舉人陳獻章，既至，吏部欲試之，辭以疾，自陳患病，乞歸侍養，詔授檢討，侍親終病癒，仍來供職。獻章即與弼門人也，後屢被薦，皆援詔不行。二人者，皆以理學鳴於時，隱居求志，天下高之。竊謂科目未足以盡天下之賢才，矧嚴居川觀，抱道不售，與就試有司而屢黜者，豈無其人乎？薦舉之典，誠不可廢也。」

練子寧殿試中榜眼。

《明通鑒》卷八:「是科,讀卷官初奏一甲三人,花綸、練子寧、黃子澄也。上以花綸年少,抑置第三,又抑子澄入三甲,擢丁顯第一,傳者謂上以夢故用也。……初,翰林院官皆由薦舉,未有以進士入者,故四年開科,狀元吳伯宗止授員外郎,榜眼、探花授主事而已。至是詔更定翰林品員,設學士、侍讀侍講學士及侍讀侍講。又定進士一甲授修撰,二甲以下授編修、檢討。其秩自學士正五品以下至七品有差。又定進士所授官,其在翰林院、承敕監、中書六科者曰『庶吉士』,在六部、都察院、通政司、大理寺者仍稱『進士』。其餘則以其未更吏事,欲優待而歷練之,俾之觀政於諸司,給以出身祿米,以待擢任。命之曰『觀政進士』。其『庶吉士』及『觀政進士』之名,皆上所自定,而翰林遂為科目進士清要之階云。」《明史》練子寧傳:「子寧英邁不群,十八年以貢士廷試對策,力言:『天之生材有限,陛下忍以區區小故,縱無窮之誅,何以為治。』太祖善其意,擢一甲第二,授翰林修撰。」

詔編類《尚書》作科舉用。

《明通鑒》卷八:「詔禮部選年紀小秀才,將《尚書》陳氏、蔡氏《傳》及古《注疏》,參考是非,定奪去取,編成新書,刷板印送各處教習,以為下次科舉之用。於是部臣行取博學通經之教官董其事,參考編類成之。」

七 月

禮部言:府州縣歲貢生員不中式者,提調官吏論以貢舉非其人律,都官、訓導,罰俸一年;貢不如期者,以違制論。從之。(據《明太祖實錄》卷一七四)

十二月

詔舉孝廉之士。

《明太祖實錄》卷一百七十六:洪武十八年十二月,「丙午,詔舉孝廉之士,上諭禮部臣曰:『朕向者令有司舉聰明正直之士,至者多非其人,甚孤所望。朕聞古者選用孝廉,孝者忠厚愷弟,廉者潔己清修,如此則能愛人守法,可以從政矣。其令州縣,凡民有孝廉之行著聞鄉里者,正官與耆民以禮遣送京師,非其人勿濫舉。』」

本　年

洪武建文間，乙丑、丁丑、庚辰三科，會試題皆為《論語》「天下有道，禮樂征伐自天子出」。

　　梁章鉅《制義叢話》卷四：「洪武、建文間十餘年，乙丑、丁丑、庚辰三科，會試皆出此題（指『天下有道，禮樂征伐自天子出』），信乎丘瓊山先生之言曰：『國初試題，皆取經書中大道理大制度係人倫治道者出以試士，故當時題目無多，士皆專心於大且要者，用功有倫序，得以餘力及他經子史也。』此論實足遵守，然此十餘年後，以通儒碩學，宜接踵而出矣，而實不多見，則又何也？」

明太祖洪武十九年丙寅（西元 1386 年）

正　月

以《御製大誥》頒賜國子監生及天下府、州、縣學生。（據《明太祖實錄》卷一百七十七）

明太祖洪武二十年丁卯（西元 1387 年）

二　月

朱元璋注《尚書·洪範》成。

　　《殿閣詞林記》卷十三《宸翰》：「洪武二十年二月甲辰，御注《尚書·洪範》成。先是，命儒臣書《洪範》揭於兩廡座右，朝夕觀覽，乃自為注。至是成，召贊善劉三吾曰：『朕觀《洪範》一篇，帝王為治之要道也。所以敘彝倫，立皇極，保萬民，敘四時，成百穀，本於天道，驗於人事。箕子為武王陳之，武王猶自謙曰：『五帝之道，我未能焉。」朕每為惕然，遂疏其旨，朝夕省覽。』三吾對曰：『陛下留心是書，上明聖道，下福生民，為萬世開太平者也。』」

八　月

應天府及河南、山東、山西、陝西、北平、福建、江西、浙江、湖廣、廣東、廣西、四川、雲南等十三布政司鄉試。（據《皇明貢舉考》卷二）

十二月

今年歲貢生員，中式入南北國子監者一千一百零七人。

《明太祖實錄》卷一百八十七：洪武二十年十二月，「是歲，天下歲貢生員凡一千二百人，中式送國子監者九百七十五人，送中都國子監者一百三十二人，不中者九十三人，各遣還讀書，提調官教官俱如例罰。」

明太祖洪武二十一年戊辰（西元 1388 年）

二　月

蘇伯衡、李叔荊為會試考試官，所取會元施顯為去年解元。

據查繼佐《罪惟錄》志卷十八《科舉志》列舉由解元而成會元者：「應天常熟施顯，洪武丁卯、戊辰；浙江臨海陳璲，永樂戊子、己丑；福建閩縣林誌，永樂辛卯、壬辰；陝西咸寧楊鼎，宣德乙卯、正統己未；浙江桐廬姚夔，正統戊午、壬戌；應天吳縣王鏊，成化甲午、乙未；應天泰州儲瓘，成化癸卯、甲辰；福建晉江李廷機，隆慶庚午、順天萬曆癸未。」

三　月

任亨泰、唐震、盧原質等進士及第、出身有差。

《明太祖實錄》卷一百八十九：洪武二十一年三月乙卯朔，「上御奉天殿策試舉人，制策曰：『事神之道，志人之心，莫不同焉。雖然，始古至今，凡所祀事，必因所以，而乃祀焉。然聖賢之制禮有等殺，自天子至於臣民，祭祀之名，分限之定，其來遠矣。其主祭者又非一人。然而篤於敬者甚多有，且信且疑者亦廣，甚於不信而但應故事者無限，所以昔人有云：能者養之以福，不能者敗以取禍。朕未知其必然。爾諸文士，陳其所以，朕將覽焉。』

時廷對者九十七人，擢任亨泰爲第一，賜亨泰等進士及第、出身有差，特建題名碑於太學門。」《弇山堂別集》卷八十一：「二十一年戊辰會試，命翰林院編修蘇伯衡、李叔荊爲考試官，取中施顯等，廷試，擢任亨泰第一，命有司於襄陽建狀元坊以旌之。亨泰甚被上寵任，每召議，手書襄陽任而不名，後自禮書謫御史，不知所終。第二人卓敬，第三人盧原質。原質，方孝孺之姑子，十年而爲太常少卿。」「案，是歲解縉年十九，中三甲進士。考年譜、誌銘俱云改中書庶吉士，與姊夫黃金華同，而實錄內絕不載其事。實錄爲縉總裁，豈應刪略至此？蓋縉得罪後以重修故去之耳。《題名記》，盧原質、卓敬以死難，磨去不存。」朱國楨《湧幢小品》卷七《題石建坊》：「任亨泰，襄陽人，父杜林，從外家姓。洪武二十一年廷試，太祖高皇帝親擢第一，官修撰，復命題名於石，建坊於門，寵異之。（此建坊之始，要知各進士通行矣。）」《國榷》卷九：「洪武二十一年三月乙亥朔，策貢士施顯等，賜任亨泰、唐震、盧原質等進士及第、出身有差。特建題名碑於太學。時對策斥落二人。」《明通鑒》卷九：「始命立石題名於太學。復定制：『一甲第一人授修撰，二、三編修。著爲令。』」《明史·選舉志》：「歷科進士多出太學，而戊辰任亨泰廷對第一，太祖召訥褒賞，撰題名記，立石監門。辛未許觀，亦如之。進士題名碑由此相繼不絕。」李調元《制義科瑣記》卷一《不名》：「戊辰狀元任亨泰，深被上寵，詔有司於襄陽建狀元坊以旌之。亨泰每召議，手書襄陽任而不名。」李調元《制義科瑣記》卷一《狀元坊》：「任亨泰，襄陽人，以太學生中洪武二十一年進士。上特命有司建狀元坊以旌之，遂爲例。」

本年錄取情況。

俞憲《皇明進士登科考》卷二：「時廷對之士九十九人，擢任亨泰第一，罷對策不稱旨二人。部本缺。閩本刻制策一篇、對策一篇，一甲盧原質、二甲卓敬及二甲沈玄、盧義、李範之下各一人，永樂中皆坐事磨去其名。《題名記》止存九十二人，《南雍志》二甲無馮志遠，而吳觀玄下只有齊德，溧陽人，今不可考矣。此皆范宋云然。」

第一甲三名，賜進士及第。任亨泰，湖廣襄陽縣人。唐震，福建閩縣人。盧原質，浙江寧海縣人。

第二甲一十五名，賜進士出身。

第三甲七十六名，賜同進士出身。

解縉舉進士，年僅十八。縉為洪武丁卯解元。

查繼佐《罪惟錄》志卷十八《科舉志》「科舉盛事，年二十以內魁元」：「吉水解縉，年十七，洪武丁卯解元，十八，戊辰；閩縣陳顯著，十八，永樂乙未探花；淳安商輅，二十，宣德乙卯解元；吳縣劉昌，十九，正統甲子解元；休寧程敏政，以神童，丁酉為翰林院秀才，成化丙戌榜眼；鉛山費宏，二十，成化丁未狀元；全州蔣冕，十五，成化丁酉解元；宜春郭鵬，二十，正德丙子解元；會稽董玘，十五鄉榜，十九，弘治乙丑會元；南海倫以訓，二十，正德丁丑會元；仁和張濂，二十，嘉靖辛卯解元；河南衛籍吳縣吳三樂，二十，嘉靖甲午解元；南海馬拯，十七，嘉靖丁酉解元，十八，戊戌；屯留路王道，十九，嘉靖丙午解元；清平衛籍如皋孫應鼇，二十，嘉靖丙午解元；餘姚諸大圭，十九，嘉靖壬子解元；東莞袁炳，二十，嘉靖乙卯解元；銅陵余毅中，十九，嘉靖戊午解元；定安王弘誨，二十，嘉靖辛酉解元；新城王象坤，十九，嘉靖甲子解元；蘭陽李希召，二十，隆慶丁卯解元；濱州張鈕，十九，隆慶庚午解元；臨桂洪敷詰，十八，隆慶庚午解元；錢塘莫睿，二十，萬曆癸酉解元；巴縣胥從化，十六，萬曆癸酉解元；南充黃輝，十五，萬曆丙子解元；秀水陳懿典，十七，萬曆己卯解元；崇慶州何傑，十八，萬曆己卯解元；蒲城米助，十九，萬曆乙酉解元；全州籍賓州舒弘志，十九，萬曆丙戌探花；萊蕪吳鴻功，十九，萬曆戊子解元；定襄傅新德，十七，萬曆戊子解元；雲南前衛丹徒朱思明，二十，萬曆戊子解元；黃崗汪元極，十六，萬曆辛卯解元；新添籍即墨丘禾貴，二十，萬曆辛卯解元；南安洪承選，二十，萬曆丁酉解元；淅川全璲，十九，萬曆□□解元；海澄周起元，二十，萬曆庚子解元；南昌龔而安，十八，萬曆癸卯解元；樂安李楩，十九，萬曆丙午解元；南海陳子壯，十八，萬曆己未探花。」

本　年

刻科舉程文始於今年。

陳鼐《百可漫志》：「國朝開科自洪武三年始，定條例自十七年始。先是，試文尚仍元制。刻程文自二十一年始。先是止錄姓名鄉貫，試錄定式又自二十四年始。」丘濬《重編瓊臺藁》卷九《皇明歷科會試錄序》：「皇明開國之二年，首詔天下開科取士。明年鄉試，又明年會試，仍參用勝國程式，甫一科即罷之。又十有四年，始定為今制，以試士子。甲子鄉試，乙丑會試，初

爲小錄以傳，然惟列董事之官、試士之題及中選者之等第、貫籍、經業而已。其錄前後，雖各有序，然猶未錄士子之文，以爲程式也。次科戊辰，始刻程文，自時厥後，永爲定式。但此後五科，其間命官列銜，尙或隨時不一。永樂以後，其制始一定而不更易。自乙丑至今，再歷乙丑而逾其半，凡三十又四科矣。」（參見《皇明貢舉錄》卷一《舉人程文》）

明太祖洪武二十三年庚午（西元 1390 年）

八　月

應天府（直隸）及河南、山東、山西、陝西、北平、福建、江西、浙江、湖廣、廣東、廣西、四川、雲南等十三布政司鄉試。（據《皇明貢舉考》卷二）

明太祖洪武二十四年辛未（西元 1391 年）

二　月

本年會試，應試者凡六百五十人。會元許觀爲監生，第二、三、五名亦爲監生。（據《皇明貢舉考》卷二）

三　月

本年錄取情況。

俞憲《皇明進士登科考》卷二：「時廷對之士許觀等三十一人，擢許觀第一。觀本黃姓，從外家姓許，及第後乃改之，革除間亦以奸黨論死，削籍。部本不傳。湖本訛以韓克忠榜充之。閩本止存一甲二名，今考是科《會試錄》，名籍俱全，但具甲第，名數不可考矣。姑彙存之，若一甲第三爲吳言信，則得之《八閩志》云。」

第一甲三名，賜進士及第。許觀，直隸貴池縣人。張顯宗，福建寧化縣人。吳言信，福建邵武縣人。

第二甲賜進士出身，第三甲賜同進士出身。（名數次序俱不可考，姑以《會錄》爲準，並列兩甲之下）

許觀（1364～1402）、張顯宗（？～1409）、吳言信等進士及第、出身有差。

《明太祖實錄》卷二百八：洪武二十四年三月，「丁酉，上御奉天殿策試禮部會試中式舉人，制策曰：『昔列聖之相繼，大一統而馭宇，立綱陳紀，禮樂昭明，當垂衣以治，何自弗寧？少壯盡行，內騷華夏，外戍八荒，牝馬胎駒於行伍，旌旗連歲於邊陲，此果好殺而有此歟？抑蠻貊欲窺而若是歟？觀之往事，亦甚艱矣。今欲罷乘機，絕遠戍，垂衣以治，又恐蠻貊生齒之繁，不數十年後，爲中國患，當此之際，似乎失今可乘之機，豈不爲恨？今興止未判，其於乘機絕戍，孰可孰不可？爾諸文士，論之以妥內外，朕將親覽焉。』時廷對者三十一人，擢許觀爲第一，賜觀等進士及第、出身有差。」《弇山堂別集》卷八十一：「二十四年辛未，天下會試者六百六十人，取中許觀等三十一人，廷試，仍賜許觀第一，時年二十八，張顯宗次之，吳言信又次之。上以連科狀元出太學，召祭酒宋訥，面褒焉。」「是歲復擢下第舉人張孟鏞等爲主事。」錢宰《臨安集》卷三《會試小錄序》：「洪武二十三年多十二月初吉，皇帝御奉天殿，詔天下：三年大比，賓興賢能。明年春，合天下士會試於春官。……於是內而邦畿，外而藩屏侯甸，東極青、齊，西逾川、陝，南際荊、吳、閩、廣，北至於梁、晉、宋、衛、幽、燕，合十二道之士，凡六百五十人來會於京師。」查繼佐《罪惟錄》志卷十八《科舉志》：「（洪武）二十四年辛未，試貢士，得許觀等三十一人，賜許觀、張顯宗、吳言信等及第、出身有差。觀原姓黃，以父贅許，從母姓，建文中改姓，爲忠臣。擢下第舉人張孟鏞爲主事。詔科舉歲貢命題於《大誥》中科取。是年始有《試錄》定式，以後遵行。」《國榷》卷九：「洪武二十四年三月丁酉，廷策貢士許觀等三十一人於奉天殿，賜許觀、張顯宗等進士及第、出身有差。下第貢士張孟鏞等授主事。」

狀元許觀為今年會元。

查繼佐《罪惟錄》志卷十八《科舉志》「科舉盛事・兩元狀元由會元」：「南直貴池許觀，洪武辛未；南直長洲吳寬，成化壬辰；南直華亭錢福，弘治庚戌；廣東南海倫文敘，弘治己未；浙江慈溪楊守勤，萬曆甲辰；浙江烏程韓

敬，萬曆庚戌；南直宜興周延儒，萬曆癸丑；福建永春莊際昌，萬曆己未。」

命今後科舉、歲貢生員，俱於《大誥》內出題試之。

黃佐《南雍志》卷一《事紀》：「洪武二十四年三月戊子朔，上御奉天門，命禮部官曰：『《大誥》頒行已久，今後科舉、歲貢生員，俱出題試之。』於是行國子監正官嚴督諸生，熟讀講解以資錄用，有不遵者以違制論。辛卯，以監生許觀會試殿試皆第一，召國子監官褒獎之。」《明實錄》、《國榷》記此事於本年九月。

十二月

定科舉歲貢程文格式。

黃佐《南雍志》卷一《事紀》：「洪武二十四年十二月癸酉朔，上命科舉歲貢當定程式。壬午試祭酒胡季安與翰林院學士劉三吾議定以聞，上命禮部頒行天下學校。程文格式四條：一、凡作《四書》、本經義，破承之下，便入大講，不許重寫官題。其餘文字，並依原定格式。一、凡出策題，或經或史，所問之意，須要含蓄，不必明顯其事，使答者自詳問意，以觀才識。一、凡對策須要參詳題意，明白對答，如問錢糧，便言錢糧孰利孰害，如問水利，便言水利孰得孰失，務在典實，不許敷衍繁文。遇當開寫題目處，亦止曰云云，不必重述。」萬曆《大明會典》卷七十七《禮部》三十五《貢舉·科舉·科舉通例·凡文字格式》：「凡文字格式，洪武四年令：科舉，凡詞理平順者，皆預選列，惟吏胥心術已壞，不許應試。十七年，令文字迴避御名、廟諱及不許自敘辛苦門地，謄錄官點檢得出，送提調、監試官閱過不錄。二十四年，定文字格式：一、凡出題，或經或史，所問須要含蓄不顯，使答者自詳問意，以觀才識。一、凡對策，須參詳題意，明白對答，如問錢糧即言錢糧，如問水利即言水利，孰得孰失，務在典實，不許敷衍繁文。遇當寫題處，亦止曰云云，不必重述。一、凡作《四書》、經義，破承之下，便入大講，不許重寫官題。又令科舉歲貢，於《大誥》內出題，或策、論、判語參試。正統六年，令出題不許摘裂牽綴，及問非所當問。取文務須淳實典雅，不許浮華。違者，從風憲官糾劾治罪。成化十三年，令舉人文字，凡遇御名、廟諱下一字，俱要減寫點畫。考試等官，不許越數多取。出題校文，須依經按傳，文理純正，不許監臨等官干預。《小錄》不許開寫掌行科舉文字吏典及謄錄、對讀生員姓

名。弘治七年，令作文務要純雅通暢，不許用浮華、險怪、艱澀之辭。答策不許引用繆誤雜書，其陳及時務，須斟酌得宜，便於實用，不許泛為誇大，及偏執私見，有乖醇厚之風。御名、廟諱及親王名諱，仍依舊制二字不偏諱，不必缺其點畫，違者黜落。文字試題上，不許加奉試字，其正卷務依所出題目次第楷書，不許草書及先後錯亂。舉人止憑文字高下去取，不得論其地方中式多寡，臨時偏徇進黜，以廢公論。《小錄》文字，不許提調、監臨等官代作，及將舉人原文改刻。其考試等官，各開職名，不許稱張公李公字樣。十七年，令各處進到《小錄》有乖違者，禮部與翰林院參奏究問。嘉靖六年奏准，科場文字，務要平實典雅，不許浮華險怪，以壞文體。《試錄》祇依士子本文，稍加潤色。十七年題准，會試校文，務要醇正典雅，明白通暢，合於程式者方許取中，其有似前駕虛翼偽，鈎棘軋茁之文，必加黜落，仍聽考試官摘出。不寫經傳本旨，不循體制，及引用莊、列背道不經之言，悖謬尤甚者，將試卷送出，以憑本部指實奏請除名，不許再試。十八年，令今後鄉試進到《試錄》，禮部詳閱舉奏，如有叛經離道、詭辭邪說，定將監臨、考試等官罪黜，取中舉人，辨驗公據得實，革退為民。萬曆元年奏准，《試錄》序文，必典實簡古，明白正大，俱若成化、弘治年間文體，督撫等官，不許妄加稱獎，以蹈浮靡之弊。又奏准，士子經書文字，照先年題准，限六百字上下，冗長浮泛者，不得中式。八年奏准，限五百字，過多者不許謄錄。十三年題准，程式文字，就將士子中式試卷，純正典實者，依制刊刻，不許主司代作。其後場果有學問該博，即前場稍未純，亦許甄錄。中間字句不甚要當者，不妨稍為修飾，但不許增損過多，致掩本文。」

明太祖洪武二十五年壬申（西元 1392 年）

六 月

禮部制定學規。

《明太祖實錄》卷二百十八：洪武二十五年六月，「癸亥，上諭禮部臣曰：『近聞天下學校生員，多驕惰縱肆，淩慢師長，宜重禁之。爾禮部，其著為學規，俾之遵守。』於是禮部乃條其目，自授業、講讀、進退、出入，皆有定法，且令內不違親之命，外不咈師之訓，以至處朋友待僕隸，皆有其道。

又戒以毋蔑禮玩法，毋矜能喪志，毋違臥碑以取懲，惟篤志聖賢，潛心古訓，以勉其成。違者罪之。」

明太祖洪武二十六年癸酉（西元 1393 年）

四　月

方孝孺受命主京師秋闈。

孫憙《方正學先生年譜》：「四川聘主秋闈，京府移文，詔徵分考。辭蜀赴京，取士八十八人，得門下士俞允、任勉等。」《遜志齋集》卷一《上蜀府啓》其一：「伏以臣於今世儒者中學術才藝最爲迂拙，受恩受獎最爲深厚。每思遭逢之難，惟恐無以爲報。幸屬大比，自意得備員校文，因瞻拜左右，誦聖哲之遺言，考帝王之善政，以傚愚忠。四月九日，忽天府移文，以同考試見徵，且謂『已嘗啓聞儲王，不許厭遠就近』，辭旨迫切。本府已與依准文狀去訖。至二十一日，四川公文及使者始至，惓惓之誠，以是不敢自遂。雖京師、藩輔均爲國事，奉朝廷之命而弗敢辭，固殿下之所嘉。然臣犬馬私情不能自釋者，良以恩獎之隆，思報無所，欲重瞻覩清光而未果也。然臣聞：受眾人之惠者爲報易，受人君之恩者爲報難。……伏惟原其情，宥其不即趨命之罪，念其愚忠而特賜採納，不勝大願。」《明經世文編》卷九方孝孺《應天府鄉試小錄序》：「洪武二十有六年，當試之期，京府實試太學及畿甸十四郡三州之士，出幣徵四方縉紳以程藝文之高下。至期，治中劉庸請於朝，俾監察御史王仲和、孫仁菠其事，通判王子修贊其政。於是，衣巾筆牘而至者八百人。有職於試事者，莫不虔恭，以求稱取士之意。迨拔其絕尤者，得士八十八人。既揭其名，以示觀者，復將傳於四方，垂於後世。」

五　月

定學官考課法，以科舉生員多寡爲殿最。此後屢有更動。

《明太祖實錄》卷二百二十七：洪武二十六年夏四月，「丙寅，定學官考課法，以科舉生員多寡爲殿最。縣生員二十名，教諭九年任內，有舉人三名，又考通經者爲稱職，陞用。舉人二名，雖考通經爲平常，本等用。舉人不及二名，

又考不通經者，爲不稱職，黜降別用。州學生員三十名，學正九年任內，舉人六名，又考通經者陞用。舉人三名，雖考通經，本等用。舉人不及三名，又考不通經者，黜降別用。府學生員四十名，教授九年任內，舉人九名，又考通經者，陞用。舉人四名，雖考通經，本等用。舉人不及四名，又考不通經者，黜降別用。府州縣學訓導，分教生員九年，任內舉人三名，又考通經者，陞用。舉人二名或一名，雖考通經，本等用。舉人全無，又考不通經者，黜退別用。先是，教官考滿，兼覈其歲貢生員之數，至是上以歲貢爲學校常例，故專以科舉爲其殿最。」萬曆《大明會典》卷十二《史部》十一《教官》：「凡教官考覈，洪武二十六年定，各處府、州、縣學訓導與教官，一體歷俸九年考滿給由。其訓導給由到部，出題考試，將所試文字送翰林院批考。通經者於縣學教諭內敘用。若不通經者，本處復充訓導。自來不通經者，量才別用。又奏准，以九年之內科舉取中生員名數爲則，定擬陞降。縣學額設生員二十名，教諭九年之內，科舉取中生員三名，又考通經者爲稱職，陞用；若取中二名，又考通經者爲平常，本等用；若取中不及二名，又考不通經者爲不稱職，降黜別用。州學額設生員三十名，學正九年之內，科舉取中生員六名，又考通經者爲稱職，陞用；若取中三名，又考通經者爲平常，本等用；若取中不及三名，又考不通經者爲不稱職，降黜別用。府學額設生員四十名，教授九年之內，科舉取中生員九名，又考通經者爲稱職，陞用；若取中四名，又考通經者爲平常，本等用；若取中不及四名，又考不通經者爲不稱職，降黜別用。府、州、縣學訓導，分教生員一十名，九年之內，科舉取中生員三名，又考通經者陞教諭；若取中二名或一名，又考通經，仍充訓導；若科舉全無取中，又考不通經，降黜別用。又奏准，教諭科舉不及數，考不通經，有司內用；科舉及數，通經，降訓導。三十五年，令教授考通經、任內止有舉人三名者，降學正。永樂元年定，舉人署教諭事者，任內有科舉中式一名，又有歲貢中式一名；署訓導事者，有科舉中式一名，或有歲貢中式一名，俱舉實授。八年，令教官考滿，史部同六科都給事中選其有才識者留六科理事。一年後，從本科都給事中考其高下用之。宣德五年，重定舉人名數。教授五名爲稱職，三名爲平常，不及三名爲不稱。學正三名爲稱職，二名爲平常，不及二名爲不稱。教諭二名爲稱職，一名爲平常。訓導一名爲稱職。不及者皆爲不稱。稱職者陞，平常者本等用，不稱者降。正統九年奏准，教官九年任滿無舉人者，試其學問果優，仍任教官，教授、學正、教諭，俱降訓導，訓導調邊遠；其考不中者，仍降雜職。又奏准，考試考滿教官，初場考

《四書》、本經義各一篇，二場論、策各一道。教授、學正、教諭，俱本部定中否。訓導，送翰林院定中否。考不通經，係舉人出身者，教授改吏目，學正等官改典史；監生、儒士出身者，教授改稅課司大使，學正等官降河泊所官。衛學並選貢衙門學正，考不通經，亦同前例，冒報舉人者送問，無府、州、縣委官保結者行查。雲南各處教官，從選貢衙門例，亦不論舉人。弘治二年奏准，九年考滿教官，考通經，府、州、縣舉人及數，方陞。衛學並選貢衙門，雖無舉人，亦陞。若丁憂復除者，論前後任多少，若任府、州、縣學日多，從府、州、縣學論；任衛學並選貢衙門學日多，從衛學並選貢衙門論。嘉靖四年題准，府、州、縣學教官，考不通經，有舉人者，仍照原職選用。凡行都司儒學及外衛儒學教官考滿，嘉靖四年題准，除考通經、有舉人及數照例陞用外，無舉人、考通經、查無過者，俱本等選用。」《明史‧選舉志》：「明初，優禮師儒，教官擢給事、御史，諸生歲貢者易得美官。然鉗束亦甚謹。太祖時，教官考滿，兼覈其歲貢生員之數。後以歲貢為學校常例，二十六年定學官考課法，專以科舉為殿最。九年任滿，覈其中式舉人，府九人、州六人、縣三人者為最。其教官又考通經，即與陞遷。舉人少者為平等，即考通經亦不遷。舉人至少及全無者為殿，又考不通經，則黜降。其待教官之嚴如此。生員入學十年，學無所成者，及有大過者，俱送部充吏，追奪廩糧。至正統十四年申明其制而稍更之。受贓、奸盜、冒籍、宿娼、居喪娶妻妾所犯事理重者，直隸發充國子監膳夫，各省發充附近儒學膳夫、齋夫，滿日為民，俱追廩米。犯輕充吏者，不追廩米。其待諸生之嚴又如此。然其後教官之黜降，生員之充發，皆廢格不行，即臥碑亦具文矣。諸生，上者中式，次者廩生，年久充貢，或選拔為貢生。其累試不第、年逾五十、願告退閒者，給與冠帶，仍復其身。其後有納粟馬捐監之例，則諸生又有援例而出學者矣。提學官歲試校文之外，令教官舉諸生行優劣者一二人，賞黜之以為勸懲。此其大較也。」

八 月

應天府（直隸）及河南、山東、山西、陝西、北平、福建、江西、浙江、湖廣、廣東、廣西、四川、雲南等十三布政司鄉試。就試應天者八百人，取中八十八人。（據《皇明貢舉考》卷二及方孝孺《應天府鄉試小錄序》）

明太祖洪武二十七年甲戌（西元 1394 年）

正 月

以前中都國子學為鳳陽府儒學。（據《明太祖實錄》卷二百三十一）

二 月

本年會試，應試者七百餘人，錄取彭德等一百人。（據《南雍志》卷十五《進士題名》、《皇明貢舉考》卷二）

查繼佐《罪惟錄》志卷十八《科舉志》：「（洪武）二十七年甲戌，試貢士，得彭德（後更名泰）等一百人，賜張信、戴德彝、景清等及第、出身有差。後信以侍讀教韓王寫杜詩，坐含刺，忤旨，又敕稿削御製二語，復坐考試事，伏誅。而彭泰亦坐事除名。兩第一皆不終。清為忠臣。清本姓耿，報籍誤景。」

三 月

本年殿試錄取情況。

俞憲《皇明進士登科考》卷二：「廷試彭恭等百人，擢張信第一，賜信等及第、出身有差。部本缺，湖本一甲缺二名。」

第一甲三名，賜進士及第。張信，浙江定海縣人。耿清，陝西貞寧縣人。戴德彝，浙江奉化縣人。

第二甲三十名，賜進士出身。

第三甲六十六名，賜同進士出身。

四 月

詔徵儒臣定正宋儒蔡氏《書傳》。

顧炎武《日知錄》卷十八《書傳會選》：「洪武二十七年四月丙戌，詔徵儒臣定正宋儒蔡氏《書傳》。上以蔡氏《書傳》日月五星運行與朱子《詩傳》不同，及其他註說與番陽鄒季友所論間亦有未安者，遂詔徵天下儒臣定正之，命翰林院學士劉三吾等總其事。凡蔡氏傳得者存之，失者正之。又采諸家之說，足其未備。九月癸丑，書成，賜名《書傳會選》，命禮部頒行天下。今按此書若《堯典》謂天左旋，日月五星違天而右轉，《高宗肜日》謂祖庚繹於高

宗之廟，《西伯戡黎》謂是武王，《洛誥》惟周公誕保文武受命惟七年，謂周公輔成王七年，皆不易之論。每傳之下，係以經文及傳、音釋，於字音、字體、字義辯之甚詳。其傳中用古人姓字、古書名目，必具出處，兼亦考證典故。蓋宋、元以來諸儒之規模猶在，而其爲此書者，皆自幼爲務本之學，非由八股發身之人，故所著之書雖不及先儒，而尙有功於後學。至永樂中修《尚書大全》，不惟刪去異說，並音釋亦不存矣。愚嘗謂自宋之末造以至有明之初年，經術人材於斯爲盛。自八股行而古學棄，《大全》出而經說亡，十族誅而臣節變。洪武、永樂之間，亦世道升降之一會矣。」祝允明《前聞記・正經傳》：「上萬幾之暇，留意方策。嘗以《尚書》『咨以羲和』、『惟天陰騭下民』二節蔡沈註誤，命禮部試右侍郎張智同翰林院學士劉三吾等改正。因通加研校，書成，名曰《書傳會選》。又以《孟子》當戰國之世，故詞氣或抑揚太過，今天下一統，學者儻不得其本意而概以見之言行，則學非所學而用非所用。又命劉三吾刪其過者爲《孟子節文》，不以命題取士。」

本　年

劉三吾等奉詔修《孟子節文》，本年上之。

《明通鑒》卷八：「初，上復孟子配享，而終以『草芥』『寇讎』及『君爲輕』、『貴戚易位』等語，爲寰中士夫不爲君用者所藉口，乃詔三吾修《孟子節文》，凡不以尊君爲主者皆刪之。……三吾等奉詔修《孟子節文》，於洪武二十七年上之。」《續修四庫全書總目提要・經部》「四書類」：「按明太祖覽孟子，至『土芥』『寇讎』之語，謂非人臣所宜言，詔去配享。有諫者，以不敬論，且命三吾刪之，其憎孟子甚矣，三吾之《孟子節文》殆爲此作也。……凡所刪者八十五條，課試不以命題，科舉不以取士。」

明太祖洪武二十八年乙亥（西元 1395 年）

九　月

頒《皇明祖訓》於內外諸司。

《明鑒綱目》卷一：「綱：九月，頒《皇明祖訓》。目：初，帝命儒臣編

祖訓錄，其目十有三，（曰箴戒，持守，嚴祭祀，謹出入，慎國政，禮儀，法律，內令，內官，職制，兵衛，營繕，供用。）既成，帝自爲之序。（事在洪武六年。）至是更定，名曰《皇明祖訓》，頒示內外諸司，且諭曰：『後世有敢言更制者，以奸臣論，毋赦。』」

明太祖洪武二十九年丙子（西元 1396 年）

六　月

方孝孺受命典試京闈。

孫憙《方正學先生年譜》：「在漢中，聞兄孝聞卒於家，悲悼絕甚。秋試，召典京闈。」《遜志齋集》卷九《上蜀府啓》其二：「郭千戶至，傳奉教命作文，祭忠武侯。謹已撰就，第以京兆生催促上道，弗能陪觀盛禮，爲慚負耳。林昇久處山林，祇承召命，得與相見，足慰桑梓之思。緣臣起行，書室文籍散漫，欲其料理數日，且錄臣舊日所註《武王戒書》及《宗儀十篇》以進，故遲留旬日。昇此來攜臣昔日所著訐論宋事《宋史要言》一冊，自太祖至哲宗尚未完，不敢上塵睿覽。臣歸期未能預定。如試事畢，得遣昇，仍至漢中教飭。愈輩守視書室，實望外之恩。……洪武二十九年六月二十二日。」《明經世文編》卷九方孝孺《京闈小錄後序》：「洪武丙子，京府當試，太學暨畿甸郡邑士至者千餘人。司選拔者，皆時之耆雋。……既試而閱其文，通古今、識正道者，彬彬以數百計。監察御史及京府官僚議以爲歲士盛於往昔，宜循舊比請於朝，以定去留。詔定其數三百。於是，縉紳相賀，以爲自開國以來，取士未有盛於斯者。將錄其名與其文之美者以傳。」

八　月

應天府（直隸）及河南、山東、山西、陝西、北平、福建、江西、浙江、湖廣、廣東、廣西、四川、雲南等十三布政司鄉試。就試應天者千餘人，取中尹昌隆等三百人。（據《皇明貢舉考》卷二及方孝孺《京闈小錄後序》）

明太祖洪武三十年丁丑（西元 1397 年）

正　月

會試，命翰林院學士劉三吾、紀善白信蹈為考試官，錄取宋琮等五十一人，皆為江南士子。（據《弇山堂別集》卷八十一）

查繼佐《罪惟錄》志卷十八《科舉志》：「（洪武）三十年丁丑，試貢士，得宋琮等五十一人，賜福建陳䢿第一，尹昌隆、劉士諤次之。……時大江以北無預者，下第咸蜚語噪之。詔覆試。文多不稱，上怒，罪考官劉三吾、白信蹈等，追附三吾胡藍之黨。御殿親試，得韓克忠、王恕、焦勝等，世稱爲南北榜。克忠等三人爲修撰、編修、行人司副，進士陳善爲行人，陳誠爲檢討。䢿與第三士諤安置邊衛，赦回授官，卒殺之。會試第一琮，拜御史。明年再試寄監下第舉人，中式者四百一十五人，次其等第，除教授、教諭、訓導，不中者八十七人爲州吏目。」

三　月

本年會試兩次，春榜於三月，夏榜於六月。春榜錄取情況。

俞憲《皇明進士登科考》卷二：「時廷對之士宋琮等五十三人，擢陳䢿第一。既而北方舉人下第者，言取士不公。上閱所取悉南士，亦疑之。乃詔考官劉三吾及䢿等一甲三人，皆下獄。命翰林儒臣重閱落卷，得六十一人，皆山東、山西、北平、河南、陝西、四川士也。於是有覆試之令。是榜部本、湖本俱缺，今以《會錄》名次補之，然止三十六人，其全不可考矣。一甲第三爲尹昌隆，出《革朝遺忠錄》。或又以第三爲劉諤，不知何據，姑存之。田本云，閩人，精數學，就試之日謂所親曰：今歲狀頭當刑，奈何？已而果然。事得之閩父老云。」

第一甲三名，賜進士及第。陳䢿，福建閩縣人。尹昌隆，江西泰和縣人。劉諤，浙江山陰縣人。

第二甲賜進士出身。名數次序俱不可考。

第三甲賜同進士出身。名數次序俱不可考。

初一，策會試中試者泰和宋琮等於奉天殿，擢陳䢿為第一，賜䢿等進士及第、出身有差。史稱「春榜」。

　　《明太祖實錄》卷二百五十一：洪武三十年三月癸丑，「上御奉天殿策試舉人，制策曰：『朕聞古之造理之士，務欲助君，志在行道，受君之賜，而民供之，所以操此心，固此志，以待時機之來，張君之德，布君之仁，補其不足而節有餘，妥蒼生於市野。於斯之士，古至於今，歷代有之，載之方冊，昭如日月，流名千萬世不磨。朕自爲王爲帝三十四年，尚昧於政事，豈不思古而然歟？抑志士之難見歟？諸生敷陳其道，朕親覽焉。』時廷對者五十一人，擢陳㴤爲第一，賜㴤等進士及第、出身有差。」郎瑛《七修類稿》卷十四《國事類・國初狀元》：「國家洪武元年乃戊申，以辰、戌、丑、未論，爲殿試則當在庚戌是也。故蘇州《錢氏世譜》，庚戌安大全爲狀元，《姑蘇志》又以爲金璹。殊不知當時求才之急，一年二三開科也。如乙丑之榜，吾杭花綸，又有丁顯，是春秋二次矣。且或每年或間一年亦不可知。《登科錄》以爲自四年始，則爲辛亥，而非子、午、卯、酉之期，是國初不可以今日論也。洪武丁丑，福州人陳㴤知天文，傳臚之日，私語同輩曰：『今歲狀元必不利。』唱名乃㴤。太祖以其榜中皆南人，誅考官劉三吾等並㴤。後復別取，乃北人韓克忠爲首。楊升庵在本朝極博者，亦以韓爲辛未，與許觀一年而二狀元，且不知陳事，蓋世遠難知故耳。」徐學聚《國朝典彙》卷一百二十八：「（洪武）三十年丁丑二月會試，命翰林院學士劉三吾、吉府紀善白信蹈爲考試官，取宋琮等五十一人。廷試，賜閩縣陳㴤爲首，吉安尹昌隆、會稽劉諤次之。時大江以北無登第者，下第諸生上疏言：『三吾等南人，私其鄉。』上怒，命儒臣再閱落卷中文理長者第之。於是侍讀張信、侍講戴彝、右贊善王俊華、司直郎張謙、司經局校書嚴叔載、正字董貫、長史黃章、紀善周衡、蕭楫及㴤、昌隆、諤各閱十卷。或言劉、白囑信等以陋卷進呈，上益怒，親策問，擢韓克忠、王恕、焦勝等六十一人及第有差，皆山東、山西、北平、河南、陝西、四川士也。授克忠翰林修撰，恕編修，勝行人司副，進士陳性善爲行人，陳誠爲檢討。考官張信等俱磔殺之。三吾以老戍，㴤、諤父置威膚。唯戴彝、尹昌隆得赦。尋取㴤、諤回爲司賓、司儀署丞，復殺之。宋琮拜御史，後以檢討掌助教致仕。」李調元《制義科瑣記》卷一《春夏二榜》：「洪武三十年丁丑，上命翰林學士劉三吾、吉府紀善白信蹈爲考官。榜發，中原士子無與名者。三月殿試，以閩縣陳㴤爲第一。被黜者咸以不公爲言。上大怒，命儒臣再閱下第卷，擇文理優長者復其科第。或傳三吾與信蹈至閱卷官所，囑以卷之最陋者進呈。上驗之，果以不堪文字奏進，益怒，謂爲胡、藍二黨。

命刑部考訊，三吾、信蹈與贊善司憲三人爲藍黨，侍讀張信、贊善王俊華、司直張諫、校書嚴叔載、正字董貫、長史黃章、紀善周衡、王楫皆胡黨，唯侍讀戴彝不與焉。三吾謫戍邊，餘皆凌遲於市。於是覆閱取六十一人，皆北人也。故是科有春、夏二榜，春榜狀元即陳䢿，夏榜狀元韓克忠，山東武城人。」

春榜榜眼尹昌隆係洪武丙子解元、應天丁丑會元。

查繼佐《罪惟錄》志卷十八《科舉志》「科舉盛事・榜眼由會解兩元」：「江西泰和尹昌隆，洪武丙子，應天丁丑；江西吉水王艮，洪武己卯、庚辰；福建閩縣林誌，永樂辛卯、壬辰會元；江西廬陵陳文，正統乙卯、丙辰；陝西咸寧楊鼎，宣德乙卯、正統己未會元；浙江秀水呂原，正統辛酉、壬戌；四川長寧周洪謨，正統甲子、乙丑；南直昆山吳釴，天順癸未會元；浙江鄞縣楊守阯，成化乙酉、戊戌；浙江餘姚黃珣，成化辛卯、辛丑；北直南宮白鉞，成化庚子、甲辰；四川巴縣劉春，成化癸卯、乙未；武清衛籍餘姚孫清，弘治戊子、壬戌；浙江會稽董玘，弘治乙丑會元；廣東南海倫以訓，正德丁丑會元；南直常熟瞿景淳，嘉靖甲辰會元；南直金壇曹大章，嘉靖癸丑會元；南直太倉王錫爵，嘉靖壬戌會元；湖廣漢陽蕭良有，萬曆庚辰會元；福建晉江李廷機，隆慶庚午、萬曆癸未；南直宣城湯賓尹，萬曆乙未會元；南直太倉王衡，萬曆戊子、辛丑；浙江平湖施鳳來，萬曆丁未會元；南直無錫華琪芳，天啓乙丑會元；南直太倉吳偉業，天啓辛未會元。」

六　月

朱元璋策試禮部下第舉人，擢韓克忠（？～1245）為第一。史稱「夏榜」。

《明太祖實錄》卷二百五十三：洪武三十年，「六月辛巳朔，上御奉天殿策試下第舉人。先是禮部會試者多而中式者少，被黜落者咸以爲言。上命翰林儒臣考下第卷中，擇文理優長者得六十一人，至是復廷試之。制策曰：『天生烝民有欲，必命君以主之。君奉天命，必明教化以導民。然生齒之繁，人情不一，於是古先哲王，設五刑以弼五教，善者旌之，惡者繩之，善惡有所勸懲，治道由斯而興。歷代相因，未嘗改也。朕承天命，君主生民，宵衣旰食三十餘年，儲思積慮，惟欲妥安生民。其不循教者亦有，由是不得已，施

之五刑。今欲民自不犯，抑別有其術歟？爾諸文士，陳其所以，朕將覽焉。』時廷對中擢韓克忠爲第一，仍賜克忠等進士及第、出身有差。」「壬午，賜進士韓克忠等恩榮宴於會同館。」《殿閣詞林記》卷十四《復試》：「洪武三十年丁丑六月辛巳朔，上御奉天殿，策試下第舉人。先是，禮部會試天下士，中試者少，被黜落者咸以爲言，上命翰林儒臣考下第卷中擇文理優長者，得六十一人。至是復廷試之，擢韓克忠爲第一，仍賜克忠等進士及第、出身有差。乙酉，以克忠爲修撰，第二人王恕、第三人焦勝爲編修。七月，命太常寺丞張顯宗署國子祭酒事，因命克忠署司業事，其見寵擢如此。永樂二年，成祖臨軒策士，傳臚明日，進會試所選副榜士於廷，親試之。上御右順門，命侍講楊士奇、金幼孜諭旨，令就試者從容盡所蘊，毋苟且取具，命光祿給食，中官夕給燭，遂親拔三人，命進學翰林，餘第爲二等，付吏部除學官。其第一人則周翰也，預修《永樂大典》，七年除典籍云。按宣德間副榜舉人得冠帶讀書太學，蓋循此制也。自是至正統後，副榜始不復廷試矣。楊士奇云：『宣德丁未以前有十五科，前此南北士合試，未有北士佔首選者，有之實自丁未始。』王直云：『自洪武辛亥至正統丙辰爲二十科。』蓋皆並韓克忠一榜數之也。」《明通鑒》卷十一：「（初一）上親策諸貢士，再賜韓克忠等六十一人及第、出身有差，皆北士及川、陝人也。時稱爲『春夏榜』，亦稱『南北榜』云。《明史》劉三吾傳：三十年偕紀善白信蹈等主考會試。榜發，泰和宋琮第一，北士無預者。於是諸生言三吾等南人，私其鄉。帝怒，命侍講張信等覆閱，不稱旨。或言信等故以陋卷呈，三吾等實屬之。帝益怒，信蹈等論死，三吾以老戍邊，琮亦遣戍。」俞憲《皇明進士登科考》卷二：「時與試者六十一人，擢韓克忠第一。賜克忠等進士及第、出身有差。世稱南北榜進士以此，又云春榜、夏榜。既而郊等伏法，削籍，故今但有克忠榜而郊榜不可考。部本、閩本俱缺，湖本雖存，誤充辛未榜數，今正之。」第一甲三名，賜進士及第。韓克忠，山東武城縣人。王恕，山東長清縣人。焦勝，陝西樂平縣人。第二甲二十九名，賜進士出身。第三甲二十九名，賜同進士出身。梁章鉅《制義叢話》卷四：「洪武丁丑會試，有春榜，有夏榜。春榜中式五十一人，北人無登第者，太祖命儒臣再閱落卷，取中六十一人爲夏榜，世稱是科爲『春秋榜』，又爲『南北榜』。春榜主試者爲茶陵劉如孫學士三吾，有『天下有道則禮樂征伐自天子出』程文，楊維斗廷樞評云：『下云政不在大夫，篇中專舉歌雍顓臾，見古人手眼之妙。』今《嶺雲編》傳本云：『以言乎禮樂也，則其典掌於宗伯，

惟天子得以行之，是以大禮與天地同節，大樂與天地同和，而僭軌物於私家之堂者，無有也。以言乎征伐也，則其法掌於司馬，惟天子得以命之，是以四征所以糾弗庭，九伐所以正邦國，而謀干戈於封域之中者，無有也。』自係後來將『歌雍顯與』字面酌改，更覺渾然，其機調與黃子澄作一同，其直射下文諸侯、大夫而不爲侵下，亦可知當日格式尚寬也。」

取士分南北始於本年。

《明史·選舉志》：「初制，禮闈取士，不分南北。自洪武丁丑，考官劉三吾、白信蹈所取宋琮等五十二人，皆南士。三月，廷試，擢陳䢿爲第一。帝怒所取之偏，命侍讀張信等十二人覆閱，䢿亦與焉。帝猶怒不已，悉誅信蹈及信、䢿等，戍三吾於邊，親自閱卷，取任伯安等六十一人。六月復廷試，以韓克忠爲第一。皆北士也。然迄永樂間，未嘗分地而取。洪熙元年，仁宗命楊士奇等定取士之額，南人十六，北人十四。宣德、正統間，分爲南、北、中卷，以百人爲率，則南取五十五名，北取三十五名，中取十名。景泰初，詔書遵永樂間例。二年辛未，禮部方奉行，而給事中李侃爭之，言：『部臣欲專以文詞，多取南人。』刑部侍郎羅綺亦助侃言。事下禮部，覆奏：『臣等奉詔書，非私請也。』景帝命遵詔書，不從侃議。未幾，給事中徐廷章復請依正統間例。五年甲戌，會試，禮部奏請裁定，於是復從廷章言，分南、北、中卷：南卷，應天及蘇、松諸府，浙江、江西、福建、湖廣、廣東；北卷，順天、山東、山西、河南、陝西；中卷，四川、廣西、雲南、貴州及鳳陽、廬州二府，滁、徐、和三州也。成化二十二年，萬安當國，周洪謨爲禮部尚書，皆四川人，乃因布政使潘稹之請，南北各減二名，以益於中。弘治二年復從舊制。嗣後相沿不改。惟正德三年，給事中趙鐸承劉瑾指，請廣河南、陝西、山東、西鄉試之額。乃增陝西爲百，河南爲九十五，山東、西俱九十。而以會試分南、北、中卷爲不均，乃增四川額十名，並入南卷，其餘並入北卷，南北均取一百五十名。蓋瑾陝西人，而閣臣焦芳河南人，票旨相附和，各徇其私。瑾、芳敗，旋復其舊。」

九　月

命天下罷貢人才。

《明太祖實錄》卷二百五十五：洪武三十年九月，「壬戌，署平鄉縣知縣

國子生曹禮言：『往歲詔天下州縣歲貢人才一人。緣屬戶有多寡，宜令戶少下縣三年選一人充貢，人眾州縣如常制貢之。』時方取用富民，因命天下罷貢人才。」

明太祖洪武三十一年戊寅（西元 1398 年）

閏五月

太祖朱元璋卒，七十一歲。朱允炆即皇帝位，以明年為建文元年。（據《明史》）

明惠帝建文元年己卯（西元 1399 年）

正　月

詔京省開科鄉試。（據《國榷》卷十一）

八　月

應天府（直隸）及河南、山東、山西、陝西、北平、福建、江西、浙江、湖廣、廣東、廣西、四川、雲南等十三布政司鄉試。（據《皇明貢舉考》卷二）

方孝孺校文京闈。應天就試者凡一千五百人，取中二百一十四人。
　　《遜志齋集》卷十二《京闈小錄後序》：「皇帝既即位，大詔紀今年元為建文。春三月，上車駕幸太學，親祀先師孔子，拜跽盥獻，咸用享廟社禮，縉紳聚觀，以為崇文祗聖之典，古所未有。風行萬方，小大喜悅，皆思自奮以進庸於世。秋八月，天下當大比，太學暨畿內士集於京府者千五百人。有詔命翰林儒臣及時之名士較其文，御史蒞之，而董其庶事則屬之府僚佐焉。七月甲辰入院，越九日，乙巳而畢。屏蕪黜陋，選擇俊良，蓋去者幾十之八，而登名於籍者二百十四人。非難之也，蓋以上初取士，天下後世將於是觀盛

美焉，而不敢弗慎也。昔太祖高皇帝創業紹正統之三年，即興科舉，至十七年甲子而益盛。歷四舉而至於茲。今在朝廷之人，大率多先朝之所簡拔者也。」沈德符《萬曆野獲編補遺》卷二《科場·場題成讖》：「建文元年己卯，應天鄉試，首題為『可以托六尺之孤』一節。是時燕邸靖難兵已漸動，衡文者有意責備方、黃諸公耶？抑偶出無心耶？即云無心，與時事暗合，亦不祥甚矣。」黃佐《革除遺事》卷二《劉政》：「劉政……革除己卯，以《春秋》中應天府鄉試第一。時國家多難，試題出『可以托六尺之孤』一章。考官侍講方孝孺，為時儒宗，素號知人，得其文驚曰：『此子他日臨大節而不可奪者也。』批之有『群鳥中之孤鳳』及『吾當虛左以處』之語。」

明惠帝建文二年庚辰（西元 1400 年）

二　月

詔禮部尚書陳迪、右侍郎黃觀知貢舉，翰林學士董倫、太常少卿高遜志充考試官，右拾遺朱逢吉、史官吳勤、葉惠仲、趙友士、徐旭、張秉彝為同考試官，御史王度、俞士吉為監試官。吳溥等一百一十名中式。

據《皇明貢舉考》卷二及《續文獻通考》卷四六《選舉考·舉士四》。沈德符《萬曆野獲編補遺》卷二《科場·建文庚辰榜》：「建文帝在位，止開南宮一次，是科為庚辰，以禮部左侍郎兼學士董倫為主考，太常寺右少卿高遜志副之，知貢舉為禮部尚書陳迪、禮部侍郎黃觀，監試御史為王度、俞士吉，同考試官為右拾遺朱逢吉、編修吳勤、葉惠仲、趙友士、徐旭、張秉彝，所得士如崇仁吳溥、吉水王艮、廬陵胡靖、新淦金幼孜、常熟黃鉞、武進胡瀅、莆田陳繼之、建安楊子榮、石首楊溥、太康顧佐，俱知名於時。……東楊改名榮，官大學士、太師，諡文敏。南楊官大學士、太師，諡文定。顧佐官都御史。吳溥為是年會元，二甲第一名，特授翰林編修，雖官不振，而其子與弼為大儒，陪祀孔廟，亦榮異甚矣。惟狀元胡靖，本名廣，建文賜改今名。後文皇御極，仍復其名為廣。雖官為宰相、少師，得諡文穆，然依阿附會，時人以配漢之胡廣。若胡瀅受知文皇，為禮部尚書逾三十年，官至太保，得諡忠安，亦以循謹致大位。以上諸人，品格不同，要皆建文所植，以濟後世

之用，亦奇事也。但榜中諸公皆以降附登進，獨王艮一人能殉節。而知舉兩大臣，監試兩御史，亦以死難見稱，斯爲可貴耳。高遜志者，本產徐之蕭縣，後以元亂，徙居吾邑，遂爲嘉興人。洪武中以布衣徵修《元史》，授編修，至今官，而故老無能舉之者，因並一時在事諸人紀之。初胡廣對策，極談藩王之橫，有晁家令之謀，故建文帝喜而首拔之。此後宣力永樂間，備極勤瘁，以結主知，顏亦孔厚矣。高遜志字士敏，靖難後匿跡不出，竟免於難，且全節善終，較之殉國諸賢，忠稍後，而智足多矣。庚辰科一甲三人，首胡靖，江西吉水人；次王艮，亦吉水人；第三李貫，爲廬陵。俱同郡人，眞奇事。而永樂初元，開科一甲三人亦皆吉安，尤奇。又董倫前序云，是年入試者千餘人，較之洪武辛亥會試，已五倍之矣。」查繼佐《罪惟錄》志卷十八《科舉志》：「建文二年庚辰，試貢士，得吳溥等百十有八人，賜胡廣、王艮、李貫等及第、出身有差，四人皆江西籍。初擬艮第一，以貌不如廣，更之，御改廣爲靖。及第者俱授修撰。二甲首三人授編修，餘授給事中。始定乙榜舉人署教職，年未三十者聽給俸三年，復預會試。其所教得中鄉試者，就進士出身資格遞陞一級，否從本級。其下第而所教得中鄉試者，與實授。四年，以遜國用兵處不及鄉試。永樂元年癸未，以靖難渡江，不克如期鄉試。八月，補舊年用兵處鄉試。」《國榷》卷十一：「建文二年二月壬寅，禮部左侍郎兼翰林院學士董倫、太常寺右少卿高遜志主禮闈，分考右拾遺朱逢吉、史官吳勤、葉惠仲、趙友士、徐旭、張秉彝，監試御史俞士吉、王度，知貢舉禮部尚書陳迪、右侍郎黃觀。時得吉水王艮、常熟黃鉞、莆田陳繼之、閩縣葉福，皆死壬午國難。廬陵胡廣、崇仁吳溥、建安楊榮、新淦金幼孜、武進胡濙、太康顧佐，皆知名士。」

三 月

本年殿試策問試題。

題爲：制曰：「諸生蓋聞致治之主，論治道之盛，必以唐虞三代爲準。堯舜禹湯文武，此數聖人者，其德厚矣。然所以本諸身，發於政事，施澤於民者，其先後始終亦可得而言歟？夫由親以及疏，篤近而舉遠，百王之所同也。堯舜之時，黎民於變時雍矣。以親則有象之傲，臣則有共、鯀之凶，將聖人之化有所弗改歟？抑爲惡之人有不得而化者歟？朕紹承大統，每思古先聖帝明王之治，何稽何爲而可使家給人足，比屋有可封之俗。行何善政，而可使

囹圄空虛，刑措不用歟？圖治莫切於用賢，而患賢才之難致。化民莫先於教學，而患禮樂之難興。果何由而可使野無遺賢，而民皆樂於為善歟？茲欲使海內皞皞熙熙，如唐虞三代時，致之必有其道，施為必有其序。諸生習於聖賢之說久矣，其具著於篇，朕將親覽焉。」（據俞憲《皇明進士登科考》卷二）

胡靖（1370～1418）、王艮、李貫等進士及第、出身有差。

　　王圻《續文獻通考》卷四十六《選舉考‧舉士四》：「建文帝二年三月，策試禮部中式舉人，賜胡靖、王艮、李貫等一百一十人進士及第、出身有差，以靖等三人並授翰林修撰。廷試策，艮最優，以貌不揚，易靖第一。靖初名廣，上特為易名，後復名廣，與同榜楊榮、金幼孜、楊溥、胡濙、顧佐、陳洽皆為永樂時名臣。唯艮死建文之難。故曰：『以貌取人，失之子羽。』艮、貫皆吉水人，貫獨不類，君子恥之。」《弇山堂別集》卷八十一：「三年庚辰，命會試，禮部左侍郎兼學士董倫、太常少卿高巽志為考試官，取中吳溥等。王艮策第一，以貌不及胡廣，又廣策多斥親藩，遂擢廣第一，改名靖，艮為第二。是歲得人最盛，如胡及二楊、胡濙俱登顯要，為時名臣，而艮能徇節，尤可重也。」案，「建文二年己卯」當作「建文元年己卯」，「三年庚辰」當作「二年庚辰」。李調元《制義科瑣記》卷一《胡廣》：「胡廣，吉水人。建文二年殿試，廷問：『堯舜之世，親則象傲，臣則共鯀。』意在燕王也。廣對有『親藩陸梁，搖動人心』語，擢為第一。見姓名曰：『又一胡廣耶！』改名靖，後謚文穆。文臣得謚自廣始。」李調元《制義科瑣記》卷一《貌不揚》：「建文二年，策試禮部中式舉人，賜胡廣、王艮及第、出身有差。廷試策，艮最優，以貌不揚，易廣第一。後艮死難，故曰：以貌取人，失之子羽。」徐咸《西園雜記》卷上：「建文二年廷試，已取吉水王艮卷第一，及傳臚，以艮貌不揚，遂以胡廣易之，艮次焉。文皇兵入城，艮仰藥死，廣乃迎降，官至大學士，有負舊君多矣。以貌取人，固如是哉！」

本年進士登科情況。

　　俞憲《皇明進士登科考》卷二：「按洪武三十三年寔革除二年也。時廷對之士吳溥等百一十人，王艮當第一。上以艮貌侵不及胡靖，且靖策有『親藩陸梁，人心搖動』之語，□旨遂首擢靖。靖初名廣，上易名曰靖。永樂中得倖，復疏名廣也。部本缺，閩本、湖本今俱存。」

第一甲三名，賜進士及第。胡靖，江西吉水縣人。王艮，江西吉水縣人。李貫，江西廬陵縣人。

第二甲三十七名，賜進士出身。

第三甲七十名，賜同進士出身。

狀元胡廣（胡靖）、榜眼王艮均為江西吉水人。

查繼佐《罪惟錄》志卷十八《科舉志》「科舉盛事・一縣同科兩及第」：「江西吉水，建文庚辰胡廣狀元，王艮榜眼。江西泰和，成化戊戌曾彥狀元，曾追探花。浙江餘姚，成化辛丑王華狀元，黃珣榜眼。又餘姚，嘉靖乙未韓應龍狀元，孫陞榜眼。南直長洲，天啓壬戌文震孟狀元，陳仁錫榜眼。南直溧陽，崇禎癸未宋之繩榜眼，陳名夏探花。又胡廣榜探花為廬陵李貫，是一郡同科三及第。」查繼佐《罪惟錄》志卷十八《科舉志》，「科舉盛事・一府科第之盛」：「江西吉安一府合計十宰相、二十二尙書、十一狀元、十一榜眼、十探花、八會元、三十九解元（内登第二十八人）。相傳勝國時，無應試出仕者，由於廬陵文天祥節義之故，至明乃鼎盛。」

楊榮（1371～1440）中二甲三名進士。

《遊藝塾文規》卷一《科第全憑陰德》：「《易》曰：『積善之家，必有餘慶。』人家科第，大率皆由祖宗積德。今少年得意，輒囂然自負，以為由我而致，不復念祖考累世締造之艱，薄亦甚矣。試舉聞見之所及者以告汝。楊少師榮，建寧府人也，世以濟渡為生。久雨溪漲，橫流沖毀民房，溺死者順流而下，他舟皆撈取貨物，獨少師曾祖及祖惟救人，而貨物一無所取，鄉人嗤其愚。逮少師父生，家漸裕，有神人化為道者，語之曰：『汝祖父有陰功，子孫當貴顯，宜葬某地。』遂依其所指而定之，即今白兔墳也。後生少師，弱冠登第，位至二公，加曾祖・祖父，皆如其官，子孫貴盛，至今尚多賢者。」

明惠帝建文四年壬午（西元 1402 年）

六　月

朱棣自立為皇帝。殺文學博士方孝孺，株連至數百人之多。

　　黃宗羲《明儒學案》卷四三:「方孝孺字希直,台之寧海人。自幼精敏絕倫,八歲而讀書,十五而學文,輒爲父友所稱。二十遊京師,從學於太史宋濂。濂以爲遊吾門者多矣,未有若方生者也。濂返金華,先生復從之,先後凡六歲,盡傳其學。兩應召命,授漢中教授。蜀獻王聘爲世子師。獻王甚賢之,名其讀書之堂曰『正學』。建文帝召爲翰林博士,進侍讀學士。帝有疑問,不時宣召,君臣之間,同於師友。金川失守,先生漸衰,哭不絕聲。……文皇亦降志乞草,先生怒罵不已,磔之聚寶門外。年四十六。坐死者凡八百四十七人。崇禎末,諡文正。」

八　月

　　應天府(直隸)及浙江等布政司因「靖難之役」未及鄉試。(據《明太宗實錄》卷十七、《皇明貢舉考》卷二)

　　命解縉(1369～1415)、黃淮(1367～1449)、胡廣、楊榮、楊士奇、金幼孜(1368～1431)、胡儼等七人同入內閣,預機務。

　　《殿閣詞林記》卷九《親擢》:「洪武之末,翰林不及十數人。壬午六月,成祖即位,首詔吏部及本院舉文學行誼才識之士授職,聞待詔解縉名,擢居近侍。召對,喜其奇傑敢言,益見信用。七月,侍書黃淮改中書舍人,入見,上與語,大奇之,凡侍朝,特命與縉立於御榻左,以備顧問。一日,以萬幾叢脞,日御奉天門左室,每夕召對至夜分,或便殿就寢,賜坐榻前,論議政事,同列不得與聞。是時,吳府審理副楊士奇在翰林充修史官,亦有譽望,親擢爲編修。已而改給事中金幼孜、桐城縣知縣胡儼爲檢討,尋陞縉爲侍讀,胡靖爲侍講,編修楊子榮爲修撰,而改子榮名榮,繼又陞淮爲編修。九月,遂開內閣於東角門內,召七人者諭以委任腹心至意,俾入處其中,專典密務,雖學士王景輩不得與焉。明日,賜織金羅衣各一襲。時幾務孔殷,每旦奏事退,內閣之臣造扆前,進呈文字,商機密,承顧問,率漏下十數刻始退。十一月,陞縉爲侍讀學士,靖、淮、儼皆侍讀,榮、士奇、幼孜皆侍講,復靖名廣。永樂元年九月,上御右順門,召縉及士奇,諭之曰:『朕即位以來,爾七人者朝夕相與共事,鮮離左右,朕嘉爾等恭順不懈,皆賜五品公服。』二年正月,七人皆賜二品金織衣,且勞之曰:『天下事咸朕與若等同計,非若六卿之分理也。』二月,冊立儲宮,進縉爲學士兼右春坊大學士、奉議大夫,

淮爲左春坊左庶子，廣爲右春坊右庶子，皆奉議大夫，仍兼侍讀，儼爲左春坊左諭德，仍兼侍讀，榮爲右春坊右諭德，仍兼侍講，士奇以本官兼左春坊左中允，幼孜以本官兼右春坊右中允，各賜袍笏。九月，儼出爲國子祭酒。四年，縉坐事去，廣遂進學士兼左春坊大學士、奉政大夫。五年二月，淮進右春坊大學士，仍兼侍讀，尋進學士，仍兼右春坊大學士。士奇進左春坊左諭德，幼孜進右春坊右諭德，俱奉訓大夫，仍兼侍講。十二年，淮坐事去。十四年四月，廣進文淵閣大學士，榮、幼孜進學士，二人仍兼春坊原職。十五年二月，士奇進學士，仍兼春坊原職。十六年五月，廣卒。十八年閏正月，命榮、幼孜皆爲文淵閣大學士兼學士。十九年正月，改士奇爲左春坊大學士。終永樂之世，內閣之臣不過五品，而華蓋等殿大學士亦不復設。蓋雖不崇以穹秩，然皆出乎親擢，寄以天下大政，諫行言聽，得以盡其啓沃。是故英宗復辟，大學士李賢柄政，復永樂之舊。」《明通鑑》卷十三：「（初四）命侍讀胡廣、修撰楊榮、編修楊士奇、檢討金幼孜、胡儼同直文淵閣，預機務，與解縉、黃淮凡七人，並朝夕左右。」《明鑑綱目》卷二：「綱：八月，以侍讀解縉，編修黃淮，（字宗豫，永嘉人。）入直文淵閣，侍讀胡廣，修撰楊榮，編修楊士奇，檢討金幼孜，（名善，以字行，新淦人。）胡儼，（字若思，南昌人。）同入直，預機務。日：縉在建文中，以董倫薦，（縉先入臨太祖，爲有司所劾，謫河州衛吏，上書於倫，故倫薦之。）官翰林待詔，（秩九品，不常設。）帝即位，擢侍讀，與淮常立御榻左，備顧問。或至夜分，帝就寢，猶賜坐榻前，語機密。至是命七人同入直，預機務，謂之內閣。內閣之名自此始。參預機務，亦自此始。」尹直《謇齋瑣綴錄》卷五：「楊文貞公，初以明經徵入翰林任編纂。未幾，有旨：諸編纂悉送吏部試文章，考第高下而官之。尙書張紞讀文貞策喜日：『明達時務，有用之才，不但文詞之工也。』以爲第一，奏授親王府審理。文貞由是著名，後果大用，知人之鑒，張公有焉。」宋端儀《立齋閑錄》卷 ：「束里楊公，舉明經，任教職，未赴。會朝廷以博學徵，入翰林，任編纂。未幾，有旨，諸編纂赴吏部試文章，考第高下而官之。尙書張紞讀其策，獨喜日：『明達時務，有用之才，不但文詞之工也。』以爲第一。奏授王府審理副。受命之明日，復召入翰林，任編纂。明年，太宗即位，改翰林院編修。案：張紞，以洪武三十一年自雲南布政召爲吏部尙書，則此所云『編纂』者，正《太祖實錄》也。」

明成祖永樂元年癸未（西元 1403 年）

二 月

設北京國子監，國子監置祭酒、司業、監丞各一員，博士、學正、學錄、掌饌各一員，助教二員。（據《明太宗實錄》卷十七）

《明鑒綱目》卷二：「綱：二月，以北平爲北京。目：設北京留守，行後軍都督府，行部，（尚書二人，侍郎四人，所屬六曹，各設郎中等官。）國子監，改北平曰順天府。」

禮部請以今年秋八月令應天府及浙江等布政司皆補行鄉試，從之。

《明太宗實錄》卷十七：永樂元年二月己巳，「禮部言，科舉舊制，應子、午、卯、酉年鄉試，去年兵革倉猝，有未及舉行者，請以今年秋八月，令應天府及浙江等布政司皆補試。其北京郡縣學校，近廢於兵者，宜暫停止，俟永樂三年仍舊鄉試。制曰：『可。』」

八 月

應天府奏請鄉試考官，命翰林院侍讀胡廣、編修王達爲考試官，賜宴於本府。（據《明太宗實錄》二十二）

《明通鑒》卷十四：「壬午大比之歲，以靖難不舉，元年八月，始合南、北兩京及十二藩補行之。」

明成祖永樂二年甲申（西元 1404 年）

正 月

禮部以會試天下舉人奏請考試官，命翰林院侍讀學士解縉、侍讀黃淮爲考試官，賜宴於本部。（據《明太宗實錄》卷二十七）

《明史‧選舉志》：「試官入院，輒封鑰內外門戶。在外提調、監試等謂之外簾官，在內主考、同考謂之內簾官。廷試用翰林及朝臣文學之優者，爲讀卷官。共閱對策，擬定名次，候臨軒。或如所擬，或有所更定，傳制唱第。」

二　月

禮部奏請會試選士之數。令與洪武十八年乙丑科等，為四百七十二人。

《明太宗實錄》卷二十八：永樂二年二月己酉，「禮部奏請會試選士之數。上問：『洪武中所選幾何？』尚書李至剛對曰：『各科不同，多者四百七十餘人，少者三十人。』上曰：『朕即位，初取士，姑準其多者，後不爲例。』又曰：『學者成材亦難，當取其大略。其細如十分中有一二分語疵而不害理，亦可備數。然科舉是國家取人材第一路，不可濫，且文體毋尚虛浮，惟取樸實。』」《國榷》卷十三：「永樂二年二月己酉，禮部請定闌額，上問其舊。尚書李至剛曰：『各科多或四百七十餘人，少則三十人。』上曰：『朕初年，且多之，不爲例。』得楊相第一。相洪武二十七年乙榜，例教職，時年十六。父思貽言未堪人師，俾歸教之。後仍入太學。」

舉行會試。應試者一千八百餘人，錄取楊相等四百七十二人。（據《南雍志》卷十五《進士題名》及《皇明貢舉考》卷二）

《明太宗實錄》卷二十八：永樂二年二月丁酉，「禮部會試天下舉人。得楊相等四百七十二人。」《殿閣詞林記》卷十四《會試》：「永樂二年，侍讀學士解縉、侍讀黃淮爲考試官，取楊相等四百七十二人，遵洪武乙丑例也。蓋自是取士多寡，臨期請自上裁云。四年，取朱縉等二百二十人。七年，取陳璲等一百人。十年，左諭德兼侍讀楊士奇、右諭德兼侍講金幼孜爲考試官，取林誌等一百人。十二年，修撰兼右贊善梁潛爲考試官，取王英等三百五十人。十六年，侍講曾棨爲考試官，取董璘等二百五十人。十九年，左春坊大學士楊士奇爲考試官，取陳中等二百人。二十二年，侍讀學士曾棨爲考試官，取葉恩等一百五十人。」黃淮《介庵集》卷三《會試錄後序》：「歷代取士之途不一，獨進士一科久而愈盛。……爰及我朝，稽古右文，而進士爲尤重。或者謂取士校其文章，不若求之德行。然不知文章載道之器，文之所達，即德之所著。德蘊諸中，微而難見；情見乎辭，顯而易知。即其文而驗其德，是即有虞敷奏以言之意，何莫非良法乎？且先後得人，具有明效。……今上皇帝以大有爲之資，膺文明之運，乃永樂二年，時當大比，就試之士沐維新之化，率皆奮勵激昂，期以自效。有司拔其尤者四百七十二人，小錄登載，俱如故事。」沈德符《萬曆野獲編補遺》卷二《科場·永樂補試再試》：「永樂元年癸未三月，禮部言科舉舊制，應子、午、卯、酉年鄉試。去年兵革倉

猝，有未及舉行者，請以今年秋八月令應天府及浙江等布政司皆補試。其北京郡縣學校近廢於兵者，宜暫停止，俟永樂三年仍舊鄉試。制曰：『可。』本年秋八月，命侍讀胡廣、編修王達爲應天考官。次年甲申即會試，取四百七十二人，爲本朝稀有之盛。蓋補癸未會試，且仿洪武乙丑科例也。至四年丙戌會試，始爲正科，僅取二百十六人。放榜後，廷試已取林環等三人爲一甲，授史官如制矣。再命乙榜舉人廷試，取周翰等三人，如一甲例授翰林，則異典也。至七年己丑會試，取中陳璲等八十四人，其數益少。時文帝幸北京，未及賜廷對，皇太子命授副榜第一孔諤爲左中允，竟賜出身。雖用丙戌例，而正榜多士尚未試，先拜乙榜爲官僚，尤爲殊寵。會御史劾試官侍講鄒緝等出題誤謬，下獄，命再試下第者，得熊概等十數人，俱候至辛卯年，上自行在回，同廷試。蓋數年間鄉試、會試事，俱非尋常所有也。試官王達者，先以編修主應天試，次科乙酉，以侍讀、學士再主應天試，次年丙戌，復以讀學主會試，連司文衡三次，亦前後未有。而熊概等十餘人，其後多至亞卿、中丞等官。案：洪武十八年乙丑會試，取中四百七十二人，蓋罷科舉者已十五年，不妨多收。文皇靖難開科，與開國無異，故所錄如其數。又洪武十七年甲子，應天鄉試，中式廖孟瞻等二百二十九人，亦鄉闈所絕無，但不知永樂壬午鄉試數若何。孟瞻登進士，爲承敕監庶吉士，以受贓論斬。」《萬曆野獲編》卷十五《前甲申會元》：「錢文肅習禮作《劉子欽墓誌》云：劉以《書經》中永樂癸未江西鄉試第一，明年甲申，禮部會試仍第一，登曾棨榜進士，選庶吉士，授刑部主事。坐累，戍廣西南丹衛。仁宗登極，以曾棨薦，起爲江西新淦縣訓導，歲滿請致仕歸，以大耋終。余與公生同邑，學同志，少而往還相好，壯而相繼登朝，老而先後謝事。所述劉生平甚詳。蓋錢以洪武壬子生，劉以洪武戊申生，長於錢四歲。劉先舉解元，錢以永樂戊子繼登江西鄉試第一，相去僅隔一科。皆吉水人，又同在詞林。子欽年八十卒於家，又六年而錢亦歿，年八十九。其生平交情最昵，出處又同時，斷無誤謬之理，而歷代紀述相傳，俱云上科會元爲楊相，江西泰和縣人，又何也？子欽名敬，以字行，本朝南宮榜首，宦途不振，未有其比。錢鄉會亦聯捷，己丑會試第十，辛卯廷試，亦起家庶常，官至少宗伯，諡文肅，弇州所紀，六典文衡者，即此公也。與劉榮枯迥異如此。《天順日錄》云：子欽甲申會元。時去永樂未遠，且李文達亦不應妄言也，陸文裕《玉堂漫筆》亦云然，而弇州直駁其誤，蓋未考李公《日錄》及錢文肅所作《誌》耳。」查繼佐《罪惟錄》志卷十八

《科舉志》：「（永樂）二年甲申二月，補會試貢士，得楊相等四百七十二人，賜曾棨、周述、周孟簡等及第、出身有差。洪武中，多親製策問。時特命學士采輯禮樂制度爲問，棨對特詳，幾二萬言，不屬草。上手評『貫通經史，識達天人』等語。又以述與孟簡從兄弟，嫌弟先於兄，爲更置之。是後定例：狀元授修撰，二三名授編修。旋命翰林院試下第舉人張欽等六十一人，召見，賜冠帶，就學國子監。詔選進士二十八人入文淵閣，以比二十八宿云，號庶吉士。先是，劉子欽會試後，翰林解縉賞其才，囑曰：『狀元屬子矣。』子欽輒自負不下。縉又密以題意示曾棨得狀元，而子欽次十名之外，終於教職云。時會元係泰和，狀元豐城，又榜眼、探花及二甲一、二、三、四皆吉安府。按同榜江西中式一百十人，而吉安佔三十有六，吉水劉子欽又係解元，是科人才莫盛於江西。」

三 月

本年錄取情況。

俞憲《皇明進士登科考》卷三：「廷試楊相等四百七十人，上親擢曾棨第一。是年上命庶吉士王直、陳敬宗、李時勉等二十五人同首甲三人進學內閣，周忱自陳，願與其列，遂增忱，爲二十九人，學士解縉領其事。先是，元年癸未爲會試之期，上以登極未暇舉，故改是年也。部本缺，閩本、湖本俱存，而其間名次先後時或小異。案，洪武辛亥、乙丑廷試，皆親製策問，其後或命翰林院擬撰以進，取自聖裁用之。至是，上欲求博聞多識之士，命學士解縉采天文、律曆、禮樂制度擬撰爲題，上意士子必爲所窘，及得棨卷，記誦詳盡，歎異以爲第一。御批云：『貫通經史，識達天人，有講習之學，有忠愛之誠，擢魁天下，昭我文明，尚資啓沃，惟良顯哉！』其第二周述、第三周孟簡，亦皆批評，前此所未有也。是年《登科錄》刻對策十餘篇。」

第一甲三名，賜進士及第。曾棨，江西吉安永豐縣人。周述，江西吉水縣人。周孟簡，江西吉水縣人。

第二甲九十三名，賜進士出身。

第三甲三百七十四名，賜同進士出身。

曾棨（1372～1432）、周述（？～1436）、周孟簡（1378～1430）等進士及第、出身有差。選進士爲翰林院庶吉士，始於今年。庶吉士遂爲

翰林專官。

《明太宗實錄》卷二十九：永樂二年三月壬寅朔，「上御奉天殿試禮部選中舉人楊相等四百七十二人，制策曰：『朕聞聖人之治天下，明於天之經，察於地之義，周於萬物之務，其道貫古今而不易也。是故黃帝堯舜，統承先聖，垂衣而治，神化宜民，朕惟欲探其精微之蘊。曆象、《禹貢》、《洪範》載於《書》，大衍、河圖、洛書著於《易》，古今異說，朕惟欲致其合一之歸。興學有法，立賢無方，而古今異制，朕惟欲通其所以教育，參其所以明揚。古者禮樂皆有書，今《儀禮》《曲禮》《周禮》僅存，而樂書闕焉，朕惟欲考三禮之文，補樂書之闕，定黃鐘之律，極制作之盛，皆聖人治道所當論也。咨爾多士，承朕皇考聖神文武欽明啓運俊德成功統天大孝高皇帝作新餘四十年，必知務明體適用之學，敷納於篇，朕親考焉。』」「乙巳，上御奉天殿，閱舉人對策，擢曾棨為第一，賜棨等四百七十二人進士及第、出身有差。」「丙午，賜進士曾棨冠服銀帶，餘並賜鈔五錠。是日賜宴於會同館。」「丁未，上御奉天殿，進士曾棨等上表謝恩。己酉，吏部奏授進士曾棨等官，命第一甲曾棨為翰林院修撰，周述、周孟簡俱為編修。仍命於第二甲擇文學優等楊相等五十人及善書者湯流等十人俱為翰林院庶吉士，俾仍進學。擢第三甲方昶等二十人為行人司行人，餘於諸司觀政。」「辛酉，陞大理寺左少卿呂震為本寺卿，右寺丞吳中為左少卿。命工部建進士題名碑於國子監，命翰林院侍讀學士王達撰記。」《館閣漫錄》卷一：「三月壬寅朔。上御奉天殿，試禮部選中舉人楊相等四百七十二人。乙巳，上御奉天殿，閱舉人對策，擢曾棨為第一。己酉，吏部奏授進士曾棨等官，命第一甲曾棨為翰林院修撰，周述、周孟簡俱為編修。仍命於第二甲擇文學優等楊相等五十人，及善書湯流等十人，俱為翰林院庶吉士，俾仍進學。甲寅，賜曾棨、周述、周孟簡羅衣各一襲。庚申，陞翰林院編修王達為侍讀學士。命工部建進士題名碑於國子監，命翰林院侍讀學士王達撰記。」《殿閣詞林記》卷十四《殿策》：「聖祖策進士，多親製策問，洪武四年、十八年皆然。其後或命本院儒臣擬撰以進，取自聖裁而用之。永樂初，成祖思求博聞多識之士，命學士解縉采天文、律曆、禮樂制度擬撰為題，上意士子必為所窘。及得曾棨卷，記誦詳盡，歎異以為第一人。御筆批曰：『貫通經史，識達天人，有講習之學，有忠愛之誠。擢魁天下，昭我文明，尚資啓沃，惟良顯哉！』其第二人周述、第三人周孟簡亦皆批評，前此所未有也。今上臨軒策士，其第一甲三人皆親賜裁定，

批數語於卷首，彬彬然有永樂之風焉。」《殿閣詞林記》卷二十一《銓注》：「洪武初年，本院官皆由薦舉進，雖設進士科，未有入翰林者。（十八年）以第一甲賜進士及第丁顯、練安、黃子澄爲修撰，第二甲賜進士出身馬京、齊麟等爲編修，吳文等爲檢討，皆出簡用，不由選法，命下吏部，惟銓注而已，後遂爲例。（二十一年）策進士，以第一人任亨泰爲修撰，第二人唐震、第三人盧原質爲編修，著爲令，至今因之。（二十四年）則許觀、張顯宗、吳言信，（二十七年）則張信、景清、戴德彝，（三十年）則陳䢿、尹昌隆、劉諤。是年六月覆試，則韓克忠、王恕、焦勝。（建文帝二年）遵洪武乙丑之例，第一甲胡廣、王艮、李貫皆修撰，第二甲吳溥、楊子榮、楊溥、劉觀皆編修。（永樂二年）進士第一人曾棨擢修撰，第二人周述、第三人周孟簡仍銓編修，則復遵戊辰之令也。林環、陳全、劉素，蕭時中、苗衷、黃暘，馬鐸、林誌、王鈺，陳循、李貞、陳景著，李騏、劉江、鄧珍，曾鶴齡、劉矩、裴綸，邢寬、梁禋、孫曰恭，馬愉、杜寧、謝璉，林震、龔錡、林文，曾鼐、趙恢、鍾復，周旋、陳文、劉定之，施槃、楊鼎、倪謙，劉儼、呂原、黃諫，商輅、周洪謨、劉俊，彭時、陳鑑、岳正，柯潛、劉昇、王僎，孫賢、徐溥、徐鎋，黎淳、徐瓊、陳秉中，王一夔、李永通、鄭環，彭教、吳釴、羅璟，羅倫、程敏政、陸簡，張昇、丁溥、董鉞，吳寬、劉震、李仁傑，謝遷、劉戩、王鏊，曾彥、楊守阯、曾追，王華、黃珣、張天瑞，李旻、白鉞、王敕，費宏、劉春、涂瑞，錢福、劉存業、靳貴，毛澄、徐穆、羅欽順，朱希周、王瓚、陳瀾，倫文敘、豐熙、劉龍，康海、孫清、李廷相，顧鼎臣、董玘、謝丕，呂柟、景暘、戴大賓。時大學士焦芳用事，第二甲第一人焦黃中，芳子也，有中旨以黃中及第二甲第一人胡纘宗俱爲檢討，及黃中之敗也，纘宗亦坐貶。楊愼、余本、鄒守益，唐臯、黃初、蔡昂，舒芬、倫以訓、崔桐，楊惟聰、陸釴、費懋中。蓋自永樂以來，進士得銓注者惟第一甲，而二甲三甲必改庶吉士，乃得銓注云。」《弇山堂別集》卷八十　：「永樂二年甲申會試，命侍讀學士解縉、侍讀黃淮爲考試官，取禮樂制度爲問，欲以求博洽之士，唯曾棨卷記獨詳。上喜，御批：『貫通經史，識達天人，有講習之學，有忠愛之誠。擢魁天下，昭我文明，尚資啓沃，惟良顯哉。』第二第三人周述、周孟簡，從昆季也，亦皆有御批褒許之辭，至謂『兄弟齊名，古今罕比』，授修撰、編修等官。仍於二甲擇文學優長楊相等五十一人及善書湯流等十人俱改翰林庶吉士進學，賜棨與述、孟簡羅衣各一襲。五月，擢庶吉

士杜欽、王惟正、鄭慶爲戶科給事中，周玉、羅亨信、張侗爲工科給事中。又命翰林院試下第舉人張欽等六十一人，召見，皆賜冠帶，命於國子監進學，以俟後科，且勉以立志，謂：『爾等學已有根，但更百尺竿頭進步爾，後科第一甲人有不在爾曹者乎？』至次年正月，復命學士縉等，庶吉士楊相、劉子欽、彭汝器、王英、王直、余鼎、章敞、王訓、柴廣敬、王道、熊直、陳敬宗、沈升、洪順、章朴、俞學夔、羅汝敬、盧翰、湯流、李時勉、段民、倪惟哲、袁天祿、吾紳、楊勉及棨等二十八人，於文淵閣肄業。時人謂之二十八宿。進士周忱自陳年少，願進學，上喜曰：『有志之士也。』命增入之。司禮監月給筆墨紙，光祿給朝暮膳，禮部月給膏燭鈔人三錠，工部擇近第宅居止。是歲人知選二十八人，不知初爲六十一人也。」「是科自曾棨等三名外，得留者僅王英、王直二人，而至八座者，亦僅二王及周忱耳，陳敬宗、李時勉皆已授官而復入者。」周忱《雙崖集》詩集卷首錢溥《雙崖集詩序》：「太宗皇帝龍飛之二年，策試天下士，得曾棨以下四百七十二人。時方銳意文學，復選曾棨以下凡二十八人入翰林，應經宿之數。……公名忱，字恂如。當是時初不預選，乃引志於上。上嘉之，復增爲二十九人。則公之名固已著矣。」黃淮《介庵集》卷八《翰林庶吉士張士銓墓誌銘》：「士銓學日茂長，……永樂乙酉，應鄉舉，占經魁，試禮闈，進對大廷，登名第二甲。賜進士出身，選入翰林充庶吉士。進文淵閣，預修《太祖實錄》、《永樂大典》。」《國榷》卷十三：「永樂二年三月壬寅朔，策貢士楊相等四百七十二人於奉天殿，賜曾棨、周述、周孟簡等進士及第、出身有差。」「永樂二年三月丁未，選翰林院庶吉士楊相、宋子環、王訓、王直、秦政學、徐安、吾紳、彭汝器、周忱、劉子欽、周文、李寧、張徹、章朴、歐陽俊、盧翰、梁任、熊直、王道、曹景暉、陸孟良、蕭省身、劉孟鐸、柴廣敬、張宗璉、田忠、曾與賢、洪鐘、洪順、余學夔、陳滿、蕭清、劉紹、林鳳、張憲、殷尋、嚴光祖、涂順、段民、李貞、江鉞、章敞、倪維哲、許瑢、陳敬宗、王仲壽、李迪、袁添祿、李時勉、楊棨並習文，湯流、王英、孫奉、余鼎、李永年、袁邇、周遠、鍾旭、彭禮、戴弘演並習書。戶部辦事進士當塗李衡以年少自請，命改庶吉士，同江寧楊勉習書。姚士粦曰：國朝隆禮鼎甲，賜第後即官翰林，若考選使讀中秘書，自永樂二年甲申科始，名爲制科，得與選多由禁近，人皆榮之。然亦有遇有不遇，如永樂丙戌、壬辰、乙未、辛丑、甲辰五科，合庶吉士凡百二十三人，曾無一人官三品者。至成化丁未二十三人，與鼎甲得五相十卿，

而得諡者十二人，惟刑侍汪儀不得諡耳。若隆慶戊辰，人亦二十有三。而內閣七人，登卿寺者十有七人。數前後相若，貴盛過之。更可怪者，嘉靖壬戌一甲三人皆入閣，正德辛巳一甲三人皆爲外官，何榮否不相匹若此。有如世廟丙戌、己丑館選，合四十人，俱照賜第出身選格，以部科中行、州縣散館，此蘿峯公作用也。惟正統戊辰，浙無一人，最爲短氣。蓋自永樂考選至今日，庶常極多者，永樂己未六十二人，極少則正德戊辰，五人而已。」李調元《制義科瑣記》卷一《生日》：「曾棨，字子啓，五歲盡識象戲事，稱江西才子。永樂中甲申狀元，其生洪武乙巳九月七日亥時。其孫追，亦生於洪熙乙巳九月七日亥時，年、月、日、時皆同，因名追。成化戊戌，追亦探花及第。」《制義科瑣記》卷一《題名碑》：「永樂二年，上特命工部建進士題名碑於國子監，命侍讀學士王達記，遂爲例。」《制義科瑣記》卷一《兄弟鼎甲》：「永樂甲申科，盧陵周孟簡與弟述同登第。述名在孟簡之前，太宗曰：『弟不可以先兄。』乃置述於後。此即二宋故事也。」

李時勉進士及第。《欽定四書文》化治文卷一錄其程文《大學》「君子賢其賢而親其親」二句題文。

文謂：「即後世思慕之心，知前王新民之德，此子曾子言文武新民之止於至善也。使文武新民之功不止於至善，又焉能使後世之人仰其德而思慕之不忘哉？蓋謂有周之興，文武之爲君也，以聖繼聖，以盡爲君之道者備矣；建功立業，以貽後人之謀者至矣。是故不顯惟德，百辟其刑之，此文武德業之盛也。今也文武既已往矣，而其德業之盛，則不與之俱往，後賢仰之而思有以宗其德焉。燕及皇天，克昌厥後，此文武覆育之恩也。今也文武既已遠矣，而其覆育之恩則不與之俱遠，後王念之而思有以保其緒焉。故曰君子賢其賢而親其親者，此也。懷保小民，惠鮮鰥寡，此文武之所以安民也。今也文武不可見矣，而其安民之功猶在，後世之民含哺鼓腹，莫不賴之以遂其生焉。制其田里，教之樹畜，此文武之所以利民也。今也文武不可作矣，而其利民之惠猶在，後世之民畊田鑿井，莫不賴之以得其養焉。故曰小人樂其樂而利其利者，此也。曰賢，曰親，有以見前王之德愈久而不泯；曰樂，曰利，有以見前王之德愈遠而不息。不惟當世之人得其所，後世之人亦莫不得其所。文武新民之止於至善也，爲何如哉？」方苞評謂：「前輩用經語，能與題義切比，故若自己出。錄之以存制義初範。」又謂：「本題重在『前王』之繫屬『君

子』、『小人』處，是作亦最合釋《詩》體。」

七　月

儒士朱季友以所進書詆毀程朱理學獲罪。

《明太宗實錄》卷三十三「永樂二年秋七月壬戌（二十三日）」：「饒州鄱陽縣民朱季友進書，詞理謬妄，謗毀聖賢。禮部尚書李至剛、翰林學士解縉等，請置於法。上曰：『愚民若不治之，將邪說有誤後學。』即遣行人押還鄉里，會布政司、按察司及府縣官，杖之一百，就其家搜檢所著文字，悉毀之。仍不許稱儒教學。」《東里別集》之《聖諭錄》卷上：「永樂二年，饒州府士人朱季友獻所著書，專斥濂洛關閩之說，肆其醜詆。上覽之怒甚，曰：『此儒之賊也！』時禮部尚書李至剛、翰林學士解縉、侍讀胡廣、侍講楊士奇侍側，上以其書示之。觀畢，縉對曰：『惑世誣民，莫甚於此。』至剛曰：『不罪之，無以示儆。宜杖之，擯之遐裔。』士奇曰：『當毀其所著書，庶幾不誤後人。』廣曰：『聞其人已七十，毀書示儆足矣。』上曰：『謗先賢，毀正道，非常之罪。治之可拘常例耶？』即敕行人押季友還饒州，會布政司府縣官及鄉之士人，明諭其罪，笞以示罰。而搜檢其家所著書，會眾焚之。又諭諸臣曰：『除惡不可不盡，悉毀所著書，最是。』」

明成祖永樂三年乙酉（西元 1405 年）

八　月

命翰林院學士王景、侍讀學士王達主應天試。

《明太宗實錄》卷四十五：永樂三年八月壬申，「應天府鄉試奏請考試官，上命翰林院學士王景、侍讀學士王達考試，賜宴於本府」。

兩京（京師直隸試於應天府，北京行部試於順天府）及河南、山東、陝西、山西、浙江、湖廣、江西、福建、廣東、廣西、四川、雲南等十二布政司鄉試。（據《皇明貢舉考》卷二）

明成祖永樂四年丙戌（西元 1406 年）

二 月

命翰林院侍讀學士王達、司經局洗馬兼翰林院編修楊溥為會試考試官。取中朱縉等。

《明太宗實錄》卷五十一：永樂四年二月，「己巳，禮部以會試天下舉人奏請考試官，上命翰林院侍讀學士王達、司經局洗馬兼翰林院編修楊溥考試，賜宴於禮部。」「丙戌，禮部會試天下舉人，中式者朱縉等二百一十九人。」查繼佐《罪惟錄》志卷十八《科舉志》：「（永樂）四年丙戌，試貢士，得朱縉等二百二十人，賜林環、陳全、劉素等及第、出身有差，時舉人監生被選習四彝譯書者，俱得與春秋試，但識卷尾，場畢，先送翰林定去取，復送入場定榜，既登第，仍在館譯書。復取副榜舉人廷試之，擢周翰等三人，俱賜冠帶，讀書太學。至宣德中，猶循此例，後不復行。」

三 月

本年錄取情況。

俞憲《皇明進士登科考》卷三：「時廷對之士二百二十九人，擢林環第一。部本缺，《水東日記》言甲申、丙戌二甲進士策對皆錄刻之。而閩本止載一甲三篇，蓋脫略也。傳臚之明日，進所選副榜士臨策之，擢周翰等三人進學翰林，餘俱付吏部，除學官。案，宣德間副榜舉人得冠帶讀書太學，蓋循此制。自是至正統後，副榜始不復廷試矣。」

第一甲三名，賜進士及第。林環，福建莆田縣人。陳全，福建長樂縣人。劉素，江西吉安永豐縣人。

第二甲六十五名，賜進士出身。

第三甲一百五十一名，賜同進士出身。

林環（約 1376～約 1415）、陳全（1359～1424）、劉素等進士及第、出身有差。選第二甲、第三甲文翰優等者江殷等十三人改庶吉士。

《明太宗實錄》卷五十二：永樂四年三月，「壬寅，上御奉天殿試禮部選中舉人朱縉等二百一十九人，制策曰：『朕承皇考太祖高皇帝鴻業，輿圖之廣，生齒之繁，從古莫比，故窮髮之地，咸為編戶，雕題椎髻，悉化冠裳，來雖

如歸，而治慮未浹。朕夙夜惟念，期在雍熙，然十室之邑，人人教之，且有弗及，矧天下之大，兆民之眾，夫存神過化，不見其跡，欲臻其極，諒必有要，不明諸心，曷由遠效。唐、虞、三代之治，其來尚矣，而漢、唐、宋之治，猶可指而言之。自夔典樂教胄子，而學校興，而漢、唐、宋之學校有因革，其教化可得而聞。自大司徒以鄉三物教萬民，而科目舉，而漢、唐、宋之科目有異同，其名實可得而議。自小司徒經土地而田制定，而漢、唐、宋之制田有屯營，其計畫可得而言。自校人掌王馬之政而馬政立，而漢、唐、宋之畜牧有耗息，其詳悉可得而數之。數者有宜於古而合於今，若何施而可以幾治？夫政不稽古則不足以驗今，事不究跡則無以見實，諸生博古以知今，明體以適用，陳其當否，以著於篇，毋泛毋隱，朕將親覽焉。』」「乙巳，上御奉天殿閱舉人對策，擢林環為第一，賜環等二百一十九人進士及第、出身有差。」「丙午，賜進士林環冠服銀帶，餘鈔各五錠，俱賜宴於會同館，命立進士題名碑於國子監。上慮禮部下第舉人中或有遺才，復親試之，得文學優等二十一人，各賜冠帶，簡周翰、藍昇進學於翰林院，李弼為漢府伴讀，王樂孟等十八人肄業於國子監，以俟後科。」「丁未，上御奉天殿，進士林環等上表謝恩。」「癸丑，擢第一甲進士林環為翰林院修撰，陳全、劉素為編修。選第二甲、第三甲進士文翰優等者江殷、胡啓先、孫迪、張叔豫、李岳潤、陳孟潔、張文選、鄭復言、曾春齡、蕭福、曹閏、盧永、黃獻十三人改庶吉士，翰林院修書。陳紀等二百三人賜敕獎勵，俾還鄉進學待用。」「丙辰，進士陳紀等還鄉陛辭，上諭之曰：『為學至以進士發身，亦出乎等倫，然道理無窮，古人至老務學不厭，今人苟遂一得，遂不復前進，故遠不逮。故汝等年富力強，當立志遠大，務進修，非獨成己之德，將來國家亦得實才之用。』進士皆叩首謝，復諭之曰：『鄉里父兄所在，不可以一得輒生驕慢。驕慢凶德，孔子於鄉黨，恂恂似不能言，汝曹勉之。』各賜鈔五錠為道里費。」《弇山堂別集》卷八十一：「四年丙戌，命翰林院侍讀學士王達、司經局洗馬兼翰林院編修楊溥為考試官，取中朱縉等。廷試，賜林環、陳全、劉素及第，改進士江殷、胡啓先、孫迪、張叔豫、李岳潤、陳孟潔、張文選、鄭復言、曾春敬、蕭福、曹閏、盧永、黃獻為庶吉士。」

明成祖永樂六年戊子（西元1408年）

六 月

翰林院庶吉士沈升上言五事，其四、其五論教官選擇與科舉考試，務求真才實學之士。明成祖令所司施行。

《明太宗實錄》卷八十：永樂六年六月，「翰林院庶吉士沈升上言五事。其一曰：自古聖帝明王，治平之時，未嘗忘武。我太祖高皇帝創置軍法，定律訓習，操練皆有經制，蓋克詰戎兵，有國法常政。今之軍衛，未盡整飭，雖聖明在上，四海清寧，無事於武，然安不忘危，國家重務，宜敕五軍各衛，整飭部伍，精利器械，以時訓練，毋致廢弛。其二曰：伏聞皇上，以明年巡幸北京，切惟巡幸者，帝王之大事，四方萬國九夷八蠻之人，畢來朝見，於此容儀衛不可不慎。盛京衛扈駕官軍之外，更宜於各衛所預選精壯勇銳軍士，增益扈從之數，庶足以聳瞻望，備不虞。其三曰：太祖高皇帝，各命各府州縣多置倉廩，令老人守之。遇豐年收糴，歉年散貸，此誠愛養生民，萬世不易之大法。然所置倉廩，悉在鄉村，居民鮮少，難於守視。或為野火沿燒，或為山澤之氣蒸溽湮爛，有司往往責民賠償。莫若移置倉廩於府州縣城內，委老人及丁糧有力之家守視，庶儲積有常，不負朝廷愛民之心。其四曰：學校者人材之所自出，然必師範得人，而後學者有所資賴。今天下士子，幸遇文明之世，雖有嚮學之心，而師範庸常，往往不副其所望，故難以成材，甚負聖明興學育賢之美意。宜敕吏部，精選經明行修之士，以充教官，必在得人，如此則學校興隆，士子皆有用之才，而不虛糜廩粟矣。其五曰：朝廷設科，期得真材實學之士，以共興治道。近年各布政司按察司，不體朝廷求賢之盛心，苟圖虛譽，每鄉試之時，但求名數之多，更不論其實學，有稍能行文，大義未通，皆領鄉薦，冒名貢士。及至會試下第，其中文字稍優者得除教官，其下者亦得隸之國子監，以致天下士競懷僥倖，不務實學。宜敕各布政司按察司振起頹靡。凡遇鄉試，務在精選實學之士，毋貪多濫舉。仍敕禮部會試，亦皆精選，如此則士無濫進，科舉得人。上覽之曰：『其言皆是。』令所司施行。」顧炎武《日知錄》卷十六《舉人》：「舉人者，舉到之人。《北齊書·鮮于世榮傳》：以本官判尚書省右僕射事，與吏部尚書袁聿修，在尚書省簡試舉人。《舊唐書·高宗紀》：顯慶四年二月乙亥，上親策試舉人，凡九百人。調露元年十二月甲寅，臨軒試應岳牧舉人是也。登科則除官，不復謂

之舉人，而不第則須再舉，不若今人以舉人爲一定之名也。進士乃諸科目中之一科，而傳中有言舉進士者，有言舉進士不第者，但云舉進士，則第不第未可知之辭，不若今人已登科而後謂之進士也。自本人言之，謂之舉進士；自朝廷言之，謂之舉人。進士即是舉人，不若今人以鄉試榜謂之舉人，會試榜謂之進士也。永樂六年六月，翰林院庶吉士沈升上言：近年各布政司、按察司不體朝廷求賢之盛心，苟圖虛譽，有稍能行文、大義未通者，皆領鄉薦，冒名貢士，及至會試下第，其中文字稍優者，得除教官，其下者亦得陞之國監，以致天下士子，競懷僥倖，不務實學。洪熙元年十一月，四川雙流縣知縣孔友諒上言：乞將前此下第舉人通計其數，設法清理。是明初纔開舉人之途，而其弊即已如此。然下第舉人猶令入監讀書三年，許以省親，未有使之遊蕩於人間者。正統十四年，存省京儲，始放回原籍。其放肆無恥者，遊說干謁，靡所不爲，已見於成化十四年禮部之奏。至於末年，則挾制官府，武斷鄉曲。於是崇禎中，命巡按御史考察所屬舉人，間有黜革，而風俗之壞，已不可復返矣。」

八 月

命翰林院修撰李貫、檢討王洪主應天試。

《明太宗實錄》卷八十二：永樂六年八月，「癸未，應天府以鄉試奏考試官，上命翰林院修撰李貫、檢討王洪考試，賜宴於本府。」

兩京及河南、山東、山西、陝西、浙江、湖廣、江西、福建、廣東、廣西、四川、雲南、交阯等十三布政司鄉試。（據《皇明貢舉考》卷二）

明成祖永樂七年己丑（西元 1409 年）

二 月

命翰林院侍講鄒緝、左春坊左司直郎徐善述為會試考試官，取中陳璲（1384～1465）等九十五人。《皇明貢舉考》卷二載為一百人。

　　《明太宗實錄》卷八十八：永樂七年二月庚辰，「禮部以會試天下舉人啟請考試官，皇太子命翰林院侍講鄒緝、左春坊左司直郎徐善述考試，賜宴於禮部」。「己亥，是日，禮部咨：會試天下舉人，得中式者陳璲等九十五人，皇太子命送國子監進學，俟車駕回京廷試，宴考官於禮部。」顧起元《客座贅語》卷一：「七年己丑會試，取中陳璲等。以上幸北京，俱寄國子監讀書，至辛卯始廷試。而皇太子乃以副榜第一人孔諤為中允，賜出身。尤為異典。」王世貞《弇山堂別集》卷八十一《科試考一》：「永樂七年己丑，命翰林院侍講鄒緝、左春坊左司直郎徐善述為考試官，取中陳璲等。皇太子以副榜第一名孔諤為左春坊左中允，賜出身。御史劾出題《孟子節文》，《尚書·洪範》『九疇』偏題，緝等俱下獄。又復取下第胡槩、金庠等十餘人。時上幸北京，俱寄國子監讀書。」朱之瑜《朱舜水集》卷二《安南供役紀事》：「或問取士法。答曰：『周官卿大夫察舉，而侯國貢之天子，陞之司馬，曰進士；司馬陞之司徒，曰俊士。然後考德而命爵，因能而授官，其制尚矣。漢朝以選舉，公車貼大經十道，得五為通，最為近古，故得人為最多，而經術之士，重於朝廷。唐朝試士以甲賦律詩，始為雕蟲小技，有志之士鄙之。宋朝試士以論策，此外各有明經、韜鈐、宏辭、茂才等科。明朝以制義。第一場，《四書》義三，經義四，合七篇。第二場，論一首，詔、誥、表內科壹道，判五道。三場，策五道。鄉試中式者為解元、經魁、舉人。會試中式者為會元、會魁、進士。廷試策壹道，磨勘進呈，臺司讀卷，天子標題。第一甲第一名為狀元，二名榜眼，三名探花。第二甲、三甲為進士、同進士出身。多則四百名，少則三百名，國初亦有中一百名之時。子、午、卯、酉為鄉試四科，辰、戌、丑、未為會試四科。』問曰：『既如此，如何有癸巳科狀元？』曰：『此永樂以虜警親征，皇太子監國於南都，太孫監國於北京，避嫌不敢臨軒策士，故遲廷試之期，原是壬辰科進士。』曰：『派！派！派！』旁一人曰：『太師真文武全才。』曰：『此因下問而奉答，不過古今掌故耳。若於書無所不讀，而又知兵善用，方是文武全才，不肖安敢當此。』」朱之瑜誤將己丑、辛卯記成了壬辰、癸巳。李調元《制義科瑣記》卷一《九疇偏題》：「永樂七年己丑會試，榜發，御史劾出題《孟子節文》，《尚書·洪範》『九疇』偏題，考官鄒緝等俱下獄。又復取下第胡槩、金庠等十餘人。時以上幸北京，俱送國子監讀書。辛卯始殿試。皇太子先以副榜第一名孔諤為中允，賜出身。」

楊慈（惠叔）中會試第二名。其「武王纘大王、王季、文王之緒」闈墨，方苞稱之為明文始基。

梁章鉅《制義叢話》卷四：「李文貞公曰：『時文名句與詩詞不同，要從性命道理上出，《中庸》纘緒節，時文皆講成三王統緒未成，至武王纔了得三王之志，竟似周家父子祖孫累世欲暗干天位者然，豈非大悖？不知纘緒者言能修德行仁，不墮基業，到得天與人歸，一著戎衣，便有天下，故雖以臣伐君而不失顯名，一戎衣句非結上文，乃起下文。重一戎衣，不重有天下，惟明初楊慈文是如此發明，大有關係，所以八股不可輕忽。』案：吾鄉莆田楊惠叔中永樂辛卯會試第二名，有『武王纘大王、王季、文王之緒』闈墨，方望溪最稱之，以為此明文始基，一代作者，正變源流之法，靡不包孕，其文炳蔚，確有開國氣象云云。此評允矣，然尚不及李文貞之論推勘入裏，能使人心開目明。」

楊慈以制義名，其制義留傳者僅此闈墨。《欽定四書文》化治文卷四錄其《中庸》「武王纘大王」一節題文。

文謂：「惟聖人能繼先業以成武功，故能得聲譽之盛而備諸福之隆也。夫前人之所為，後人之所當繼也。苟不能然，則名且不足尚，何諸福之有哉？古之人有行之者，其有周之武王乎？自今觀之，太王肇荒作之基，王季勤王家之事，則周之王業固始於此矣；文王誕膺天命之隆，以撫方夏之眾，則周之王業已創於此矣。然太王、王季雖為王業之始，而其功則未成也，所以繼其業者，非武王乎？文王雖有造周之名，而大勳則未集也，所以承厥志者，非武王乎？武王於是因累世締造之功，而為一旦吊伐之舉。牧野之師方會，而前徒已倒戈；華陽之馬既歸，而天下遂大定。則前人之業，於是而始成；而前人之心，於是而始慰矣。夫以武王伐紂，宜若失其名也，然人皆知其為應天順人之舉，而無利天下之心，則武王之名於是而益顯。當是時也，四方攸同，皇王維辟，則天下之民莫非其臣，其尊又何如？東西南北，無思不服，則四海之地，莫非其有，其富又何如？由是而祀乎其先，則假哉皇考，綏予孝子，莫不以格而以享；由是而傳之於後，則穆穆皇皇，宜君宜王，莫不是繼而是承。則聲譽之盛、諸福之隆，武王一身萃之而有餘矣。雖然，自非其能繼先業以成武功，又何以臻此哉？夫武王能成變伐之功於天下未定之時，周公能制典禮之懿於天下既定之後，武王以武，周公以文，其為繼述，則一

而已。噫！莫爲之先，後將何述？莫爲之後，前將何傳？夫太王、王季、文王既有以作之，而武王、周公又有以述之，吾於是不惟有以讚武王能成之孝，而文王之所以無憂者，亦於是見矣。」評謂：「此明文始基。一代作者正變源流之法，靡不包孕。其文炳蔚，確有開國氣象。」「士人窮探經史，非僅取其詞與法爲時文之用而已。然觀制義初體如是，亦可知根茂實遂之不可誣也。」

廷試延期。（據《明太宗實錄》卷八十八）

《明通鑑》卷一五：「禮部試天下貢士，中試陳璲等八十四人。以上巡幸北京，詔寄監讀書，俟辛卯三月車駕還京，始舉廷試。」

明成祖永樂九年辛卯（西元 1411 年）

三　月

廷策貢士陳璲等八十四人於奉天殿，賜蕭時中、苗衷（1381～1460）、黃暘等進士及第、出身有差。命工部建進士題名碑於國子監。楊慈、劉永清等俱爲翰林庶吉士。

《明太宗實錄》卷一百十四：「永樂九年三月辛酉朔，上御奉天殿試禮部永樂七年會試中式舉人陳璲等八十四人，制策曰：『朕承廣大之業，撫鴻熙之運，臨御以來，夙夜惕勵，博求至道，以弘治化，而談者類曰：禮樂刑政，四達而不悖，則王道備矣。又曰：禮樂爲國之根本，刑政爲國之輔助。稽之於古，伯夷典禮，后夔典樂，見於《書》者尚矣。至於三代損益，緣人情而制禮，諧五音以成樂，至周大備，浩乎其有本，粲乎其有文，可以覯其功德之盛。若夫漢興，承秦之弊，叔孫習於綿蕞，賈誼草具其儀，因循遷就，止於如此而已。唐因於隋祖，長孫、房玄齡之流，增益定制，太宗概慕古典，拳拳於乙夜之讀，雖河汾之派，而禮樂之問，汗浹無對，使一代之典，遂爲闕文。宋初，聶崇義、和峴之徒所定禮樂，大抵沿襲增損。數世相承者，求者非一，然猶恨殘缺，制作之方，可謂難矣。漢、唐、宋之禮樂，大概若此，而其刑政，猶可得而議。伊欲循古先王之法，以洽和天下，使刑罰清而奸慝革，政事昭而百姓寧，其道何由而可？先儒謂庠序爲禮樂之原，其曰立大學以教於國，設庠序以化於邑，

今之教化，蓋亦若是其備矣。然而士鮮大道之歸，國靡實材之用，其故何歟？子諸生明先聖之道，博古以知今，具體以適用，於三代、漢、唐、宋禮樂刑政之序，講問久矣，疏其得失，別其治否，有可裨益治道者，其詳陳之，毋泛毋隱，朕將親覽焉。』」「甲子，上御奉天殿，賜廷試舉人進士及第、出身，擢蕭時中爲第一。」「乙丑，賜進士蕭時中冠服銀帶，餘並賜鈔五錠，賜宴於會同館。」「丙寅，上御奉天殿，進士蕭時中等上表謝恩。」「庚午，命工部建進士題名碑於國子監。」「甲戌，擢第一甲進士蕭時中爲翰林院修撰，苗衷、黃暘俱爲編修。第二甲、第三甲進士楊慈、劉永清、陳璲、錢習禮、黃壽生、陳用俱爲翰林院庶吉士。鍾瑛、張習、張式、馬信、邵聰初自國子生選入翰林，習譯書，至是中進士，亦改庶吉士，仍隸翰林。餘分隸諸司觀政。」《弇山堂別集》卷八十一：「七年己丑，命翰林院侍講鄒緝、左春坊左司直郎徐善述爲考試官，取中陳璲等。皇太子以副榜第一名孔諤爲左春坊左中允，賜出身。御史劾出題《孟子節文》、《尚書·洪範》九疇偏題，緝等俱下獄，又復取下第胡糵、金庠等十餘人。時上幸北京，俱寄國子監讀書。至辛卯始廷試，賜蕭時中、苗衷、黃暘及第，俱爲修撰，改進士楊慈、劉永清、陳璲、錢習禮、黃壽生、陳用俱爲庶吉士。鍾英、張習、張試、馬信、邵聰初爲國子生，選入翰林習譯書，至是中進士，亦改庶吉士。」

本年進士登科情況。

俞憲《皇明進士登科考》卷三：「先是七年己丑，當會試期，中式者陳璲等八十四人，值上狩北京，詔禮部以璲等寄監讀書。是年車駕還京，乃舉廷試，擢蕭時中第一。傳臚後賜諸進士宴於會同館。是錄部本久缺，嘉靖八年儀制司郎中陸銓購得《登科錄》重刻之，《會試錄》猶未備也。是年，進士家狀凡重慶而祖母存者，亦書其氏，制策行書與今錄稍異。」

第一甲三名，賜進士及第。蕭時中，江西廬陵縣人。苗衷，直隸定遠縣人。黃暘，福建莆田縣人。

第二甲三十二名，賜進士出身。

第三甲四十九名，賜同進士出身。

八 月

命翰林院學士左春坊大學士胡廣、右春坊右庶子兼翰林侍講楊榮主應

天試。

《明太宗實錄》卷一百十八：永樂九年八月，「乙未，應天府以鄉試奏請考試官，上命翰林院學士左春坊大學士胡廣、右春坊右庶子兼翰林院侍講楊榮考試，賜宴於本府。」

兩京及河南、山東、山西、陝西、浙江、湖廣、江西、福建、廣東、廣西、雲南、四川、交阯等十三布政司鄉試。（據《皇明貢舉考》卷二）

明成祖永樂十年壬辰（西元 1412 年）

二　月

命翰林院侍講楊士奇、金幼孜為會試考試官。取中林誌等一百人。

《明太宗實錄》卷一百二十五：永樂十年二月辛酉，「禮部會試天下舉人，奏請考試官，上命翰林院侍講楊士奇、金幼孜考試，賜宴禮部。」「辛巳，禮部奏會試天下舉人，得林誌等一百人。賜其考官宴於本部。」《館閣漫錄》卷一：「戊辰，命禮部尚書諭考官楊士奇、金幼孜曰：『數科取士頗多，不免玉石雜進。今取毋過百人，其務精擇，收散材累百，不若得良材一株也。』取林誌等一百人。」案，林誌為福建解元。

本年會試，有減場作五篇者，亦中魁選。

郎瑛《七修類稿》卷十四《國事類·本朝科場》：「本朝科場，自洪武三年，第一場，經義一篇，限五百字；《四書》義一篇，限三百字。第二場，禮樂論，限三百字。逮至第二場，時務策一道，務直述，不尚文藻，一千字以上。三場之後，騎，觀其馳驟便捷；射，觀其中數多寡；書，觀其筆畫端楷；律，觀其講解詳審。此鄉試、會試之式也。殿試亦止策一篇，卻是時務。其時取士，各省四十名，廣西二十名，南直隸一百名，不知何年定以今格。然而刊試錄亦尚與今不同，前後序文有三四篇者，經義一題，或刊二文者。永樂十年，錄有減場五篇者，亦中魁選。又殿試一二甲選部屬，三甲選縣佐，今則皆異於前矣。」

三　月

本年錄取情況。

俞憲《皇明進士登科考》卷三：「時廷對之士林誌等一百六人，擢馬鐸第一。」

馬鐸（1365～1423）、林誌（1378～1426）、王鈺等進士及第、出身有差。蔣禮、趙勖、徐俊等俱改翰林院庶吉士，仍隸翰林院習譯書。其餘二、三甲進士分隸刑部、都察院理刑。

《明太宗實錄》卷一百二十六：「永樂十年三月乙酉朔，上御奉天殿試禮部選中舉人林誌等百人及前科未廷對舉人林文澧等六人，制策曰：『朕奉承宗社，統御海宇，夙夜祗畏，弗遑底寧，以圖至治，於茲十年，未臻其效。慮化未洽矣，謹之以庠序之教。慮養未充矣，先之以足食之政。慮刑未清矣，詳之以五覆之奏。求才備薦舉之科，考課嚴黜陟之令，然屬俗而俗益媮，革弊而弊不寢，若是而欲躋世泰和，果何行而可？六經著帝王爲治之迹，《易》以道陰陽，專名數者或流而爲災異，尚理致者或淪而爲清談。《書》以道政事，語知行則何以示其端，論經世則何以儘其要？《詩》以道志也，何以陳之於勸懲黜陟之典？《春秋》以道名分也，何以用之於閉陽縱陰之說？《禮》以道行而樂以道和也，何以道同六經而用獨爲急？夫道本一原，而治有全體，推明六藝，講議異同，行則美矣，何以一歸於雜？雅歌擊磬，執經問難，志則勤矣，何以未復乎古？討論文籍，考定五經，可謂勞矣，未足以致大治。更曰侍讀，質問疑義，可謂偉矣，僅足以成小康。夫五星集奎，文運斯振，儒道光闡，聖經復明，較之往迹，何勝何負？蓋爲治之道，寬猛相濟，各適其宜。太宗寬厚長者，務崇德化，政足尚矣，而言者謂不若中宗之嚴明。顯宗法令分明，幽枉畢達，嚴足尚矣，而言者謂不若肅宗之長者。論治若此，其將孰從？夫博聞經學之士，有以應變，子諸生蘊之有素，其於爲治之要，時措之宜，悉心以陳，毋徒泛泛，朕將親覽。』」「戊子，上御奉天殿閱舉人對策，擢馬鐸爲第一，賜鐸等一百六人進士及第、出身有差。」「己丑，賜進士馬鐸冠服銀帶，餘各賜鈔五錠，仍宴賜於會同館。」「庚寅，上御奉天殿，進士馬鐸等謝恩。」「癸巳，命第一甲進士馬鐸爲翰林院修撰，林誌、王鈺爲編修，進士內原習譯書蔣禮、趙勖、徐俊、何賢、潘勤、黃裳、羅興、楊榮、張觀、王觀、馬馴、王璜、劉濬、胡讓、邵遏、米顯、方復爲庶吉士，仍隸

翰林院。第二甲、三甲進士分隸刑部、都察院理刑。」周忱《雙崖集》文集
卷二《送葉大尹復任臨桂序》：「永樂壬辰歲，太宗文皇帝臨軒策士。當時對
大廷登名黃甲者僅百人，蓋極天下一時之選。會朝廷頒恤刑之詔，謂讞議之
事，必通經學古之人然後足以勝任。故百人者釋褐不數日，即奉綸音，分蒞
法司以典刑獄，由是盡力，以試諸艱。進士得人，是科為最盛。士之出於其
間者，文學治能必表表異常，豈非琢磨淬礪，足以成其才乎！」梁章鉅《制
義叢話》卷十二：「《日知錄》云：林文恪公材《福州府志》云：『余好聞長老
前輩時事，或為余言林尚默誌方遊鄉序為弟子員，即自負其才當冠海內上。
然考其時試諸生者，則楊文貞、金文靖二公也。夫尚默當時所習特舉子業耳，
而楊、金二學士皆文章宿老，蔚為儒宗，尚默乃能必之二公若符節，何哉？
當是時也，學出於一，上以是取之，下以是習之，譬作車者不出門，而知適
四方之合轍也。正德末，異說者起，以利誘後生，使從其學，毀儒先，詆傳
注，殆不啻弁髦矣。由是學者俛俛然莫知所從，欲從其舊說則恐或生新說，
從其新說則又不忍遽棄傳注也。己不能自必，況於人乎？是故射無定鵠則羿
不能巧，學無定論則游、夏不能工。欲道德一、風俗同，其必自大人不倡遊
言始。』案：林尚默，吾鄉閩縣人，永樂壬辰進士，鄉試、會試皆第一，殿
試一甲第二名。」

明成祖永樂十二年甲午（西元 1414 年）

八　月

**北京行部請鄉試考官，成祖命翰林院侍講曾棨、翰林院侍講兼左春坊
左中允鄒緝主之。**

此為皇帝首次欽命翰林官主順天鄉試。皇太子命司經局洗馬兼翰林編修
楊溥、編修周述主應天試。《明太宗實錄》卷一百五十四：永樂十二年八月丙
午，「北京行部鄉試，奏請考試官，上命翰林院侍講曾棨、翰林院侍講兼左春
坊左中允鄒緝考試，賜宴於本部。」「丁未，遣官釋奠先師孔子。」「是日，
應天府鄉試啓請考試官，皇太子命司經局洗馬兼翰林院編修楊溥、翰林院編
修周述考試，賜宴於本府。」張萱《西園聞見錄》卷四十四《禮部》三《科
場‧往行》：「永樂十二年甲午，北京行部請鄉試，始命翰林院侍講曾棨、翰

林院侍講兼左春坊左中允鄒緝主之，應天則皇太子命司經局洗馬兼翰林編修楊溥、編修周述主之，此兩京命主試之始也。」

兩京及河南、山東、山西、陝西、浙江、湖廣、江西、福建、廣東、廣西、四川、雲南、交阯等十三布政司鄉試。（據《皇明貢舉考》卷三）

十一月

命胡廣、金幼孜、楊榮等修《五經大全》《四書大全》《性理大全》。

　　《明太宗實錄》卷一百五十八：永樂十二年十一月，「甲寅，上諭行在翰林院學士胡廣、侍講楊榮、金幼孜曰：『《五經》《四書》皆聖賢精義要道，其傳注之外，諸儒議論有發明餘蘊者，爾等采其切當之言增附於下。其周程張朱諸君子性理之言，如《太極》《通書》《西銘》《正蒙》之類，皆六經之羽翼。然各自爲書，未有統會。爾等亦別類聚成編。二書務極精備，庶幾以垂後世。命廣等總其事，仍命舉朝臣及在外考官有文學者同纂修。開館東華門外，命光祿寺給朝夕饌。』」《明鑒綱目》卷二：「綱：冬十一月，命翰林學士胡廣等，修五經四書，及宋儒性理諸書。目：書成，名曰《大全》，頒行天下。（《大全書》全摭宋元諸儒成說，類聚成編，鮮所折衷，後儒少之。）」

明成祖永樂十三年乙未（西元 1415 年）

二 月

今年會試在北京舉行，以翰林院修撰梁潛、王洪為考試官。應試者三千人，錄取洪英等三百五十人，或云三百四十九人。此為明代首次在北京舉行會試。

　　《明太宗實錄》卷一百六十一：永樂十三年春二月，「甲戌，行在禮部會試天下舉人，奏請考試官，上命翰林院修撰梁潛、王洪考試，賜宴於禮部。」「壬辰，行在禮部會試天下舉人，得洪英等三百四十九人，賜其考官宴於本部。」梁潛《泊庵集》卷七：「永樂十三年春二月，禮部將合天下貢士而考試

之。……於時，皇上巡狩北京，天下之士越萬里而至者凡三千人。既撤棘，拔其粹，得三百五十人。蓋試於北京，方自此始。而得士之眾，亦前此未之有也。」查繼佐《罪惟錄》志卷十八《科舉志》：「（永樂）十三年乙未，始詔天下舉人會試北平。二月，會試，得洪英等三百五十人。初錄陳循，與主考梁潛同鄉，避嫌，置第二。復簡程文楷，又以『楷』字難解，乃抑第三，洪為第一。時第二、第三皆《書經》，稱六魁，而王翱第五，及第六皆儒士。上喜畿甸掄魁，翱以布衣召見，賜酒食。既殿試，賜陳循、李貞、陳景著等及第、出身有差。循係甲午解元，幾掇三元，後為名臣。試下第舉人，取二十四人，並賜冠帶，給教諭俸，送國子監肄業。」

三　月

陳循（1385～1462）、李貞、陳景著等三百五十一人進士及第、出身有差。洪英、王翱等六十二人改翰林院庶吉士。命行在工部建進士題名碑於北京國子監。此為明代在北京國子監立進士題名碑之始。

《明太宗實錄》卷一百六十二：永樂十三年三月己亥朔，「上御奉天殿試禮部選中舉人洪英等三百四十九人及前科未廷試舉人劉進等二人，制策曰：『朕為帝王之治，本之於道德，而見之於事功。德為政治之本，事功著敬治之效，是故民俗之厚，在於教化。吏治之舉，在於嚴課試。士風之振，在於興學校。人才之得，在於慎選舉。刑獄之平，在於謹法律。是數者，皆為治之先務。唐虞三代之盛，率由於此，而其道德之所施，事功之所成，亦必有其要者矣。三代而下，論治之盛者，曰漢曰唐曰宋。舉其概而論之，淵默清淨，則躬履儉樸矣。約己治人，則力於善矣。恭儉仁恕，則修己無為矣。其所以為教化者何如？舉殿最而察以六條，考善最而差以九等，著能否而辨以三科，其所以為課試者何如？表章六經而勸學興禮，銳情經術而文治勃興，講學多聞而崇儒重道，其所以為興學校者何如？四科四行之辟，六科四事之選，三經十科之制，其所以為選舉者何如？作三章九章以明其禁，為律令格式以準其法，定刑統編敕以新其制，其所以為法律者何如？夫循名而實可見，究迹而治可推，即道德以較夫事功，其高下優劣，蓋亦有可辨者矣。朕祗奉天命，統承太祖高皇帝洪業，臨蒞以來，夙夜孜孜，以圖至治，亦惟取法於唐虞三代，舍漢唐宋而不為矣。然於是數者，猶未臻其效，子諸生抱經濟之學，博古以知今，明體而適用，其敷陳當否，疏其所以化成於天下者，若何

而可以臻夫唐虞三代之盛，其詳著於篇，朕將親覽焉。』」「壬寅，上御奉天殿閱舉人對策，擢陳循爲第一，賜循等三百五十一人進士及第、出身有差。」「癸巳，賜進士陳循冠服銀帶，餘賜鈔各五錠，俱賜宴於北京留守行後軍都督府。上以禮部會試下第舉人中或有學問可取者，命翰林院再試之，得朱瑛等二十四人，並賜冠帶，給教諭俸，送國子監進學，以待後科。」「甲辰，上御奉天殿，進士陳循等上表謝恩。」「丁巳，命第一甲進士陳循爲翰林院修撰，李貞、陳景著爲編修，仍命同纂修《性理大全》等。第二甲、第三甲進士洪英、王翱、林文秸、宋魁、陳鏞、曾弘、林遁節、胡槩、章文昭、嚴珊、金關、王瑛、鄭珞、袁璞、周崇厚、習侃、鄭雍言、牟倫、呂棠、張益、黃仲芳、廖謨、宋琰、朱昶、范琮、黃瓛、陳文璧、高穀、張堅、沈暘及原習譯書王懋、姚昇、胡清、方勉、林超、曹義、龔英、時永、彭麟應、陳坤奇、李芳、葉穎、王士華、吳紹生、丁毅、石玉、黎民、張遜、萬完、周貴、連智、王諭、樊教、王麟、戴覲、許彬、徐景安、石慶、鄭猷、李冠祿、周安、謝暉爲翰林院庶吉士。擢史常、王達、劉進、徐琦、夏忠爲行人。餘命於諸司觀政。」「庚申，命行在工部建進士題名碑於北京國子監，命右春坊右庶子兼翰林院侍講楊榮撰記。」楊榮《文敏集》卷九《進士題名記》：「永樂十三年當會試之期，時皇上駐驆北京，天下之士來萃者凡數千人。禮部既合試之，擇其中選者以進。三月朔旦，上御奉天殿，親降制策，咨以古先帝王之治道。聖情謙沖，玉音渙發。在廷大小百執事之臣莫不殫力協心，踴躍承事。先是春雨方降，浹日未霽。及廷試之旦，玄雲卷舒，將雨復止，祥飆微來，天宇廓清，霽景融和，於是諸士子皆得雍容發舒，各攄所蘊，以對揚聖訓，上答宸衷，以自慶夫千載一時之遇，而天意於此，所以協相文明之運，有非偶然者。既賜陳循以下三百五十一人及第、出身有差。臚傳之日，都城人士抃舞稱歡，以爲北京之盛美，有以邁越前代也。既而禮部請循舊制，立石題名於太學。」徐學聚《國朝典彙》卷一百二十八：「（永樂）十三年三月，上御奉天殿閱舉人對策，賜進士三百五十一人。是年始詔天下舉人會試於北京。命翰林院修撰梁潛、王洪爲考試官。初拆卷得第一名曰陳循，其鄉人也。避嫌改置第二，而擢林文秸。既又秸字難識，進呈不便，因見第五名洪英，曰：『此洪武英才也。』取爲第一，改循第二。第五名王翱者，鹽山人也。上喜得畿輔士，以布衣召見，賜酒食。既廷試，復賜陳循及李貞、陳景著及第，賜宴於留守行後軍都督府。景著時年十八，改進士洪英、王翱、林文秸等俱爲庶

吉士。時鴻臚寺無卿丞，張斌任事。恃城守功，最狠戾，多所中傷，人頗憚之。以不與讀卷，致爭論上前不已。御史黃宗載奏斌不學無識，不可以讀卷，乃敢煩瀆聖聽，當伏法。士論壯之。」《國榷》卷十六：「永樂十三年三月己亥朔，廷試貢士洪英等三百五十一人於奉天殿，賜陳循、李貞、陳景著等進士及第、出身有差。」康熙《宛平縣志》卷五下《人才》：「明王翱，字九臯，京師人。翱刻苦讀書，永樂十三年進士。時上欲得北士為重，翱每試皆高等，上喜，召見，賜之食，改庶吉士。……歷任五十三年，第宅不改於舊，上命有司起第於鹽山。沒後家無餘資，人謂其清白之節，雖古名臣何以加焉？」李調元《制義科瑣記》卷一《楷字難識》：「（永樂）十三年乙未，始詔天下舉人會試北京，命修撰梁潛、王洪為考官。初拆卷，第一名曰陳循，其鄉人也，避嫌改第二，而擢林文楷，既又以『楷』字難識，定洪英第一。第五王翱，鹽山人也，上喜得畿輔士，以布衣召見賜酒食。既廷試，復賜陳循、李貞、陳景著及第，景著時年十八。」李調元《制義科瑣記》卷二《都北平》：「永樂十三年乙未，會試貢士於行在。北京鹽山縣人王翱進呈卷在第五。上欲都北平，得翱大喜，擢二甲第一。」尹直《謇齋瑣綴錄》卷二：「永樂乙未年，始開會闈於北京。泊庵先生主考，得一卷，三場俱優，取定為會元。拆卷，乃陳芳洲循。先生以鄉故為嫌，欲取林文楷，而又以楷字難識，進呈不便。因見第五名洪英，曰：『此洪武間英才也。』遂取為會元，而循居二，王翱第五。太宗見翱名，喜北京初啟會闈，而經魁得一畿甸士，遂以布衣召見，賜酒飯。後翱至宮保、太宰，壽祿名位，非常可及，遭際有自來矣。」

據《明清進士題名碑錄索引》，永樂十三年乙未科第一甲三名（陳循、李貞、陳景著），第二甲九十五名，第三甲二百五十三名。

九　月

《五經大全》《四書大全》及《性理大全書》修成。

《明太宗實錄》卷一百六十八：永樂十三年九月己酉，「《五經四書大全》及《性理大全書》成。先是，上命翰林院學士兼左春坊大學士胡廣等編類是書，既成，廣等以稿進，上覽而嘉之，賜名《五經四書性理大全》，親製序於卷首。至是繕寫成帙，計二百二十九卷。廣等上表進，上御奉天殿受之，命禮部刊賜天下。御製序曰：『朕惟昔者聖王繼天立極，以道治天下，自伏羲神農皇帝堯舜禹湯文武，相傳授受，上以是命之，下以是承之，率能致雍熙悠

久之盛者，不越乎道以爲治也。下及秦漢以來，或治或否，或久或近，率不能如古昔之盛者，或忽之而不行，或行之而不純，所以天下卒無善治，人不得以蒙至治之澤，可勝歎哉！夫道之在天下，無古今之殊，人之稟受於天者，亦無古今之異，何後世治亂得失，與古昔相距之遼絕歟？此無他，道之不明不行故也。道之不明不行，夫豈道之病哉！其爲世道之責，孰得而辭焉？夫知世道之責在己，則必能任斯道之重，而不敢忽，如此而世豈有不治也哉！朕纘承皇考太祖高皇帝鴻業，即位以來，孳孳圖治，恒慮任君師治教之重，惟恐弗逮功，思帝王之治，一本於道，所謂道者，人倫日用之理，初非有待於外也。厥初聖人未生，道在天地，聖人既生，道在聖人，聖人已往，道在六經。六經者，聖人爲治之迹也。六經之道明，則天地聖人之心可見，而至治之功可成。六經之道不明，則人之心術不正，而邪說暴行，侵尋蠹害，欲求善治，烏可得乎？朕爲此懼。乃者命儒臣編修五經四書，集諸家傳注而爲《大全》，凡有發明經義者，取之，悖於經旨者，去之。又輯先儒成書及其論議格言，輔翼五經四書，有裨於斯道者，類編爲帙，名曰《性理大全書》。編成來進，朕間閱之，廣大悉備，如江河之有源委，山川之有條理，於是聖賢之道，粲然而復明，所謂考諸三王而不繆，建諸天地而不悖，質諸鬼神而無疑，百世以俟聖人而不惑，大哉聖人之道乎，豈得而私之。遂命工鋟梓，頒佈天下，使天下之人，獲覩經書之全，探見聖賢之蘊，由是窮理以明道，立誠以達本，修之於身，行之於家，用之於國，而達之天下，使家不異政，國不殊俗，大回淳古之風，以紹先王之統，以成熙皡之治，將必有賴於斯焉。遂書以爲序。』」《國榷》卷十六：「永樂十三年九月己酉，《五經四書大全》及《性理大全書》成。纂修官翰林學士兼左春坊大學士胡廣，右庶子兼侍講楊榮，右諭德兼侍講金幼孜，修撰蕭時中、陳循，編修周述、陳全、林誌、李貞、陳景著，檢討余學夔、劉永清、黃壽生、陳用、陳璲，五經博士王進，典籍黃約仲，庶吉士涂順，禮部郎中王羽，兵部郎中童模，禮部員外郎吳福，行在刑部員外郎吳嘉靖，禮部主事黃裳，刑部主事段民、洪順、沈升、章敞、楊勉、周忱、吳紳，廣東道御史陳道潛，大理寺評事王選，太常寺博士黃福，行在國子博士王復原，御醫趙友同，泉州教授曾振，常州教授廖思敬，蘄州學正傅舟，大庾教諭王進，濟陽教諭杜觀，善化教諭顏敬宇，常州訓導彭子斐，鎮江訓導留季安。上親序之。」《四庫全書總目・性理大全書提要》：「《性理大全書》七十卷，明胡廣等奉敕撰。是書與《五經四書大全》同以永樂十

三年九月告成奏進，故成祖御製序文，稱二百二十九卷，統七部而計之也。……大抵龐雜冗蔓，皆割裂襞積以成文，非能於道學淵源眞有鑒別。……以後來刻性理者，汗牛充棟，其源皆出於是書。將舉其末，必有其本，姑錄存之，著所自起云爾。」《四庫全書總目·四書大全提要》：「《大學章句大全》一卷，《或問》一卷，《論語集注大全》二十卷，《孟子集注大全》十四卷，《中庸章句大全》二卷，《或問》二卷。總名《四書大全》，共四十卷，明胡廣等撰。」《東海文集》卷四《書陳僉憲先生墓誌後》：「故國子學錄安福李先生本素，司教吾華亭時，嘗謂弼言：『台郡陳先生璲提學江西，語學者曰：永樂間修《大全》諸書，始欲詳緩爲之，後被詔促成，諸儒之言間有不暇精擇，未免牴牾。虛心觀理，自當得之，不可泥也。』又聞：宣德間，章丘教諭餘姚李應吉疏於朝，言《大全》去取有未當者。下其議於禮部，禮部下之天下學校，許兼采諸說，一斷以理。噫！纂修臣言如此，廷議如此，蓋以萬世至公之論開來學也。泥者中無權度，執以爲斷，陋哉！」

明成祖永樂十五年丁酉（西元 1417 年）

四　月

頒《四書大全》、《五經大全》、《性理大全書》於六部、兩京國子監、各郡縣學。（據《國榷》卷十六）

《明通鑒》卷十六：「夏，四月，丁巳（初一），頒《五經》《四書》《性理》『大全』於兩京六部、國子監及天下府、州、縣學。」

八　月

北京行部請鄉試，命翰林院侍講左春坊左中允鄒緝、侍講王洪主之。尋出王洪爲主事，改命侍講王英。皇太子命翰林院侍講兼右贊善梁潛、侍講陳全主應天試。此後兩京鄉試皆命翰林、春坊官主考。

《明太宗實錄》卷一百九十二：永樂十五年八月，「己丑，北京行部鄉試，奏請考試官，上命行在翰林院侍講兼左春坊右中允鄒緝、侍講王洪考試，賜宴於本部。」「庚寅，改命行在翰林院侍講王英爲鄉試考官，出侍講王洪爲禮

部主事。洪，杭州人，由進士任行人，陞給事中。以文學擢翰林院檢討，陞修撰，復任侍講。洪初有操守，恒自負，矜己傲物，醉輒出忿語斥同列，以不得為學士，中懷怏怏。嘗密疏誣學士胡廣，其父子祺為延平知府，以罪死，廣不當於實錄隱其罪。上察知子祺實卒於官，遂不直洪。至是，北京刑部奏請鄉試官，上命廣等擇人，廣等以緝、洪對。上從之。已受禮幣，洪復密疏子祺事，上曰：『此小人，豈可以在侍近？』命禮部追所受禮幣，而改命英考試，出洪為主事。洪既出失措，乃詔事尚書呂震、方賓，以求薦達。震等屢言於上，不聽，洪飲恨，未幾病死。」「辛卯，應天府鄉試啓請考試官，皇太子命翰林院侍讀兼右春坊右贊善梁潛、侍講陳全考試，賜宴於本府。」梁潛《泊庵集》卷七《京闈小錄序》：「永樂十五年秋，應天府考試鄉貢士，府丞臣鐸謹奉故事以聞。於時皇上巡守北京，皇太子監國事，命臣潛、臣全等為考官，命監察御史臣儒、臣賢俾嚴察之。自京師以及畿內屬郡之士，試者幾二千人，拔其精粹者得一百人。蓋其文辭之美，明白而輝光，清深而宏雅；其氣之和平而進於禮義者，亦英英乎其達而碩碩乎其充也。」

兩京及河南、山東、陝西、山西、浙江、湖廣、江西、福建、廣東、廣西、四川、雲南、交阯等十三布政司鄉試，貴州士子附雲南鄉試。（據《皇明貢舉考》卷三、萬曆《大明會典》卷七十七《禮部》三十五《貢舉・科舉・鄉試》）

明成祖永樂十六年戊戌（西元 1418 年）

二 月

命行在翰林院侍讀學士曾棨、侍講王英為會試考試官，取中董璘等二百五十人。

《明太宗實錄》卷一百九十七：永樂十六年二月，「丁亥，遣官釋奠先師孔子。行在禮部會試天下舉人，奏請考試官，上命行在翰林院侍講學士曾棨、侍講王英考試，賜宴於本部。」「丙午，行在禮部奏會試天下舉人，得董璘等二百五十人。」

三　月

本年錄取情況。

俞憲《皇明進士登科考》卷三：「時廷對之士二百五十人，擢李騏第一。騏初名馬，上為改之。部本缺。」

第一甲三名，賜進士及第。李騏，福建長樂縣人。劉江，直隸江寧縣人。鄧珍，江西吉水縣人。

第二甲七十五名，賜進士出身。

第三甲一百七十二名，賜同進士出身。

董璘等二百五十人廷對，賜李騏、劉江、鄧珍等進士及第、出身有差。周敘、董璘等三十四人改翰林院庶吉士；授新進士張銘等五人為行人；其願為教職者韓著等六人，俱為府教授；餘分隸諸司觀政。

《明太宗實錄》卷一百九十八：「永樂十六年三月辛亥朔，上御奉天殿試行在禮部選中舉人董璘等二百五十人，制策曰：『帝王之治天下，必有要道。昔之聖人，垂衣裳而天下治。唐虞之世，治道彰明，其命官咨牧，載之於《書》，有可見已。成周之官倍蓰唐虞，備存《周禮》，其詳得而數之。《周禮》，周公所作也，何若是之煩歟？較之唐虞之無為，蓋有徑庭。然其法度紀綱，至為精密，可行於天下後世，何至秦而遂廢？漢承秦弊，去周未遠，可以復古，何故因仍其舊而不能變歟？唐因於隋，宋因五季，亦皆若是，有可議者。人之恒言，為治之道，在於一道德而同風俗。今天下之廣，牛齒之繁，彼疆此域之限隔，服食趨嚮之異宜，道德何由而一？風俗何由而同？子諸生於經史時務，講之熟矣，凡有裨於治道，其詳陳之毋隱，朕將親覽焉。』」「甲寅，上御　奉天殿，閱舉人對策，擢李騏為第一，賜李騏等二百五十人進士及第、出身有差。騏初名馬，特賜名騏。」「乙卯，賜進士李騏冠服銀帶，餘各賜鈔五錠。是日，賜宴於後軍都督府。」「內辰，上御奉大殿，進士李騏等上表謝恩。」「丙寅，擢一甲進士李騏為翰林院修撰，劉江、鄧珍俱為編修。其第二甲第三甲周敘、董璘、楊洪、褚思敬、尹鳳岐、陳詢、徐律、習嘉言、王賓、胡文善、周懋昭、王暹、雷遂、莫圭、孔友諒、秦初等俱為翰林院庶吉士。張銘等五人為行人。其願為教職韓著等六人，俱為府教授。餘分隸諸司觀政。」楊榮《文敏集》卷九《進士題名記》：「永樂十六年三月朔，上在北京廷試天下貢士。擢李騏等為進士，禮部尚書臣震請立石題名於國子監。……題名者

凡二百五十人，第一甲第一名即李騏也。騏，初名馬，上特改今名云。」陳
繼儒《見聞錄》卷二：「永樂時，長樂李太史公名馬。三月朔旦，殿試士凡二
百五十人，上親閱其文，擢爲第一，改其名曰騏。越三日，傳制唱名。凡三
唱，無敢應者。上曰：『即李馬也。』騏乃受詔，賜狀元及第。明日，賜紗帽
銀帶朝服，拜翰林修撰，中外相傳以爲榮。」李調元《制義科瑣記》卷二《黃
鸚鵡賦》：「永樂戊戌科，二甲一名進士周敘，吉水人，十一歲能詩。殿試後，
上命作《黃鸚鵡賦》，稱旨，授編修。」李調元《制義科瑣記》卷二《朱書其》：
「馬狀元鐸，母，馬氏妾也，嫡妒不容。再嫁同邑李氏，復生一子名馬，亦
中永樂十六年戊戌狀元，御筆於『馬』旁加『其』字，名『騏』。越三日傳臚，
凡三唱，無應者，曰：『即李馬也。』騏乃受詔。每報剌，『騏』字黑書『馬』，
朱書『其』。」

明成祖永樂十八年庚子（西元 1420 年）

六　月

頒《孝順事實》於文武群臣及兩京國子監、天下學校。

《明太宗實錄》卷二百二十六：永樂十八年六月，「辛丑，頒《孝順事實》
書於文武群臣及兩京國子監、天下學校。先是，上命翰林儒臣輯錄古今載籍
所紀孝順之事，可以垂教者，爲書，每事上親製論斷及詩，名《孝順事實》。
又親製序冠之。序曰：『朕惟天經地義，莫尊乎親，降衷秉彝，莫先於孝。故
孝者百行之本，萬善之原，大足以動天地，感鬼神，微足以化強暴，格鳥獸，
孚草木。是皆出於天理民彝之自然，非有所矯揉而爲之者也。然自古帝王公
卿，下及民庶，孝行見稱於當時，有傳於後世者，不可殫紀，往往散見篇籍。
朕嘗命侍臣，歷考史傳諸書所載孝行，卓然可述者，得二百七人，復各爲之
論斷，並繫以詩，次爲十卷，名曰《孝順事實》，俾觀者屬目之頃，可以盡得
爲孝之道，油然興其愛親之心，歡然儘其爲子之職，則人倫明，風俗美，豈
不有裨於世教者乎？尙慮聞見之不廣，采輯之未備，致有滄海遺珠之歎，後
之君子，苟能體朕是心，廣搜博采以續，夫是編之作，則於天下後世深有賴
焉。』」

八　月

命左春坊左中允兼行在翰林院侍講鄒緝、侍講王英主順天試。皇太子命翰林院修撰張伯穎、左春坊左贊善兼編修陳仲完主應天試。

《明太宗實錄》卷二百二十八：永樂十八年八月，「壬寅，北京行部鄉試，奏請考試官，上命左春坊左中允兼行在翰林院侍講鄒緝、侍講王英考試，賜宴於本部。是日，應天府鄉試，啓請考試官，皇太子命翰林院修撰張伯穎、左春坊左贊善兼翰林院編修陳仲完考試，賜宴於本府。」

兩京及河南、山東、陝西、山西、浙江、湖廣、江西、福建、廣東、廣西、四川、雲南、交阯等十三布政司鄉試，貴州士子附雲南鄉試。（據《皇明貢舉考》卷三）

明成祖永樂十九年辛丑（西元 1421 年）

正　月

遷都北京。（據《明太宗實錄》卷二百二十九）

《明鑑綱目》卷二：「綱：辛丑十九年，春正月，遷都北京。目：改京師爲南京。以北京爲京師，徙都之。」

二　月

命左春坊大學士楊士奇、翰林院侍講周述爲會試考試官。取中陳中等二百人。

《明太宗實錄》卷二百三十四．永樂十九年二月，「己亥，禮部會試天下舉人，奏請考試官，上命左春坊大學士楊士奇、翰林院侍讀周述考試，賜宴於禮部。」查繼佐《罪惟錄》志卷十八《科舉志》：「（永樂）十九年辛丑，試貢士，得陳中等二百人，賜曾鶴齡、劉矩、裴綸等及第、出身有差。初擬劉矩第一，以上夢故，遂更之。

三　月

本年錄取情況。

俞憲《皇明進士登科考》卷三：「時廷對之士二百一人，擢曾鶴齡第一。部本缺。」

第一甲三名，賜進士及第。曾鶴齡，江西泰和縣人。劉矩，直隸開州人。裴綸，湖廣監利縣人。

第二甲四十九名，賜進士出身。

第三甲一百四十九名，賜同進士出身。

曾鶴齡（1382～1441）、劉矩、裴綸等二百零一人進士及第、出身有差。王璉、韋昭、衛恕、陳融等十五人為翰林院庶吉士。其餘進士令還鄉進學以待用。本科進士于謙，英風勁節，於其制義亦可見一斑。

《明太宗實錄》卷二百三十五：永樂十九年三月，「癸酉，禮部會試天下舉人，得陳中等二百人，賜考官宴於本部。」「丁丑，上御奉天殿試禮部選中舉人陳中等及前科未廷試舉人尹安凡二百一人，制策曰：『帝王之治天下，必有要道。粵自堯舜至於文武，聖聖相傳，曰執中，曰建中，曰建極，千萬世帝王，莫不守此以為天下治。朕自蒞祚以來，夙夜祗承，亦唯取法於唐虞三代，然而治效未臻其極者，何歟？意所謂中極之外，抑別有其說歟？且古今論治之盛者，於舜則曰無為，於武王則曰垂拱，稽之於《書》，舜命九官十二牧，敬天勤民，制禮作樂，敷教明刑，皆有事焉，安在其無為？武王大告武成之後，列爵分土，簡賢任能，修五教，舉三事，立信義，行官賞，亦有為矣，安在其垂拱？朕今欲無為垂拱而治，舍舜武將何所取法歟？諸生講習先聖之道，所以考之於古而宜之於今者，必有其說，朕誠以為，非堯舜無以為道，非文武無以為法，非無為垂拱不足以為治，然所以求盡其道，求底其法，求臻其治者，亦尚有可得而言歟？其備陳之，無泛無略，朕將親覽焉。』」「辛巳，上御奉天殿，閱舉人對策，擢曾鶴齡為第一，賜鶴齡等二百一人進士及第、出身有差。」「壬午，賜進士曾鶴齡等宴於禮部。」「丙戌，賜進士曾鶴齡冠服銀帶，餘並賜鈔五錠。」《弇山堂別集》卷八十一：「十九年辛丑，命左春坊大學士楊士奇、翰林院侍講周述為考試官。取中陳中等。廷試，賜曾鶴齡、劉矩、裴綸及第。取原習譯書進士衛恕、陳融、溫良、姚本、張恕、萬碩、黃澍、楊鼎、王璉、李學、吳得全、朱子福、王振、蔣謙、韋昭為庶

吉士。」《國榷》卷十七:「永樂十九年三月丁丑,策貢士陳中等二百一人於
奉天殿,賜曾鶴齡、劉矩、裴綸等進士及第、出身有差。」《明經世文編》卷
十七楊榮《進士題名記》:「永樂辛丑,……是歲適當會試貢士之期,領鄉薦
而萃京師者三千人,禮部拔其尤者二百人。三月望日,上臨軒策試。越二日,
以曾鶴齡爲第一,劉矩次之,裴綸又次之,賜進士及第,餘賜進士出身有差,
揭黃榜於長安門外。公卿大夫暨士庶人咸謂都邑肇建,而人才彙進如此。……
有司復請題名於國子監。上命臣榮爲記。臣惟昔周之武王遷都於鎬,講學行
禮,以宣教化,以作新人才,而其子孫傳緒,至於永久。蓋啓之者,有其道
也。方今都邑告成之日,聖天子諮詢治道,登進賢良,以隆文明之運,迓千
萬載之太平。斯世斯人,亦何幸歟?諸君子遭際明時,題名於太學。太學賢
關,天下公論所自,有其名,宜有其實以副之。《詩》曰:『古之人無斁,譽
髦斯士。』皇上之盛德也。又曰:『濟濟多士,文王以寧。』是尙有望於諸君
子。其勉之哉!臣榮謹記。」《明名臣琬琰續錄》劉球《侍講學士曾公行狀》
云:「既冠,與其兄椿齡以《書經》同領永樂乙酉鄉薦。明年會試,留養未行。
其兄遂第進士,爲庶吉士翰林以沒。仰事俯育之責,萃公一身。繼遭父喪,
內外斬然,無足賴者。又以闔右齟齬,弗克康厥居。積學之餘,稍出所有授
學以自給。久而從學者眾,贄入益不貲。乃營故業邑城之西,爲久安計。諸
子頗長,足事事。遂辭太安人,赴永樂辛丑會試。時今少師廬陵楊公司文衡,
務先典實之作,以洗浮腐之弊,喜公諸篇悉優,多梓行之。至今評程文者,
以是科爲最。廷對居第一,擢翰林修撰。」梁章鉅《制義叢話》卷四:「俞桐
川曰:自洪武乙丑逮建文之末,其間劉、方、黃、解諸君子皆有傳文,然率
不多覯,非獨風氣之樸,亦由靖難兵起,散佚者多也。永樂十九年,于忠肅
始成進士,其文略盛。今所傳只四首,或論相業,或談兵事,或誅佞討奸,
每篇可當古文一則。文如此,亦無羨於過多矣。忠肅古文列之《三異人集》,
時文獨成家。惟其文英風勁節躍露楮間,殺機已見,亦不必怨群小也。夫文
山有忠肅之志而功不克成,忠肅有文山之功而志不見復,皆千古遺恨。然而,
立德立言,允文允武,曠世合轍。余故以文山殿宋,以忠肅冠明,比而錄之,
諒九原亦稱快爾。」《制義叢話》卷四:「(俞桐川)又曰:讀于忠肅公『不待
三』篇,見守京師手段;讀王文成『子噲不得與燕人』篇,見擒宸濠手段。
案:言爲心聲,眞經濟氣節人,即制義可以覘其概,不當僅以帖括目之。今
考忠肅公『不待三』至『亦多矣』文,一講上下團結,題蘊已該,其辭云:『且

國家之倚重者有二，遇戰鬥則用介冑之士，遇綏靖則用旬宣之臣，故兵法嚴則士奮勇，吏治肅則官效職。人君以馭兵之法馭臣，則吏治精矣；人臣以死綏之義死職，則官職當矣。』後幅云：『一失伍則執而論之有司，何至於再？再失伍則縛而戮之於社，何至於三？蓋有死無犯，軍之善政也；信賞必罰，國之大經也，此大夫之所素明也。今子蒞官以來，所謂奉職循理者安在，其於怠事不啻再矣，豈士以賤刑，官以貴貸耶？子由曠官以來，所謂省愆訟過者安在，擬之以失伍亦既多矣，豈士不至於再、官不憚其多耶？』文成公『子噲不得與人燕』二句文，尤如法吏斷獄，愈轉愈嚴，其辭云：『今夫為天守器者，君也；為君守侯度者，臣也。名義至重，僣差云乎哉！故燕非子噲之燕也，召公之燕也。象賢而世守之，以承燕祀，以揚休命，子噲責也，舉燕而授之人，此何理哉？恪恭而終臣之，以竭忠藎，以謹無將，子之分也，利燕而襲其位，罪亦甚矣。堯、舜之傳賢，利民之大者也，噲非堯舜，安得而盜其名？舜、禹之受禪，天人之從之也，之非舜、禹，安得襲其故？夫君子之於天下，苟非吾之所有，雖一毫而莫取也，況授受之大乎？於義或有所乘，雖一介不以與人也，況神器之重乎？夫以燕之君臣而負難逭之罪如此，有王者起，當伐之矣。』」

薛瑄中本年進士。《欽定四書文》化治文錄其文 2 篇。卷一錄其《大學》「身有所忿懥」八句題文。

文謂：「惟心之用有不察，故不能不失其正也。蓋喜怒憂懼，貴乎隨感而應也；苟豫有之而不察，心欲其正，得乎？《大學》釋修身在正其心之義，謂夫人之一心，有體焉，有用焉。精蘊於中而未發者，則為渾然之體；情見乎外而已發者，則為燦然之施。是故忿懥者，怒心之發而為情者也。人孰無怒乎？怒在物可也，在心不可也。苟忿懥之心一發而不察，則反為情欲所牽，於是乎有不當怒而怒者矣，奚其正？恐懼者，畏心之發而為情者也。人孰無畏乎？畏在理可也，在心不可也。苟恐懼之心一發而不察，則反為利害所惑，於是乎有不當畏而畏者矣，奚其正？至於喜心所發則為好樂之情，人不能無也。使得其道，而心果何所累哉？苟或一於好樂而不察，則邪妄之誘引將無所不至矣，又奚其正？慮心所發則為憂患之情，人亦不能無也。使中其節，而心果何所繫哉？苟或一於憂患而不察，則顧忌之惶惑將無所不至矣，又奚其正？是其物之未來也，而迎之以意必，已失乎渾然大公之體；及物之既往

也，而留之以固我，又乖乎燦然順應之常。此情之所以不制，心之所以不正。欲正心者，烏可以不察哉？」方苞評謂：「『心』兼體用，與『意』不同，有所雖在動處見，而病根則靜時已伏。故次節注『敬以直之』及總注『密察此心存否』云云，皆合『動』、『靜』言之。精細渾全，深心體認之作。」

《欽定四書文》化治文卷二錄薛瑄「儀封人請見」一節題文。

文謂：「封人未見聖而思之切，既見聖而歎之深。夫天不喪道，二三子可無患矣。封人信之以天，所以一見而有木鐸之歎也。惟時孔子轍環至衛，適於儀。有隱君子者溷迹於封疆之間，其姓與名不可得傳矣。封人，其官也。彼其望聖人而若企，前從者而陳詞，曰：君子之至於斯也，吾未嘗不得見也。此其意篤而至，語恭而周。賢哉封人！其若弗克見之思，有足多者。逮乎從者見之，而封人遂有慨乎其中也，乃出而歎曰：二三子，何患於喪乎？蓋否而必泰者，天也；往而必返者，勢也。況乎有其具，不患無其施；而詘於藏，當必大於用。則今天下聲噦，舍夫子其誰起？故曰天下之無道也久矣，天將以夫子為木鐸。噫，夫子生不遇於時，如儀封人者，亦可為傾蓋之交也。」評謂：「不但說得當日意思如見，其文體高妙，亦當於唐宋人求之。」「簡淡閑逸，而敘次議論一一管到。作者制義特其緒餘，筆墨之灑落，自關胸次也。」

明成祖永樂二十一年癸卯（西元 1423 年）

八　月

兩京及河南、山東、陝西、山西、浙江、湖廣、江西、福建、廣東、廣西、四川、雲南、交阯等十三布政司鄉試。（據《皇明貢舉考》卷三）

明成祖永樂二十二年甲辰（西元 1424 年）

二　月

命翰林院侍讀學士曾棨、侍講余鼎為會試考試官。取中葉恩等。

《明太宗實錄》卷二百六十八：永樂二十二年春二月，「壬子，禮部會試天下舉人，奏請考試官，命翰林院侍讀學士曾棨、侍講余鼎考試，賜宴於禮部。」「壬申，禮部會試天下舉人，得葉恩等一百五十人，賜其考官宴於本部。」

三 月

本年錄取情況。

俞憲《皇明進士登科考》卷三：「時廷對之士葉恩等一百四十八人，擢邢寬第一。田本云部本□□，嘉靖十九年予入閩中購得抄本《登科錄》，刻之。」

第一甲三名，賜進士及第。邢寬，直隸無為州人。梁禋，順天府宛平縣人。孫曰恭，江西豐城縣人。

第二甲四十七名，賜進士出身。

第三甲九十八名，賜同進士出身。

邢寬、梁禋、孫曰恭等進士及第、出身有差。徐賢、何志等六人改翰林院庶吉士，仍隸翰林院習譯書。餘令歸進學以待召用。

《明太宗實錄》卷二百六十九：「永樂二十二年春三月丁丑朔，上御奉天門試禮部選中舉人葉恩等百五十人，制策曰：『朕惟聖帝明王之治天下，其大者在祀與戎。稽之方冊，多至祭天於圜丘，夏至祭地於方丘。又云合祀天地於南郊。分祭合祭，果有其說歟？《書》稱禋於六宗，祭法乃云七祀，而《曲禮》又稱五祀，其言之不同，何歟？古者天子推其祖之所自出而祭之，則謂之禘。夫既有禘，而又有所謂祫祭，禘祫之外，復有所謂禴祠烝嘗者，果何歟？郊社宗廟之禮，備著於經，其儀物制度，尚可得而詳辨歟？兵始於黃帝，然周設六軍，因井田而制軍賦，其法可得而聞歟？管子作內政，以寓軍令，抑有合於古否歟？漢置材官於郡國京師，有南北軍之屯，唐置府兵彍騎，宋置養兵，又有所謂廂兵、禁兵，其制可得而論歟？粵自三代以及漢唐宋之用兵，有譎有正，有逆有順，皆可指實而言歟？古之善用兵者莫如孫子，其言曰：兵者國之大事，必經之以五事。又曰：治兵不知九變之術，雖知五利，不能得人之用。此其言果何所本歟？曰五事，曰九變，曰五利，抑可得而悉數歟？朕自即位以來，於祀戎二者，未嘗不致其謹，然其言論之異同，制度之沿革，不可以不考。諸士子博古通今，將有資於世用，其詳陳之，毋泛毋略，朕將親覽焉。』」「己卯，上御奉天門閱舉人對策，擢邢寬為第一，賜寬

等百五十人進士及第、出身有差。」「庚辰，賜進士邢寬等宴於禮部。」「辛巳，賜進士邢寬冠服銀帶，餘並賜鈔五錠。」「壬午，上御奉天門，進士邢寬等上表謝恩。」「庚子，命第一甲進士邢寬爲翰林院修撰，梁禋、孫日恭爲編修。其第二甲第三甲徐賢、何志、薛理、李芒、蔡英、葛陵等爲庶吉士，仍隸翰林院習譯書。餘令歸進學以待召用。」《弇山堂別集》卷八十一：「二十二年甲辰，命翰林院侍讀學士曾棨、侍講余鼎爲考試官。取中葉恩等。廷試，賜邢寬、梁湮、孫日恭及第。初，上取第一孫日恭，嫌其名近暴，曰：『孫暴不如邢寬。』遂擢寬第一，仍用朱書填黃榜，一時稱異事云。取進士徐賢、何志、薛理、李芳、蔡英、葛陵等爲庶吉士。」周忱《雙崖集》文集卷二《送孫進士南歸序》：「永樂甲辰，歲當大比。天下貢士合試於京師者二千餘人，主司取其文中式者百五十人進之，以奉大廷之對。既賜進士出身有差，而復蒙特恩，俾各歸其鄉而續學焉。……予惟國朝設科取士，著在甲令，蓋欲必得真才以共圖至治。士之由進士而發身者，豈易言哉！其始學於鄉也，有經術以敦其德行，有策論以益其智謀，有書、算、律以資其治事。初試於鄉，再試於禮部，三試於大廷，然後得爲進士。自常情觀之，其行若無不修，其才若無不備，可以布列庶位而措於爲政矣。而聖天子之意，方且欲其歸而學焉，使之益求其所未至，而益勉其所未能。蓋必欲致其器於人受，而不欲其安於小成也。」楊士奇《東里續集》卷一《永樂二十二年進士題名記》：「是歲（永樂甲辰）三月朔，太宗文皇帝臨軒策士。其又明日傳臚，賜邢寬等百五十人進士及第、出身、同出身。未幾，車駕北征，又未幾文皇帝上賓，國家洊有大事，故樹碑緩今。」

七　月

明成祖卒於榆木川。年六十五。（據《明史・成祖本紀三》）

八　月

朱高熾即位，是爲仁宗。以明年爲洪熙元年。

　　《明鑒綱目》卷二：「綱：八月，太子高熾即位。（是爲仁宗。）目：大赦天下，以明年爲洪熙元年。」

明仁宗洪熙元年乙巳（西元 1425 年）

四　月

俞廷輔言科舉之弊，仁宗諭禮部分南北卷取士，南士六分，北士四分。

《明仁宗實錄》卷九下：洪熙元年四月，「庚戌，鄭府長史司審理所副理正俞廷輔言：『伏讀制敕有曰：爲國以得賢爲重，事君以進賢爲忠。臣竊以爲，進賢之路，莫重於科舉。近年賓興之士，率記誦虛文，爲出身之階，求其實才，十無二三，蓋有年纔二十者，雖稱聰敏，然未嘗究心修己治人之道，一旦僥倖掛名科目，而使之臨政，往往束手無爲，職事廢隳，民受其弊。自今各處鄉試，乞令有司先行審訪，務得通今博古，行止端重，年過二十五者，許令入試。比試，則務選其文詞典雅，議論切實者，選之。會試尤加愼選，庶幾士務實學，而國家得賢才之用。』上諭禮部臣曰：『所言當理，其即行之。』又曰：『科舉之士，須南北兼取。南人雖善文詞，而北人厚重，比累科所選，北人僅得什一，非公天下之道。自今科場取士，以十分論，南士取六分，北士四分。爾等其定議各布政司名數以聞。』」李默《孤樹裒談》卷四：「上召（楊）士奇至奉天門，諭之曰：『監生之不可用，皆由翰林不嚴試所致。此弊已數十年，非一朝一夕之故，今不可復尋舊弊，必嚴試之。即其中皆下，惟得一人亦可，即皆無可取亦不妨，俱須得實才。』上又言：『科舉弊亦須革。』臣士奇對曰：『科舉須兼取南北士。』上曰：『北人學問遠不逮南人。』對曰：『自古國家兼用南北士，長才大器多出北方，南方有文多浮。』上曰：『然將如何試之？』對曰：『試卷例緘其姓名，請今後於外書「南」「北」二字。如一科取百人，南取六十，北取四十，則南北人才皆入用矣。』上曰：『北士得進，則北方學者亦感發興起，往年祇緣此，北士無進用者，故怠惰成風，汝言良是。往與蹇義、夏原吉及禮部議各處數額以聞，議定來上。』會宮車宴駕，宣宗皇帝嗣位，遂奏准行之。」郎瑛《七修類稿》卷十四：「國初會試，多中南人，故名臣多出南人，觀建文死節之士可知矣。《餘冬序錄》以爲洪武元年定南、北、中三色卷以取士，恐不然也。予見《三朝聖諭錄》載：仁宗時，楊文貞公奏分南北卷，及蹇義等議定各處數額，議上，宮車宴駕，宣宗行之。」楊文貞公，即楊士奇。萬曆《大明會典》卷七十七《科舉》：「凡會試數額，洪武三年，詔禮部會試，額取舉人百名，洪熙元年奏准，會試取士，

臨期請旨，不過百名，南卷取十之六，北卷取十之四。後復以百名爲率，南、北各退五卷爲中卷。（浙江、江西、福建、湖廣、廣東、應天、直隸松江、蘇州、常州、鎮江、徽州、寧國、池州、太平、淮安、揚州十六省府，廣德一州，爲南卷；山東、山西、河南、陝西、順天、直隸保定、眞定、河間、順德、大名、永平、廣平十二省府，延慶、保安二州，遼東、大寧、萬全三都司爲北卷；四川、廣西、雲南、貴州、盧州、鳳陽、安慶七省府，徐、滁、和三州爲中卷）正統五年奏准，增額爲百五十人。十三年以後，仍不拘額數。景泰元年，令會試文字合格者，通具中數，臨期奏請定奪。成化二十二年奏准，南、北卷復各退二卷爲中卷。弘治三年奏准，南、北卷仍照舊例，止各退五名爲中卷。（會試中式無定額，大約國初以百名爲率，間有增損。多者，如洪武十八年、永樂三年，俱四百七十二名，永樂十三年三百五十名；少者，如洪武二十四年三十一名，三十年五十二名。成化而後，以三百名爲率。多者，如正德九年，嘉靖二年、三十二年、四十四年，隆慶二年、五年，俱四百名；少者，如成化五年、八年，俱二百五十名。）各科三百名之外，或增二十名，或五十名，俱臨時欽定。」顧炎武《日知錄》卷十七《北卷》：「今制，科場分南卷、北卷、中卷，此調停之術，而非造就之方。夫北人自宋時即云京東、西、河北、河東、陝西五路舉人，拙於文辭聲律，況又更金、元之亂，文學一事不及南人久矣。今南人教小學，先令屬對，猶是唐、宋以來相傳舊法。北人全不爲此，故求其習比偶、調平仄者，千室之邑，幾無一二人，而八股之外一無所通者，比比也。愚幼時《四書》、本經俱讀全註，後見庸師窳生欲速其成，多爲刪抹。而北方則有全不讀者。欲令如前代之人，參伍諸家之注疏，而通其得失，固數百年不得一人，且不知《十三經注疏》爲何物也！間有一二《五經》刻本，亦多脫文訛字，而人亦不能辨。此古書善本絕不至於北方，而蔡虛齋、林次崖諸經學訓詁之儒皆出於南方也。故今日北方有二患，一曰地荒，二曰人荒。非大有爲之君作而新之，不免於『無田甫田，維莠驕驕』之歎也。」徐三重《採芹錄》卷二：「洪熙時，鄭府審理正俞廷輔言：『進賢之路，莫重於科舉。近年賓興之士，率記誦虛文，爲出身之階，其實才十無二三。蓋有年未二十者，雖稱聰敏，然未嘗究心修己治人之道，一旦僥倖掛名科目，而使之臨政，往往率意任情，民受其弊。自今各處鄉試，乞令有司先行審訪，務得博古通今、行止端重、年過二十五者，許令入試。比試則務選其文詞典雅、議論切實者進之。會試尤加愼選。庶幾士務

實學，而國家亦得賢士之用。』上諭禮部行之。論者謂科舉法若用廷輔言，可救時事一半。近時祇以正文體、去鈎棘爲救弊者，未爲知本，其說然矣。又謂知本之論莫善於唐楊綰之疏。考綰議，欲去明經、進士，而令縣令察孝廉，取行著鄉閭、學知經術者薦於州刺史，考陞於省，朝廷更擇儒學之士，問經義對策而等第之，此於選舉法善矣。而教養之術不正，且豫終爲苟道，若始終造就選用之法，莫備於宋程純公《學校取士箚子》，謂宜先命推舉明道好學之士，延聘至京，俾與諸儒朝夕講明正學。稍久，則擇其道明德立者爲師。自太學以次及於天下州、郡、縣，縣令每歲與學師以鄉飲禮會眾，推舉經明行修，材能可任者陞於州，州、郡歲會舉如縣法，以賓興於太學，太學聚而成之，歲論其賢能於朝，謂之『選士』，朝廷明試辯論而命秩焉。大要所選皆以性行端潔、居家孝弟、有廉恥禮遜、通明學業、曉達治道者。夫既一以道德仁義教養之，又專以行實材學陞進之，去其聲律小碎、糊名謄錄，一切無義理之弊，不數年間學者靡然丕變矣。豈惟得士浸廣，天下風俗將日入於正，王化之本也。此實至當不易之定論。但三代教化，陵夷日遠，一旦振起，其難數端。師儒卒未易得人，選試恐未能中道，貴要何以無所撓其間，隱微何以必能察其實，任事者安保必無所私，登用者安得盡行所學，此正在主張世道者，以躬行心得爲規矩準繩，合天下之公，辨正邪之路，則庶幾無或失人，而古聖帝明王之治可期也。」

五　月

明仁宗朱高熾卒，年四十八。（據《明通鑑》卷十八）

六　月

朱瞻基即皇帝位，是爲宣宗。以明年爲宣德元年。（據《明鑑綱目》卷二）

七　月

定會試南、北、中三卷。

　　查繼佐《罪惟錄》志卷十八《科舉志》：「洪熙元年，宣宗即位。七月，定會試南、北、中三卷。先是，仁廟擬一科每百人，以六四判南北。是時三

分之，姑以百名爲率，南北各退五名爲中卷。北卷則北直隸、山東、河南、山西、陝西；中卷則四川、廣西、雲南、貴州及廬、鳳二府，徐、滁、和三州；餘皆屬南卷。定額南京及國學八十名，北京及國學五十名，江西五十名，浙江、福建各四十五名，湖廣、廣東各四十名，河南、四川各三十五名，陝西、山東、山西各三十名，廣西二十名，雲南十名，貴州願試者就試湖廣。時上親征逆漢，順天不及鄉試。時鄉試中式李志道，係軍伍。」

明宣宗宣德元年丙午（西元 1426 年）

八 月

漢王朱高煦反，明宣宗親征。順天不及鄉試。（據《明宣宗實錄》卷二十）

應天及河南、山東、陝西、山西、浙江、湖廣、江西、福建、廣東、廣西、四川、雲南、交阯等十三布政司鄉試，貴州附試湖廣。（據《皇明貢舉考》卷三）

明宣宗宣德二年丁未（西元 1427 年）

二 月

命行在太常寺卿翰林院學士楊溥、左春坊大學士兼翰林院侍讀學士曾棨爲會試考試官。取中趙鼎等一百人。

　　《明宣宗實錄》卷二十五：宣德二年二月，「丙寅，命翰林院學士楊溥、侍讀學士曾棨爲禮部會試考官，賜宴於本部。」「甲申，行在禮部奏：會試天下舉人，得中式趙鼎等一百人。」《殿閣詞林記》卷十四《會試》：「宣德二年，右春坊大學士曾棨爲考試官，取趙鼎等一百人。開科以來，兼取南北士，而南士往往數倍於北。宣宗即位，始詔禮部歲取百人，南士十六，北士十四，著爲令。既而更定中科文，各退五爲中數焉。五年，侍讀學士李時勉、

侍讀錢習禮爲考試官，取陳詔等一百人。八年，少保兼大學士致仕黃淮爲考試官，取劉哲等一百人。」查繼佐《罪惟錄》志卷十八《科舉志》：「宣德二年丁未，試貢士，得趙鼎等一百人，賜馬愉、杜寧、謝璉等及第、出身有差。先是，鄉試有王子潘者，已掄魁，拆號，姓名類『王子反』，主考以漢初平嫌，已之。後改子玉，進士，爲翰林。按宣德以前十五科，無北士居及第第一者，自愉始。是科，命進士江玉琳等九十六人歸家力學，止取原習譯書邢恭爲庶吉士。」

三　月

馬愉（1395～1447）、杜寧、謝璉等進士及第、出身有差。第二甲、第三甲進士江玉琳等九十六人，令歸進學。邢恭為翰林院庶吉士。恭先在翰林習四夷譯書久，故特命之。

　　《明宣宗實錄》卷二十六：宣德二年三月己丑朔，「上御奉天門，策試舉人趙鼎等，制曰：『朕惟禮樂之道，原於天地，具於人心，所以治天下國家之大器也。蓋以和神人，以辨上下，以厚俗化，皆由於斯。故聖帝明王，咸所重焉。我國家自太祖皇帝暨我皇祖皇考，聖聖相承，功成治定，法古主制，極於盛矣。爰及朕躬，獲承鴻緒，永惟海宇之廣，生齒之繁，化理之方，躬行爲要，肆夙夜飭勵，恭己思道，罔敢怠寧。諸生學古有年，究於治理，夫合父子之親，明長幼之序以敬，四海之內，而兵革不試，五刑不用，百姓無患，此盛治之至也。爰始行之，其事何先？樂由中出，禮自外作，近世大儒，又謂其本皆出於一。夫欲安上治民，移風易俗，不考其本，何以施之？知禮樂之情能作，識禮樂之文能述，稽諸往古，疇其當之？昔者聖人制作之盛，極於虞周，況以伯夷、后夔、周公爲之輔，仲尼定萬世之制，何獨取其韶冕歟？夫禮樂之效，致人心之感，則道德一而風俗同，致和氣之應，則膏露降而醴泉出。器車馬，圖鳳凰，麒麟之物畢至，亦理之所必臻歟？朕虛己圖治，冀聞至理，其悉陳之，將親擇焉。』上既發策，退御左順門，謂翰林儒臣曰：『國家取士，科目爲先，所貴得眞才以資任用。古人取士於鄉，其行藝素有定論，至朝廷復辨其官才，所以得人爲盛。後世惟考其文學，而遂官之，欲盡得眞才，難矣。然文章論議，本乎學識，有實學者，其言多剴切，無實見者，其言多浮靡。唐虞取士，亦常敷奏以言，況士習視朝廷所尙。朝廷尙典實，則士習日趨於厚，朝廷尙浮華，則士習日趨於薄。此在朝廷激勵成就之

有道也。』又曰：『我祖宗之法，取士尙惇厚，不尙浮華。爾等其精擇之，朕將親覽焉。』」「辛卯，上親閱舉人所對策，賜馬愉等一百人進士及第、出身有差。」「壬辰，賜進士馬愉冠服銀帶，餘各鈔五錠，宴於行在中軍都督府。」「癸巳，進士馬愉等上表謝恩。」「辛丑，擢第一甲進士馬愉爲行在翰林院修撰，杜寧、謝璉爲編修。第二甲、第三甲進士江玉琳等九十六人，令歸進學。邢恭爲翰林院庶吉士。恭先在翰林習四夷譯書久，故特命之。」《東里文集》卷一《宣德二年進士題名記》：「宣德二年三月朔，廷試進士，得馬愉等百有一人。國朝廷試，天子御正朝，親出制策。既第其高下，明日陳鹵簿傳臚。天子服皮弁絳紗袍御正朝，文武群臣朝服東西序立。傳臚既，群臣上賀，其詞曰：『天開文運，賢俊登庸。』士之與於斯者，其榮矣哉。自設科兼取南北士，而前十有五科，南士往往數倍於北。皇上嗣統之初，詔禮部科舉歲取百人，南士什六，北士什四，著爲令。蓋簡用人材，南北並進，公天下之道也。至是合前科未廷試者一人，而其第一人出山東。前此南北士合試，未有北士佔首選者，有之實自今始。」

據《明清進士題名碑錄索引》，宣德二年丁未科第一甲三名（馬愉、杜寧、謝璉），第二甲三十五名，第三甲六十三名。

明宣宗宣德三年戊申（西元 1428 年）

二 月

自今以薦至者，命六部、都察院、翰林院堂上官命題考試，中者用之，滯則罰其舉主。

《明宣宗實錄》卷三十七：「宣德三年二月己卯，上御奉天門，諭尚書蹇義等曰：『比卜詔求賢，欲得實才爲用。而所舉多非其人。自今召至者，引於內廷，六部、都察院、翰林院堂上官命題考試。六科給事中、監察御史、錦衣衛官監視。理明辭達者用之，否則罰其舉主。』義奏各部辦事官以人材吏員出身者十餘人，應正從八品敘用，自陳才短，願就雜職。上曰：『人才識固有高下，然能自知不足，甘就卑位者亦難。其悉從之。』」

三　月

行在禮部尚書胡濙請嚴考學校生員，其天下府、州、縣學增廣生員額數：在京府學六十名，在外府學四十名，州學三十名，縣學二十名。從之。

《明宣宗實錄》卷四十：「宣德三年三月戊戌，行在禮部尙書胡濙言：『近奉敕諭，學校之官，所以立教興賢，必求其實效。臣欽遵聖諭，以近時學校之弊言之。天下郡縣學應貢生員，多是記誦文詞，不能通經，兼以資質鄙猥，不堪用者亦多，此皆有司不精選擇，教官不勤教誨，是以學業無成，徒費廩饌。今擬移文各處巡按、監察御史，同布政司、按察司並提調官、教官，將生員公同考試。食廩膳七年以上學無成效者，發附近布政司，直隸發附近府州充吏，六年以下鄙猥無學者，追還給過廩米，罷黜爲民。其增廣生員，在京府學六十名，在外府學四十名，州學三十名，縣學二十名。若民少之處，不拘此例。凡存留者，必選聰敏俊秀能通文理者充數。其才質魯鈍，容貌鄙陋，不通文理，並額外多餘，皆黜爲民。不許循私將有學者黜退，無學者濫收。其選留在學者，務遵洪武中臥碑，從師勤學。有司一依洪武舊例，優免差徭。若學舍傾頹，即爲修理。提調官、教官必躬親激勸，嚴加訓誨，務在成材，以備貢舉，庶不負朝廷建學育才之意。』從之。」《國榷》卷二十：「定京府學六十人，外府學四十人，州學三十人，縣學二十人。其民少之處不拘此。」

明宣宗宣德四年己酉（西元 1429 年）

八　月

兩京及河南、山東、陝西、山西、浙江、湖廣、江西、福建、廣東、廣西、四川、雲南等十二布政司鄉試，貴州士子附雲南鄉試。（據《皇明貢舉考》卷三）

明宣宗宣德五年庚戌（西元 1430 年）

二 月

命右春坊大學士王英、翰林院侍讀錢習禮為行在禮部會試考官。取中陳詔等一百人。

《明宣宗實錄》卷六十三：宣德五年二月，「戊寅，命右春坊大學士王英、翰林院侍讀錢習禮為行在禮部會試考官，賜宴於本部。」「癸巳，行在禮部奏：會試天下舉人，得中式者陳詔等一百人。」查繼佐《罪惟錄》志卷十八《科舉志》：「宣德五年庚戌，試貢士，得陳詔等一百人，賜林震、龔錡、林文等及第、出身有差。時《試錄》，禮部尚書稱總提調，兼知貢舉，革掌行科舉文字，執事官由舉人稱貢士，賦《策士歌》示讀卷官。」

三 月

林震、龔錡、林文等進士及第、出身有差。選薩琦、逯端等八人為翰林院庶吉士，令王直為之師，常提督教訓。此為明代正式創立庶吉士教習制度之始。

《明宣宗實錄》卷六十四：宣德五年二月，「乙卯，上御奉天門策試舉人陳詔等一百人，制曰：『朕奉天命，嗣祖宗大位，期與天下咸躋雍熙。惟帝王之政，必有其要。舜紹堯治，申命稷契，夏商周疊興，授田建學，稽古可見矣。我太祖高皇帝肇造鴻業，太宗文皇帝中興邦家，仁宗昭皇帝恭己守成，孜孜愛人，三聖一心，重農事，崇學校，其法精備。朕恪謹繼述，於茲有年，然猶田里未皆給足，風俗未底刑措。謂愛民若保赤子也，未嘗不致其誠。德化本於躬行也，未嘗不慎諸己。為政存乎用人也，牧守之吏，師表之職，未嘗不擇。何其傚之未臻歟？抑別有其道歟？朕勵精圖理，諸生體用之學，講明有素，其有可以行者，舉要以對，務歸中正，將親覽焉。』上臨軒發策畢，退御武英殿，謂翰林儒臣曰：『朕於取士，不尚虛文，欲得忠鯁之士為用。其間有若劉蕡、蘇轍輩，能直言抗論，庶幾所望，朕當顯庸之。』於是賦《策士歌》以示諸讀卷官云。」「丁巳，上親閱舉人所對策，賜林震等一百人進士及第、出身有差。」「戊午，賜進士林震冠服銀帶，餘各鈔五錠，賜宴於行在中軍都督府。」「己未，進士林震等上表謝恩。」「庚午，擢第一甲進士林震為行在翰林院修撰，林文為編修。」《宣德五年進士登科錄》：「讀卷官：榮祿

大夫、少師兼吏部尚書蹇義（乙丑進士），榮祿大夫、太傅、兵部尚書兼華蓋殿大學士楊士奇（儒士），資善大夫、太子少傅、工部尚書兼謹身殿大學士楊榮（庚辰進士），資善大夫、太子少保、禮部尚書兼武英殿大學士金幼孜（庚辰進士），行在戶部尚書郭敦（監生），太子賓客、資善大夫、行在兵部尚書張本（癸酉貢士），資德大夫、行在工部尚書吳中（監生），行在刑部右侍郎施禮（丁丑進士），行在都察院右都御史顧佐（庚辰進士），嘉議大夫、行在太常寺卿兼翰林院學士楊溥（庚辰進士），奉議大夫、左春坊大學士兼翰林院侍讀學士曾棨（甲申進士），奉議大夫、右春坊右庶子兼翰林院侍讀學士王直（甲申進士）。提調官：資善大夫、行在禮部尚書胡濙（庚辰進士），通議大夫、行在禮部左侍郎李嘉。監試官：文林郎、行在河南道監察御史徐訓（乙未進士），文林郎、行在廣西道監察御史陳鼎（乙未進士）。受卷官：行在翰林院編修、文林郎周敘（戊戌進士），行在翰林院編修、文林郎尹鳳岐（戊戌進士），徵仕郎、行在禮科左給事中汪本（癸未貢士），徵仕郎、行在吏科給事中富敬（戊戌進士）。彌封官：中順大夫、行在鴻臚寺卿楊善（增廣生員），承事郎、行在戶科都給事中卜禎（監生），文林郎、行在兵科都給事中徐初（癸未貢士），徵仕郎、行在中書舍人張益（乙未進士）。掌卷官：行在翰林院編修、文林郎孫曰恭（甲辰進士），行在翰林院檢討、徵仕郎楊翥（儒士），文林郎、行在刑科都給事中賈諒（辛卯貢士），徵仕郎、行在工科左給事中薛廣（癸未貢士）。巡綽官：昭勇將軍、行在錦衣衛指揮使王節，昭勇將軍、行在錦衣衛指揮使張信，昭勇將軍、行在錦衣衛指揮使李順，懷遠將軍、行在錦衣衛指揮同知張軏，懷遠將軍、行在錦衣衛指揮同知王瑜，明威將軍、行在錦衣衛指揮僉事穆肅。印卷官：奉政大夫、行在禮部儀制清吏司郎中況鍾，承德郎、行在禮部儀制清吏司主事史彥坤（監生），行在禮部儀制清吏司主事鮑時（甲辰進士）。供給官：奉訓大夫、行在禮部儀制清吏司員外郎許敬軒（監生），承德郎、行在禮部儀制清吏司主事陳安（辛丑進士），行在禮部精膳清吏司主事陳奎（甲辰進士），承務郎、行在光祿寺寺丞梁莊。恩榮次第：宣德五年三月十五日早，諸貢士赴內府殿試，御奉天殿策問。三月十七日早，文武百官朝服侍班，是日，行在錦衣衛設鹵簿於丹陛丹墀內，御奉天殿，行在鴻臚寺官傳制唱名，行在禮部官捧黃榜，鼓樂導引出長安左門外，張掛畢，順天府官用傘蓋、儀從送狀元歸第。三月十八日，賜宴於行在中軍都督府，宴畢，赴行在鴻臚寺習儀。三月十九日，賜狀元朝服冠帶。三月二十日，狀

元率諸進士上表謝恩。三月二十一日，諸進士詣孔子廟行釋菜禮。」《館閣漫錄》卷二：「三月辛丑朔。丁巳，上親閱舉人陳詔等所對策，賜林震等一百人進士及第、出身有差。乙巳，命大學士楊士奇、楊榮、金幼孜曰：『新進士多年少，其間豈無有志於古人者。朕欲循皇祖時例，選擇俊秀十數人，就翰林教育之，俾進學勵行，工於文章，以備他日之用。卿等可察其人，及選其文詞之優者以聞。』於是士奇等選薩琦、逯端、葉錫、陳璣、林補、王振、許南傑、江淵八人以聞。上命行在吏部俱改爲庶吉士，送翰林院進學，給酒饌、房舍，月賜燈油鈔悉如永樂之例，復命兵部各與皂隸。上又顧士奇等曰：『後生進學，必得前輩老成開導之。卿等日侍左右，無餘閑，其令學士王直爲之師，常提督教訓，所作文字，亦爲開發改竄。卿等或一兩月、或二月一考閱之，使有進益，如一二年怠惰無成，則黜之。』又命禮部尙書胡濚曰：『進士新入翰林，各賜文綺衣一襲、鈔三百貫。』庚午，擢第一甲進士林震爲行在翰林院修撰，林文爲編修。」金幼孜《金文靖集》卷八《賜進士題名記》：「宣德五年，適當論造之期。故事，以三月朔旦，天子臨軒親策之。時車駕謁祭先陵，禮部奏請試期，詔更是月望日。先是連日陰雨，及廷試，霽景澄明，士皆歡悅，各罄其所欲言。翌日復雨。傳臚之旦，復霽。洎錫宴上表竣事，而雨復作。於乎，非上天敷佑以相文明之運，其曷克若是哉！是科得進士林震等百人，禮部尙書臣濚循舊制請刻石題名，以貽永久。上以命臣幼孜撰文以紀之。」《殿閣詞林記》卷十《齋宮》：「宣德五年三月，徵庶吉士三十人分隸近侍諸衙門，如洪武乙丑之制。次日，引入齋宮，御試止用八人，仍擇進士有文望者預試，命題出『取士何以得眞才論』，吳節爲首，范理第二，皆上所親裁，在前列者賜白金五兩，楮幣五十緡，餘有差，楊寧等詔歸鄉讀書。至九年，乃合選二十八人入翰林焉。其在六科爲庶吉士者，自廖莊而下多名士。正統後，庶吉士止隸翰林，然考藝出於當寧者罕矣。」

庚戌科狀元林震，係本省解元，會試第二名。

沈德符《萬曆野獲編》卷十六《三試三名內》：「弇州所記解元狀元凡九人，而宣德庚戌科狀元林震，則本省解元，其會試又第二，而《盛事述》遺之，僅見於《科試考》。震授修撰，其後事不可考矣。按是科會試止取一百人，首場《論語》出二題，《中庸》出一題，《孟子》竟不出，《論語》止刻一程，《五經》各刻一程，末場五策問中少第三第五對策。此時文字已大備，何以

缺略乃爾耶？又解元會元弇州所紀者十一人，而永樂二年甲申科有吉水劉子欽者，以先一年癸未江西第一，會試復冠多士，弇州亦不之載。子欽改庶吉士，丁憂再入翰林，修《永樂大典》，授刑部主事，謫戍廣西南丹衛。仁宗登極，用廷臣薦，起江西新淦訓導，歷聘湖廣、福建、應天鄉試，歲滿請致仕歸，年八十八卒於家，其遭際亦奇矣。又甲申科取進士四百七十三人，而弇州《科試考》亦不載，並無劉子欽會元姓名。余向已紀子欽科第，茲因弇州再記之，弇州云：『是科楊相會元。』」

據《宣德五年進士登科錄》，第一甲三名，賜進士及第。履歷如下：

林震，貫福建漳州府長泰縣，民籍。國子生。治《書經》。字敦聲，行一，年四十三，十一月初一日生。曾祖貴。祖汝祥。父希大。母張氏。繼母蕭氏。慈侍下。弟敦仁、敦濟、敦德，從弟坤成。福建鄉試第六名，會試第十五名。

龔錡，貫福建建寧府建安縣，民籍。縣學生。治《春秋》。字台鼎，行一，年三十二，正月十四日生。曾祖伯原。祖彥彰。父仁。母張氏。具慶下。弟鏞。娶陳氏。福建鄉試第十九名，會試第七十六名。

林文，貫福建興化府莆田縣，民籍。國子生。治《詩經》。字恒簡，行六，年四十一，十月初五日生。曾祖懷應，元興化路儒學學錄。祖聞喜，任福建稅課司大使。父堂。母趙氏。具慶下。弟亮、亢、立、鷥、育。娶劉氏。福建鄉試第十二名，會試第十六名。

第二甲三十五名，賜進士出身。

第三甲六十二名，賜同進士出身。

會試副榜舉人願入國子監如例，年少願依親者亦從之。

《明宣宗實錄》卷六十四：「宣德五年三月丙寅，行在吏部奏：『會試副榜舉人胡志等六百八十九人，當授署學正、教諭、訓導。其中尹昌等七十人告願入國子監讀書者有例。陳文昇年十九，已食廩膳，告還鄉依親讀書，舊未有例。』上曰：『願入監者如例。年少願依親者亦從之。彼有志於學，又得在父母之側，且與平昔師友相琢磨，學亦可進。』」陸容《菽園雜記》卷二：「新舉人朝見，著青衫，不著襴衫者，聞始於宣宗有命，欲其異於歲貢耳。及其下第送國子監，仍著襴衫，蓋國子學自有成規也。」

明宣宗宣德七年壬子（西元 1432 年）

八 月

兩京及河南、山東、陝西、山西、浙江、湖廣、江西、福建、廣東、廣西、四川、雲南等十二布政司鄉試；貴州士子附雲南鄉試。（據《皇明貢舉考》卷三）

明宣宗宣德八年癸丑（西元 1433 年）

三 月

曹鼐、趙恢、鍾復等進士及第、出身有差。選尹昌、黃瓚、趙智、陳睿、傅綱、黃回祖六人為翰林院庶吉士，副榜舉人龍文、章瑾等二十四人送國子監進學，以待下科會試。

《明宣宗實錄》卷一百：「宣德八年三月甲寅朔，上御奉天門，策禮部舉人劉哲等九十九人，制曰：『天啓文治之祥，伏羲之王也，河出馬圖而八卦作。夏禹之興也，洛出龜書而九疇敘。其理一原於天，而會於聖人之心，故以前民用，以建皇極，萬世允賴焉。夫一原於天也，而圖與書何以不同？具於聖人之心矣，何必卦因圖而作，疇因書而敘？說者又謂，洛書可以為《易》，河圖亦可以為《範》，《易》《範》之興，果何所則？《易》至文王周公孔子，《範》至箕子，而後益明且備，夫伏羲與禹之聖，作之何以猶未及備？宋周子作《太極圖》《通書》，所以發大《易》之蘊也，其要義安在？邵子推先天後天以明羲、文之《易》也，其異旨何適？大抵言天者莫深於《易》，而必徵於人，言治者莫詳於《範》，而一本於天。朕潛心往聖，究惟至道，誠志乎文治之興也，諸生講明有素，其敷陳於篇，將親擇焉。』」「丙辰，上親閱舉人所對策，賜曹鼐等九十九人進士及第、出身有差。」「丁巳，賜進士曹鼐冠服銀帶，餘各鈔五錠，仍賜宴於行在禮部。」「己未，進士曹鼐等上表謝恩。上御左順門，召少傅楊士奇、楊榮、尚書胡濙諭曰：『今年進士及會試副榜舉人中，有年少質美者，卿等選三十人，具名以聞，仍令進學。』」「戊辰，行在禮部尚書胡濙，同少傅兵部尚書兼華蓋殿大學士楊士奇、少傅工部尚書兼謹身殿大學士

楊榮，選新進士及副榜舉人之秀敏者，得進士尹昌、黃瓚、趙智、陳睿、傅綱、黃回祖六員，舉人龍文、章謹、李滄、梁棨、黃平、陳韶、田鈞、李蒲、王鑒、朱奎、袁和、林同、柴同恩、張承翰、陳康、龔理、相佐、黃輿、李奈、王佐、鄭觀、胡如暘、趙象、蔣榮祖二十四人以聞。上命行在吏部改進士為庶吉士，送翰林院，同薩琦等進學，賜居，給酒饌及燈油鈔，悉如永樂中例。仍令侍讀學士王直訓督之，三月一考其文辭，以觀所進。舉人俱賜冠帶，給訓導俸，送國子監進學，以待下科會試。翰林院三月一考其文，與庶吉士同。」「壬申，擢第一甲進士曹鼐為行在翰林院修撰，趙恢、鍾復為編修。命第二、第三甲進士於各衙門觀政。副榜舉人當授教職者戴瑱、顧仲賢、韋觀、田盛、鄭遷、王澍、鮑經、劉善慶、宋公輔九人，自陳年幼學淺，願入國子監進學，以待下科再試，從之。餘羅兼善等四百六十四人，令署學正、教諭、訓導事。」「乙亥，上謂少傅楊士奇等曰：『朕昨命卿等簡庶吉士，俾進學，因思賢才必自國家教養以成之，教之不豫，安能得其用？因作詩述意，卿當以朕意諭之，俾知自勵。』詩曰：國家用賢良，豈但務精擇。賢良之所出，亦自培養得。虞廷教元士，周家重俊宅。皇祖簡賢科，教育厚恩澤。二十有八人，用之著成績。朕心切旁求，夙夜恒側席。是科凡百人，中豈乏卓識。爰拔俊茂資，將以繼往昔。優游詞垣內，研究古載籍。摛辭務淳厖，勵行必端直。所期在登庸，澤物兼輔德。勖哉副予望，奮志毋自畫。」據《宣德八年進士登科錄》：「讀卷官：榮祿大夫、少師兼吏部尚書蹇義（乙丑進士）；榮祿大夫、太傅、兵部尚書兼華蓋殿大學士楊士奇（儒士）；資善大夫、太子少傅、工部尚書兼謹身殿大學士楊榮（庚辰進士）；□□□□行在吏部尚書郭璉（監生）；□□□□卿、行在工部尚書吳中（監生）；□□□□行在都察院右都御史顧佐（庚辰進士）；□□□□行在戶部右侍郎吳璽（戊子貢士）；□□□□部右侍郎王驥（丙戌進士）；□□□□刑部右侍郎吳廷用（甲申進士）；嘉議大夫、行在太常寺卿兼翰林院學士楊溥（庚辰進士）；□□□□兼行在翰林院侍讀學士王英（甲申進士）；□□□□侍讀學士、奉訓大夫李時勉（甲申進士）；資善大夫、行在禮部尚書胡濙（庚辰進士）；□□□□部右侍郎章敞（甲申進士）；□□□□江西道監察御史汪景明（甲申進士）；□□□□行在貴州道監察御史羅閏（乙未進士）；□□□□翰林院侍講、承德郎高穀（乙未進士）；□□□□翰林院編修、文林郎習嘉言（戊戌進士）；□□□□行在禮科掌科事給事中虞祥（辛卯貢士）；□□□□行在吏科掌科事給事中儲懋（甲

午貢士）；資德大夫、行在鴻臚寺卿楊善（增廣生）；資善大夫、行在禮部儀制清吏司郎中兼翰林院侍書蔣暉；嘉議大夫、行在戶科都給事中卜禎（監生）；嘉議大夫、行在兵科都給事中文郁（儒士）；嘉議大夫、翰林院修撰□□（乙卯貢士）；中順大夫、翰林院編修□文（庚戌進士）；行在□□□科掌科事給事中年富（丁酉貢士）。提調官：行在工科掌科事給事中龔全安（甲辰進士）；資善□□行在錦衣衛指揮使王節。監試官：□□軍行在錦衣衛指揮使李順；文林郎、行在錦衣衛指揮同知王瑜；文林郎、行在金吾前衛指揮使高迪。受卷官：行在金吾後衛指揮僉事高銘；行在□部儀制清吏司郎中孫原貞（乙未進士）；徵仕郎、行在禮部儀制清吏司主事丘觀（甲午貢士）；徵仕郎、行在禮部儀制清吏司主事陳安（辛丑進士）。彌封官：中順大夫、行在光祿寺少卿張澤；奉政大夫、行在精膳清吏司郎中宋興（監生）；文林郎、□部儀制清吏司員外郎馮敏（乙未進士）；文林郎、□部儀制清吏司主事劉球（辛丑進士）。掌卷官：□□（後缺）」據《宣德八年進士登科錄·恩榮次第》：「宣德八年三月□□日早，諸貢士赴內府殿試，上御奉天殿策問。三月□□日早，文武百官朝服侍班，是日，行在錦衣衛設鹵簿於丹陛丹墀內，上御奉天殿，行在鴻臚寺官傳制唱名，行在禮部官捧黃榜，鼓樂導引出長安左門外，張掛畢，順天府官用傘蓋、儀從送狀元歸第。三月□□日，賜宴於行在禮部，宴畢，赴行在鴻臚寺習儀。三月□□日，賜狀元朝服冠帶。三月初六日，狀元率諸進士上表謝恩。三月□□日，諸進士詣孔子廟行釋菜禮。三月□□日，行在工部奉□□□□京國子監立石題名。」沈德符《萬曆野獲編》卷十五《科場·驛丞進士》：「宣德八年癸丑，曹鼐以泰和縣典史登狀元，以為異事，而不知正統四年己未，第五十九名李郁，江西豐城人，下書承差，習《禮記》，成化十四年戊戌科，第一百五十三名譚溥，其下直書山東東阿縣田縣驛驛丞，習《書》，此僅見之《會錄》中耳。賓州《奇事述》及《科試考》皆不之載。若正統七年壬戌科，一百二十一名鄭溫，為直隸松陵驛丞，則賓州已記之矣。」李調元《制義科瑣記》卷一《典史中狀元》：「曹鼐為典史，日夕讀書不輟，邑令戲之曰：『欲中狀元耶？』鼐曰：『誠如尊諭。』宣德八年癸丑，督工匠至京，疏乞會試，中第二。殿試廷問羲禹河洛象數，鼐對稱旨，上親擢為第一。」

　　據《宣德八年進士登科錄》，第一甲三名，賜進士及第。履歷如下：
　　曹鼐，貫直隸真定府趙州寧晉縣，軍籍。泰和典史。治《禮記》。字萬鍾，

行二，年三十，正月初八日生。曾祖克柔。祖廷訓。父祉。母孟氏。生母薛氏。繼母吳氏。慈侍下。兄鼎。弟鼐、法寧、壽寧。娶司氏，繼娶劉氏。順天府鄉試第二名，會試第二十七名。

趙恢，貫福建福州府連江縣，民籍。縣學生。治《易經》。字汝弘，行五，年三十七，九月二十三日生。曾祖次亨，元福清州同知。祖彥昌。父應。母鄭氏。繼母陳氏。具慶下。弟怡。娶楊氏。福建鄉試第三十一名，會試第二十六名。

鍾復，貫江西吉安府永豐縣，民籍。儒士。治《易經》。字弘彰，行二，年三十四，十一月三十日生。曾祖行素。祖伯葵。父夢弼。母陳氏。慈侍下。兄弘肇。弟弘敷、永祐。娶黃氏。江西鄉試第一百九名，會試第四十七名。

據《宣德八年進士登科錄》，第二甲三十五名，賜進士出身。第三甲六十一名，賜同進士出身。

明宣宗宣德十年乙卯（西元 1435 年）

正　月

明宣宗去世。朱祁鎮即位，是為英宗。據《明英宗實錄》卷一「宣德十年春正月壬午（初十）」。

八　月

命行在翰林院侍讀學士李時勉、侍講高穀為順天府鄉試考官，賜宴於本府。（據《明英宗實錄》卷八）

兩京及河南、山東、陝西、山西、浙江、江西、福建、廣東、廣西、四川、雲南等十二布政司鄉試；貴州士子附雲南鄉試。（據《皇明貢舉考》卷三）

應天府鄉試，祝顥前場七篇止作五篇，得高魁。

都穆《都公談纂》卷下：「往時鄉試作『減場』，如前場七篇止作五篇，

亦得中式。宣德十年，應天府鄉試，吾鄉祝參政顥以減場得高魁，今則凡減場者皆帖出矣。」

明英宗正統元年丙辰（西元 1436 年）

二 月

命少詹事兼翰林院侍讀學士王直、侍講學士陳循為會試考官，取中劉定之等一百人。命楊士奇、楊榮等為殿試讀卷官。

《明英宗實錄》卷十四：正統元年二月，「命少詹事兼翰林院侍讀學士王直、侍講學士陳循為禮部會試考官，錫宴於本部。」「行在禮部引會試中式舉人劉定之等一百人陛見。」「行在禮部尚書胡淡奏：三月初一日殿試貢士，合請執事官。上命少傅、兵部尚書兼華蓋殿大學士楊士奇、少傅、工部尚書兼謹身殿大學士楊榮、少保、行在工部尚書吳中、行在吏部尚書郭璡、禮部尚書兼翰林院學士楊溥、行在兵部尚書王驥、行在刑部尚書魏源、行在都察院右都御史顧佐、行在戶部右侍郎吳璽、詹事府少詹事兼翰林院侍讀學士王英、行在人理寺右少卿程富、行在翰林院侍讀學士李時勉、錢習禮為讀卷官，餘執事如例。」《殿閣詞林記》卷十四《會試》：「正統元年，詹事兼侍讀學士王直、侍講學士陳循為考試官，取劉定之等一百人。四年，禮部左侍郎兼侍講學士王直、學士蘭從善為考試官，取楊鼎等一百人。七年，禮部侍郎兼學士王英、侍讀學（士）苗衷為考試官，取姚夔等一百五十人。十年，學士錢習禮、侍講學士馬愉為考試官，取商輅等一百五十人。十三年，工部右侍郎兼侍講學士高穀、侍講杜寧為考試官，取岳正等一百五十人。」

三 月

周旋（1396～1454）、陳文（1405～1468）、劉定之（1409～1469）等進士及第、出身有差。選王鑑、劉鉞等十五人為翰林院庶吉士。命王直、王英教習文章。其餘分隸各衙門觀政。

《明英宗實錄》卷十五：「正統元年三月」卯朔，上御正朝，策會試舉人劉定之等一百人，制曰：『自古帝王，肇建國家，圖惟永寧，必有典則，以貽

子孫。考之禹湯文武，概可見矣。繼統之君，率由典常。今聞長世若夏之啓，商之中宗、高宗、祖甲，周之成康，蓋表表者也。其所以保盈成之運，隆太平之續者，尚可徵歟？漢高帝有天下，次律令，制禮儀，定章程，修軍法，史稱其規模弘遠矣。傳至文景，海內富庶，黎民醇厚，幾致刑措，三代而下，所僅有也。董仲舒對武帝，乃謂更化則可善治，何歟？當時用其言，果能比隆於古歟？朕欽承大統，仰惟祖宗成憲，即堯舜禹湯文武之道，肆夙夜祗率，期與斯民，同躋雍熙，顧行之必有其序，諸生學宗孔孟，明於王道，其詳著於篇，朕將親覽焉。』「戊辰，上親閱舉人所對策於文華殿。」「己巳，陳鹵簿傳臚，賜舉人周旋等一百人進士及第、出身有差，文武百官行慶賀禮。」「庚午，宴進士於行在禮部，命太師英國公張輔待宴。」「辛未，賜狀元周旋朝服冠帶，諸進士鈔各五錠。」「壬申，狀元周旋率諸進士上表謝恩。」「戊寅，擢第一甲進士周旋爲行在翰林院修撰，陳文、劉定之爲編修，賜羊酒宴於本院。選進士王鑑、劉鉞、余忭、王尙文、伊侃、李震、王忠、王偉、徐珪、秦瑛、古鏞、顧曈、雷復爲庶吉士，於本院讀書，命少詹事兼侍讀學士王直、少詹事兼侍講學士王英教習文章。其餘分各衙門觀政。」《弇山堂別集》卷八十一：「正統元年丙辰，少詹事兼翰林院侍讀學士王直、翰林院侍講學士陳循爲考試官，取中劉定之等。廷試，賜周旋、陳文、劉定之及第。或云首揆既取三卷，未定，問同事者曰：『有識周旋者否？狀何如？』或曰：『白而偉。』蓋疑謂淳安周瑄也，遂首旋。既傳臚，貌甚寢，爲之愕然。同考太常少卿魏驥，循師也，官秩尊於循。」王直《抑庵文集》卷一《進士題名記應制作》：「聖天子即位之初，恪遵成憲，詔天下於科目取士。明年改元正統，行在禮部會試如制，拔其尤者百人以聞。三月朔日，上策試於廷中，百人者皆祗若德意，竭其素蘊，以奉大對。越三日，少傅、兵部尙書兼華蓋殿大學士臣士奇等以所對進奏。上親定高下：第一甲三人，賜進士及第，擢周旋第一，餘賜進士出身有差。既傳臚宴賚，有司請如故事，立石題名北京國子監，詔臣直爲記。」

據《明清進士題名碑錄索引》，正統元年丙辰科錄取情形如下：第一甲三名（周旋、陳文、劉定之）；第二甲三十五名；第三甲六十二名。

探花劉定之爲本年會元。

查繼佐《罪惟錄》志卷十八《科舉志》「科舉志・探花由解會兩元」：「江

西永新劉定之，正統丙辰會元；順天潹縣岳正，正統戊辰會元；南直武進陸
簡，成化乙酉、丙戌；南直吳縣王鏊，成化甲午、乙未會元；廣東番禺涂瑞，
成化丁酉、丁未；南直丹徒靳貴，弘治己酉、庚戌；江西太和羅欽順，弘治
壬子、癸丑；宛平縣山陽陳瀾，弘治丙辰會元；浙江餘姚謝丕，弘治辛酉、
順天乙丑；江西安福鄒守益，正德辛未會元；南直海門崔桐，正德丙子、丁
丑；四川遂寧楊名，嘉靖戊子、己丑；浙江慈溪袁煒，嘉靖戊戌會元；江西
浮梁金達，嘉靖丙辰會元；江西南昌陳棟，嘉靖乙丑會元；浙江餘姚胡正蒙，
嘉靖丁未會元；浙江會稽陶望齡，萬曆己丑會元；南直江寧顧鼎臣，萬曆戊
戌會元；南直溧陽陳名夏，崇禎癸未會元。」

明英宗正統三年戊午（西元 1438 年）

八　月

兩京及河南、山東、陝西、山西、浙江、湖廣、江西、福建、廣東、
廣西、四川、雲南等十二布政司鄉試；貴州士子附雲南鄉試。（據《皇
明貢舉考》卷三。）

順天鄉試之夕，場屋起火，詔再試。

劉球《兩溪文集》卷二十二《故翰林侍講學士奉訓大夫曾公行狀》：「永
樂辛丑會試，時令少師廬陵楊公司文衡，務先典實之作，以洗浮腐之弊。正
統戊午……是秋考順天府鄉試。初試之夕，場屋火，試卷亦有殘缺者。有司
懼罪，不敢以更試為言，惟欲請葺場屋以終後兩試。公曰：『必更試，然後百
弊滌，至公著。不然，雖無所私，亦招外謗，朝廷何惜一日之費，以成此盛
舉哉？』有司具二說以進。命下，悉如公言。眾皆懾服，得士亦審。」公，
指曾鶴齡，翰林院侍講學士。參見《殿閣詞林記》卷十四《鄉試》。《翰林記》
卷十四《考兩京鄉試》：「正統戊午，侍講學士曾鶴齡主考順天府鄉試。初試
之夕，場屋火，試卷有殘缺者，有司懼罪，不敢以更試為言，惟欲請葺場屋
以終後兩試。鶴齡曰：『必更試，然後百弊滌，至公著。不然，雖無所私，亦
招外謗。朝廷何惜一日之費，以成此盛舉哉！』有司具二說以進。命下，悉
如鶴齡所言。」《弇山堂別集》卷八十一：「三年戊午，命翰林院侍讀學士曾

鶴齡、翰林院侍讀洪瑃主順天試。命翰林院學士錢習禮、翰林院侍讀陳詢主應天試。」「是歲，順天初試之夕，場屋火，旋滅。試卷有殘缺者，有司懼，不敢請更試，欲請修場屋，以終後兩試。鶴齡曰：『必更試然後可以滌弊而不枉士子。』有司具二說以進，詔更試日。」

明英宗正統四年己未（西元 1439 年）

二 月

命行在禮部左侍郎兼翰林院侍讀學士王直、行在翰林院學士藺從善為會試考試官。就試之士千餘人，取中楊鼎等。

《明英宗實錄》卷五十一：正統四年二月，「丙辰，命行在禮部左侍郎兼翰林院侍讀學士王直、行在翰林院學士藺從善為會試考官，賜宴於禮部。」「乙亥，行在禮部引會試中式舉人楊鼎等一百人陛見。」王直《抑庵文後集》卷二十三《己未會試錄序》：「正統四年，行在禮部會試天下所有貢士，……於時，就試之士千餘人，拔其尤者百人。」

閏二月

會試取中副榜舉人，年二十五以上者除授教職，年未及者例送監及依親讀書。以楊榮、楊溥等為殿試讀卷官。

《明英宗實錄》卷五十二：正統四年閏二月，「乙酉，行在禮部奏：『會試取中副榜舉人，有年及二十五以上者二百三十三人，請送吏部除授教職。年未及者五十八人，例送監及依親讀書。』從之。」「戊申，行在禮部尚書胡濙奏：『三月初二日殿試貢士，合請執事官。』上命少師、工部尚書兼謹身殿大學士楊榮、少保、禮部尚書兼武英殿大學士楊溥、少保、工部尚書吳中、行在吏部尚書郭璡、行在戶部尚書劉中敷、行在兵部尚書兼大理寺卿王驥、行在刑部尚書魏源、行在都察院右都御史陳智、行在禮部左侍郎兼翰林院侍講學士王英、行在大理寺左少卿程富、行在翰林院學士錢習禮、行在通政使司左參議虞祥為讀卷官，餘執事如例。」據《正統四年進士登科錄・玉音》：「正統四年閏二月二十六日早，行在禮部尚書臣胡濙等官於奉天門奏為科舉

事。會試天下舉人，選中一百名，本年三月初二日殿試，合請讀卷及執事等官少師工部尚書兼謹身殿大學士楊榮、少保禮部尚書兼武英殿大學士楊溥等三十八員。其進士出身等第，恭依太祖高皇帝欽定資格，第一甲例取三名，第一名從六品，第二第三名正七品，賜進士及第。第二甲從七品，賜進士出身。第三甲正八品，賜同進士出身。奉聖旨：是。欽此。」「讀卷官：光祿大夫、柱國、少師、工部尚書兼謹身殿大學士楊榮，庚辰進士；榮祿大夫、少保、禮部尚書兼武英殿大學士楊溥，庚辰進士；榮祿大夫、少保兼工部尚書吳中，監生；資德大夫、正治上卿、行在吏部尚書郭璉，監生；資善大夫、行在戶部尚書劉中敷，生員；資善大夫、行在兵部尚書兼大理寺卿王驥，丙戌進士；資善大夫、行在刑部尚書魏源，丙戌進士；資善大夫、行在都察院右都御史陳智，丙戌進士；嘉議大夫、行在禮部左侍郎兼翰林院侍講學士王英，甲申進士；中憲大夫、行在大理寺左少卿程富，甲午貢士；奉議大夫、行在翰林院學士錢習禮，辛卯進士；奉政大夫、行在通政使司左參議虞祥，辛卯貢士。提調官：資德大夫、正治上卿、行在禮部尚書胡濚，庚辰進士；嘉議大夫、行在禮部右侍郎王士嘉，監生。監試官：文林郎、行在江西道監察御史侯春，辛丑進士；文林郎、行在四川道監察御史張鑒，辛丑進士。受卷官：行在翰林院修撰、儒林郎裴綸，辛丑進士；行在翰林院編修、文林郎蕭鎡，丁未進士；徵仕郎、行在吏科署掌科事給事中鄭泰，辛丑進士；徵仕郎、行在禮科掌科事給事中劉海，甲辰進士。彌封官：中議大夫、贊治尹、行在鴻臚寺卿楊善，增廣生；徵仕郎、行在戶科給事中黨恭，庚子貢士；徵仕郎、行在兵科掌科事給事中王永和，甲午貢士；徵仕郎、行在中書舍人徐政，丁未進士。掌卷官：行在翰林院修撰、承務郎邵宏譽，甲辰進士；行在翰林院編修、文林郎謝璉，丁未進士；徵仕郎、行在刑科署掌科事給事中郭瑾，甲辰進士；文林郎、行在工科都給事中李倜，辛卯貢士。巡綽官：昭勇將軍、行在錦衣衛指揮使徐恭；明威將軍、行在錦衣衛指揮僉事陳端；明威將軍、行在金吾前衛指揮僉事卜銘；明威將軍、行在金吾後衛指揮僉事朱俊。印卷官：奉議大夫、行在禮部儀制清吏司郎中劉孟鐸，甲申進士；奉訓大夫、行在禮部儀制清吏司員外郎李春，甲辰進士；承直郎、行在禮部儀制清吏司主事張偉，丙辰進士。供給官：奉議大夫、行在光祿寺少卿李讓，監生；奉議大夫、行在禮部精膳清吏司郎中葉蓁，監生；承德郎、行在禮部精膳清吏司主事甘瑛，丁未進士。」

三　月

施槃（1416～1440）、楊鼎、倪謙（1415～1479）等九十九人進士及第、出身有差。是科未考選庶吉士。

《明英宗實錄》卷五十三：正統四年三月，「庚戌，上御奉天門策試舉人楊鼎等九十九人，制曰：『帝王之道，具載諸經，孔子纂而成之。肇自唐虞迄於周，以爲萬世楷範，皆可舉而行。爰暨漢唐以來，賢智之君，景仰徽猷，遹遵彝典，用圖治寧，咸有稱述。當時賢人君子，出膺世用者，亦莫不獻忠效謀，以匡乃辟，考其致治成功，比之《詩》《書》所稱，則有所不及，其故何歟？洪惟我國家列聖相承，敦崇古道，以隆至治，巍巍乎其盛矣。朕嗣大曆服，允懷繼述，夙夜匪遑，期與臣民，咸躋熙皞，深惟謹始圖成，必有其要，推行之序，必有其宜。子大夫以明經登進，其於致君澤民之方，講之有素，必有實見，明著於篇，毋泛毋隱，朕將親覽焉。』」「壬子，上親閱舉人所對策，賜施槃等九十九人進士及第、出身有差。」「癸丑，宴進士於行在禮部，命太師英國公張輔待宴。」「甲寅，賜狀元施槃朝服冠帶，諸進士鈔各五錠。」「丁巳，狀元施槃率諸進士上表謝恩。」「戊午，擢第一甲進士施槃爲行在翰林院修撰，楊鼎、倪謙爲編修。」據《正統四年進士登科錄·恩榮次第》：「正統四年三月初二日早，諸貢士赴內府殿試，上御奉天殿親賜策問。三月初四日早，文武百官朝服侍班，是日，行在錦衣衛設鹵簿於丹陛丹墀內，上御奉天殿，行在鴻臚寺官傳制唱名，行在禮部官捧黃榜，鼓樂導引出長安左門外，張掛畢，順天府官用傘蓋、儀從送狀元歸第。三月初五日，賜狀元朝服冠帶，賜宴於行在禮部，宴畢，赴行在鴻臚寺習儀。三月初六日，狀元率諸進士上表謝恩。三月初七日，諸進士詣先師孔子廟行釋菜禮，行在禮部奏請命行在工部於北京國子監立石題名。」《弇山堂別集》卷八十一：「四年己未，命行在禮部左侍郎兼翰林院侍讀學士王直、行在翰林院學士錢習禮爲考試官，取中楊鼎等。廷試，賜施槃、楊鼎、倪謙及第。槃時年二十三，不久卒。楊鼎，陝西解元。」王世貞《弇州續稿》卷一四六《像贊·吳中往哲像贊》：「張筱庵先生和者，昆山人，字節之。生而警穎卓朗，善屬文。嘗病目，而夜篝燈讀書不休，遂以其一廢。與其弟穆俱應南宮試，而自念必上也。已，穆舉第二人，而先生亦次二十七。既廷試，執政者奇其策而欲首之，詗知其一目也，抑之。和遂謝病歸之，以修國史。」朱國楨《湧幢小品》卷七《密探狀元》：「先朝策士，凡鼎甲，聖上多密訪而後定。英宗己未科臨軒，

已擬昆山張和第一，使小黃門密至邸識之，以目眚置二甲第一，拔施槃第一，蓋慎重如此。一科之長，文運所係，可不慎歟！至問周旋而誤，則天也。」

據《正統四年進士登科錄》，第一甲三名，賜進士及第。履歷如下：

施槃，貫直隸蘇州府吳縣，民籍。縣學增廣生。治《春秋》。字宗銘，行一，年二十三，二月十三日生。曾祖希敬。祖志方。父遵道。母金氏。繼母嚴氏。具慶下。弟宗賢。娶吳氏。應天府鄉試第十五名，會試第五十五名。

楊鼎，貫陝西西安府咸寧縣，民籍。國子生。治《易經》。字宗器，行一，年三十一，五月二十五日生。曾祖伯安。祖惟敬。父森。母劉氏。繼母李氏。具慶下。弟鼐。未娶。陝西鄉試第一名，會試第一名。

倪謙，貫應天府上元縣，匠籍。府學生。治《詩經》。字克讓，行二，年二十五，十二月初一日生。曾祖公起。祖德潤。父子安。母屠氏。繼母孫氏。重慶下。兄誠。聘姚氏。應天府鄉試第五十四名，會試第七十八名。

據《正統四年進士登科錄》，第二甲三十五名，賜進士出身。第三甲六十一名，賜同進士出身。

明英宗正統六年辛酉（西元 1441 年）

八　月

兩京及河南、山東、陝西、山西、浙江、湖廣、江西、福建、廣東、廣西、四川、雲南等十二布政司鄉試；貴州士子附雲南鄉試。（據《皇明貢舉考》卷三）

閏十一月

丘俊劾奏江西鄉試考官林璧等。

《明英宗實錄》卷八十六：正統六年閏十一月丁卯，「監察御史丘俊奏：『江西《鄉試小錄》，刊舉人胡皞《易經》家人卦象辭義，九五陽剛謬作六五柔順，考試官禮部主事林璧、湖廣岳州府通判林文楷、同考官浙江鄞縣儒學致仕教諭錢紳，俱合治罪。』禮部請黜皞回原學肄業，待下科再試。並言舊例，同考官止請四員，今湖廣、江西、廣東、山西、山東、陝西皆多一員，

福建多二員。湖廣《鄉試小錄》，自增知貢舉官二員，事屬僭妄，宜通行禁革。上從之，命今後考官，必求文學老成，行止端莊，不許將六十以上，及致仕老病，與署事舉人年少新進，學力未至者舉用，違者從風憲官糾劾治罪。」沈德符《萬曆野獲編補遺》卷二《科場・鄉試怪事》：「正統六年辛酉，江西主考官禮部主事林璧、湖廣岳州府通判林文楷，同考官浙江鄞縣致仕教諭錢紳，取中舉人胡皞，治《易》，刊程《家人卦・象辭》義，九五陽剛誤作六五柔順，為御史丘俊所劾，並言湖廣《試錄》自增知貢舉官二員俱有罪，皞當斥回肄業，三考官宜治罪。如湖廣例者，亦宜禁革。上允之。國初外省考官俱用教職，至弘治間始間用京官，尋廢罷矣。何以英宗初年即有京官典試，且其副林文楷者為永樂乙未庶常，雖云名士，乃鄰省有司也，何以得並列？又分考教官豈少人，而以休致者承乏耶？又會試始有知貢舉官，豈鄉舉所得僭稱？當時典制，了不可曉。即紀述諸書，更無有及此等事者。惟宣德己酉，編修董璘主浙江試，正統丁卯，修撰許彬主福建試，則奉欽遣以出，亦未定制也。又正統十二年，山西《鄉錄》內《詩經》題『維周之楨』，以楨字犯楚昭王諱為禮部所糾，上宥之，但令罰俸。今若如例迴避，將無題可出矣。又景泰五年，山西《鄉試錄》刊《中庸》義一篇，考官徐霖批云：『文與人同，理與人異。』宣府巡撫都御史李秉劾之云：『如霖所云，則蹈襲雷同之文，且戾旨背理，今其文不然，宜追霖彩幣入官。』景帝從之。此等批語，亦常事，何至吹毛若此？」

本　年

令出題不許摘裂牽綴及問非所當問；取文務淳實典雅，不許浮華。違者從風憲官糾劾治罪。（據萬曆《大明會典》卷七十七《禮部》三十五《貢舉・科舉・科舉通例》）

明英宗正統七年壬戌（西元 1442 年）

二　月

命禮部左侍郎兼翰林院侍講學士王英、翰林院侍讀苗衷為會試考官。

取中姚夔（1417～1473）等一百五十人。

《明英宗實錄》卷八十九：正統七年二月，「戊戌，命禮部左侍郎兼翰林院侍講學士王英、翰林院侍讀苗衷爲會試考官，宴於禮部。」「丙辰，禮部引會試中式舉人姚夔等一百五十人陛見。」查繼佐《罪惟錄》志卷十八《科舉志》：「（正統）七年壬戌，試貢士，得姚夔等一百五十人，賜劉儼、呂原、黃諫等及第、出身有差。是科同考有永新知縣陳員韜、京衛教授紀振，俱係進士。其雜流中式，有岐陽教諭彭舉，及都察院吏、刑部吏並驛丞。」《國榷》卷二十五：「正統七年二月戊戌，禮部左侍郎兼翰林院侍讀學士王英、翰林院侍讀苗衷主禮闈。」據《皇明貢舉考》卷三，本年應試者一千有奇。

三　月

劉儼（1394～1457）、呂原（1418～1462）、黃諫（1412～？）等進士及第、出身有差。

《明英宗實錄》卷九十：正統七年三月，「甲戌，禮部尚書胡濙奏：『三月十五日殿試貢士，請執事等官。』上命少師、兵部尚書兼華蓋殿大學士楊士奇、少保、禮部尚書兼武英殿大學士楊溥、吏部尚書郭璡、戶部尚書王佐、刑部尚書魏源、都察院右都御史王文、兵部左侍郎鄺埜、工部左侍郎王卺、大理寺左少卿薛瑄、通政司右通政李錫、侍講學士高穀、馬愉、侍講曹鼐爲讀卷官。」「丙子，上御奉天殿策試舉人姚夔等一百五十一人，制曰：『朕惟國家建官，共理天事，以安生民，必求眞才實德，用圖成績。論者咸謂培養貴有素，選舉貴有方，考課貴嚴明，今茲三者，亦嘗修舉，而百官有司，未能盡得人，何歟？三代以上，稽諸經可見，若漢、唐、宋願治之君，皆知以求賢爲務，而得人之盛，獨稱虞周，何歟？期於濟濟多士，秉文之德，九德咸事，俊乂在官，用臻雍熙泰和之治，果何道以致之歟？朕祗承祖宗大統，以安民爲心，惓惓於茲久矣，諸生講明治道，出膺時用，必有定論，其直述以對，無騁誇辭，無摭陳言，朕將采而行之。』」「戊寅，上親閱舉人所對策，賜劉儼等一百五十一人進士及第、出身有差。」「己卯，宴進士於禮部，令太師英國公張輔待宴。」「庚辰，賜狀元朝服冠帶，諸進士鈔各五錠。」「辛巳，狀元劉儼率諸進士上表謝恩。」「擢第一甲進士劉儼爲翰林院修撰，呂原、黃諫俱爲編修。」據《正統七年進士登科錄·玉音》：「正統七年三月初五日早，禮部尚書臣胡濙等官於奉天門奏爲科舉事。會試天下舉人，選中一百五十名。

本年三月十五日殿試，合請讀卷及執事等官少師、兵部尚書兼華蓋殿大學士楊士奇、少保、禮部尚書兼武英殿大學士楊溥等四十一員。其進士出身等第，恭依太祖高皇帝欽定資格，第一甲例取三名，第一名從六品，第二第三名正七品，賜進士及第。第二甲從七品，賜進士出身。第三甲正八品，賜同進士出身。奉聖旨：是。欽此。讀卷官：光祿大夫、柱國、少師、兵部尚書兼華蓋殿大學士楊士奇，儒士；光祿大夫、少保、禮部尚書兼武英殿大學士楊溥，庚辰進士；資德大夫、正治上卿、吏部尚書郭璉，監生；戶部尚書王佐，辛卯貢士；資善大夫、刑部尚書魏源，丙戌進士；資善大夫、都察院右都御史王文，辛丑進士；通議大夫、兵部左侍郎鄺埜，辛卯進士；工部左侍郎王巹，監生；中順大夫、大理寺左少卿薛瑄，辛丑進士；中議大夫、贊治尹通政使司右通政李錫，戊子貢士；翰林院侍講學士、奉訓大夫高穀，乙未進士；翰林院侍講學士、奉直大夫馬愉，丁未進士；翰林院侍講、承直郎曹鼐，癸丑進士。提調官：資德大夫、正治上卿、禮部尚書胡濙，庚辰進士；通議大夫、禮部左侍郎兼翰林院侍讀學士王直，甲申進士。監試官：文林郎、貴州道監察御史薛希璉，庚戌進士；文林郎、湖廣道監察御史馮誠，辛丑進士。受卷官：翰林院修撰、承務郎鍾復，癸丑進士；翰林院編修、文林郎趙恢，癸丑進士；徵仕郎、吏科給事中張睿，庚戌進士；禮科都給事中胡清，庚子貢士。彌封官：中議大夫、資治尹、鴻臚寺卿楊善，增廣生；徵仕郎、戶科掌科事給事中李素，庚戌進士；兵科都給事中王永和，甲午貢士；徵仕郎、中書舍人宋懷，癸丑進士。掌卷官：翰林院編修、文林郎江淵，庚戌進士；翰林院檢討、徵仕郎何瑄，癸丑進士；刑科都給事中郭瑾，甲辰進士；工科掌科事給事中吳昇，癸丑進士。巡綽官：明威將軍、錦衣衛指揮僉事劉勉；明威將軍、錦衣衛指揮僉事王虹；明威將軍、錦衣衛指揮僉事劉寬；明威將軍、錦衣衛指揮僉事陳端；明威將軍、金吾前衛指揮僉事卜銘；明威將軍、金吾後衛指揮僉事高銘。印卷官：奉議大夫、禮部儀制清吏司郎中余麟，癸卯貢士；奉訓大夫、禮部儀制清吏司員外郎吳紹生，乙未進士。供給官：光祿寺少卿宋傑，庚戌進士；奉政大夫禮部精膳清吏司郎中葉蓁，監生；奉訓大夫、禮部精膳清吏司員外郎王士華，乙未進士；承德郎、禮部精膳清吏司主事顧謙，生員。」據《正統七年進士登科錄·恩榮次第》：「正統七年三月十五日早，諸貢士赴內府殿試，上御奉天殿親賜策問。三月十七日早，文武百官朝服侍班，是日，錦衣衛設鹵簿於丹陛丹墀內，上御奉天殿，鴻臚寺官傳制唱名，

禮部官捧黃榜，鼓樂導引出長安左門外，張掛畢，順天府官用傘蓋、儀從送狀元歸第。三月十八日，賜宴於禮部，宴畢，赴鴻臚寺習儀。三月十九日，賜狀元朝服冠帶及諸進士寶鈔。三月二十日，狀元率諸進士上表謝恩。三月二十一日，狀元率進士詣先師孔子廟行釋菜禮。禮部奏請命工部於國子監立石題名。」

據《正統七年進士登科錄》，第一甲三名，賜進士及第。履歷如下：

劉儼，貫江西吉安府吉水縣，民籍。府學增廣生。治《書經》。字宣化，行三，年四十五，正月十三日生。曾祖惟德。祖永寧。父原性。母楊氏。永感下。兄宣光、宣昭。娶王氏。江西鄉試第一百十三名，會試第十八名。

呂原，貫浙江嘉興府秀水縣，民籍。縣學生。治《書經》。字逢原，行二，年二十五，六月十八日生。曾祖仲雄。祖伯誠。父嗣芳，萬泉縣學教諭。母顧氏。慈侍下。兄本，景州儒學訓導。娶徐氏。浙江鄉試第一名，會試第一百三十九名。

黃諫，貫陝西臨洮府蘭縣，站籍。縣學生。治《書經》。字廷臣，行二，年三十一，二月十六日生。曾祖仕源，元財賦司提舉。祖文質。父志道。嫡母朱氏。生母王氏。具慶下。兄誠。弟謐、愕。娶賈氏。陝西鄉試第七名，會試第六名。

據《正統七年進士登科錄》，第二甲五十名，賜進士出身。第三甲九十六名，賜同進士出身。

明英宗正統九年甲子（西元 1444 年）

八　月

兩京及河南、山東、陝西、山西、浙江、湖廣、江西、福建、廣東、廣西、四川、雲南等十二布政司鄉試；貴州士子附雲南鄉試。（據《皇明貢舉考》卷三）

四川鄉試，周洪謨以減場中解元。（據清姚之駰《元明事類鈔》卷十二《科第・減場作元》）

明英宗正統十年乙丑（西元1445年）

二 月

　　命翰林院學士錢習禮、侍講學士馬愉為會試考官。取中商輅（1414～1486）等一百五十人。

　　《明英宗實錄》卷一百二十六：正統十年二月，「辛亥，命翰林院學士錢習禮、侍講學士馬愉為會試考官，賜宴於禮部。」「庚午，禮部引會試舉人商輅等一百五十人陛見。」查繼佐《罪惟錄》志卷十八《科舉志》：「（正統）十年乙丑二月，會試，同考一教授、二教諭。三月，策貢士商輅等及第、出身有差。輅，宣德乙卯鄉試亦居第一，稱三元，為名臣。是科《試錄》，天字作蔑寫。廷試讀卷為兵部尚書徐晞、戶部侍郎奈亨，皆從吏員起。命副榜及下第者九百餘人俱入太學。」李調元《制義科瑣記》卷一《天字稱蔑》：「（正統）十年乙丑榜取中商輅，為明朝三元一人。是歲同考，一教授二教諭。是科《會試登科錄》『天』字皆稱『蔑』字。今考部本不然，以為葉傳聞之誤。葉是科進士，豈有誤理，或部本翻刻，未可知也。廷試讀卷官有兵部尚書徐晞、戶部侍郎奈亨，俱吏員也。」據《皇明貢舉考》卷四，本年應試者一千二百有奇。

三 月

　　商輅、周洪謨（1420～1491）、劉俊等進士及第、出身有差。商輅為浙江解元。明朝中三元者，惟商輅一人。浙省文風自此興盛。是科未考選庶吉士。

　　《明英宗實錄》卷一百二十七：正統十年三月，「乙酉，禮部尚書胡濙奏：『三月十五日殿試舉人，請執事官。』上命武英殿大學士楊溥、吏部尚書王直、兵部尚書徐晞、刑部尚書金濂、工部尚書王卺、右都御史王文、戶部左侍郎李暹、通政使李錫、大理寺卿俞士悅、翰林學士陳循、曹鼐、侍讀學士苗衷為讀卷官。」「庚寅，上親閱舉人所對策，賜商輅等一百五十人進士及第、出身有差。」「辛卯，宴進士於禮部，命太師英國公張輔待宴。」「壬辰，賜狀元商輅朝服冠帶，諸進士鈔各五錠。」「癸巳，狀元商輅率諸進士上表謝恩。」「己亥，擢第一甲進士商輅為翰林院修撰，周洪謨、劉俊俱為編修。」據《正統十年進士登科錄·玉音》：「正統十年三月初六日早，禮部尚書臣胡濙等官

於奉天門奏爲科舉事。會試天下舉人，選中一百五十名，本年三月十五日殿試，合請讀卷及執事等官少保禮部尚書兼武英殿大學士楊溥等四十員。其進士出身等第，恭依太祖高皇帝欽定資格，第一甲例取三名，第一名從六品，第二第三名正七品，賜進士及第。第二甲從七品，賜進士出身。第三甲正八品，賜同進士出身。奉聖旨：是。欽此。」「讀卷官：光祿大夫柱國少保禮部尚書兼武英殿大學士楊溥，庚辰進士；資善大夫吏部尚書王直，甲申進士；兵部尚書徐晞，江陰人；資善大夫刑部尚書金濂，戊戌進士；資善大夫工部尚書王巹，監生；資政大夫都察院右都御史王文，辛丑進士；正議大夫資治尹戶部左侍郎李暹，監生；嘉議大夫通政使司通政使李錫，戊子貢士；嘉議大夫大理寺卿俞士悅，乙未進士；翰林院學士奉直大夫陳循，乙未進士；翰林院學士曹鼐，癸丑進士；翰林院侍讀學士奉直大夫苗衷，辛卯進士。提調官：資德大夫正治上卿禮部尚書胡濙，庚辰進士；正議大夫資治尹禮部左侍郎兼翰林院侍講學士王英，甲申進士。監試官：文林郎山西道監察御史劉克彥，丁未進士；文林郎雲南道監察御史程寧，庚戌進士。受卷官：翰林院編修文林郎吳節，庚戌進士；翰林院編修楊鼎，己未進士；徵仕郎吏科右給事中張睿，庚戌進士；禮科掌科事給事中章瑾，丙辰進士。彌封官：中議大夫贊治尹鴻臚寺卿楊善，增廣生；翰林院修撰儒林郎許彬，乙未進士；戶科掌科事給事中劉海，甲辰進士；兵科左給事中欒惲，丁酉貢士。掌卷官：翰林院編修呂原，壬戌進士；翰林院檢討徵仕郎姜洪，癸丑進士；刑科右給事中侯臣，癸丑進士；工科掌科事給事中白琮，庚戌進士。巡綽官：昭勇將軍錦衣衛指揮使徐恭；懷遠將軍錦衣衛指揮同知王山；明威將軍錦衣衛指揮僉事劉寬；明威將軍錦衣衛指揮僉事陳端；懷遠將軍金吾衛指揮同知翟眞；昭勇將軍金吾後衛指揮使陳政。印卷官：奉政大夫禮部儀制清吏司郎中余麟，癸卯貢生；奉直大夫協正庶尹禮部儀制清吏司員外郎李春，甲辰進士。供給官：奉政大夫光祿寺少卿高寅，丁未進士；奉議大夫禮部精膳清吏司郎中王士華，乙未進士；禮部精膳清吏司員外郎萬完，乙未進士；禮部精膳清吏司主事楊瑛，己未進士。」據《正統十年進士登科錄・恩榮次第》：「正統十年三月十五日早，諸貢士赴內府殿試，上御奉天殿，親賜策問。三月十七日早，文武百官朝服侍班，是日錦衣衛設鹵簿於丹陛丹墀內，上御奉天殿，鴻臚寺官傳制唱名，禮部官捧黃榜鼓樂導引出長安左門外，張掛畢，順天府官用傘蓋儀從送狀元歸第。三月十八日，賜宴於禮部，宴畢，赴鴻臚寺習儀；三月十九

日，賜狀元朝服冠帶及進士寶鈔；三月二十日，狀元率進士上表謝恩；三月二十一日，狀元率進士詣孔子廟行釋菜禮，禮部奏請命工部於國子監立石題名。」《弇山堂別集》卷八十一：「十年乙丑，命翰林院學士錢習禮、侍講學士馬愉爲考試官，取中商輅等。廷試，賜商輅、周洪謨、劉俊及第。輅，浙江解元也，本朝中三元者，惟輅一人。」「是歲同考，一教授，二教諭。又《水東日記》云，是科《會試登科錄》天字皆稱萲字，今考部本不然，以爲葉傳聞之誤，葉是科進士，豈有誤理？或部本翻刻，未可知也。廷試讀卷有兵部尚書徐晞、戶部侍郎掌光祿寺奈亨，俱吏員也。」《遊藝塾續文規》卷四《了凡袁先生論文》：「商素庵起正統間，所傳惟『父作之』二句，其講『作』、『述』處，皆有斟酌，文亦溫潤典雅，挺然爲一時之首。當時如岳季方正、王三原恕、夏華亭寅，彭莆田韶、李西崖東陽皆赫赫可稱者。」《明史・選舉志》：「正統七年壬戌，刑部吏南昱、松陵驛丞鄭溫亦皆中式。十年乙丑，會試、廷試第一皆商輅。輅，淳安人，宣宗末年乙卯，浙榜第一人。三試皆第一，士子豔稱爲三元，明代惟輅一人而已。廷試讀卷盡用甲科，而是年兵部尚書徐晞、十三年戶部侍郎奈亨乃吏員，天順元年丁丑讀卷左都御史楊善乃譯字生，時猶未甚拘流品也。迨後無雜流會試及爲讀卷官者矣。七年癸未試日，場屋火，死者九十餘人，俱贈進士出身，改期八月會試。明年甲申三月，始廷試。時英宗已崩，憲宗以大喪未逾歲，御西角門策之。」李調元《制義科瑣記》卷二《三元》：「正統十年乙丑，商公輅由會元、解元捷狀元。終明世三元，公及黃觀而已。先是文運獨盛於江西，故有『狀元多吉水，朝內半江西』之謠。至是，浙省始盛。」梁章鉅《制義叢話》卷四：「功業稱其科名難已，功業稱其科名而加之以文章，難之又難也。有宋舉三元者三人，俱爲名臣，而文鮮有傳者。有明洪武時有瀾伯黃觀，正統時有文毅商輅，皆三冠群英，然後世知文毅而不知瀾伯，豈非以文之有傳與不傳耶？文毅既定大計，與忠肅齊名，復辟後，幾罹禍而得脫，辨明奪門，昭雪忠節，人主悔悟。故人謂文毅生平，前有以安社稷，後有以格君心，不謂之大臣不可也。讀其文者，其必知所取法矣。」

據《正統十年進士登科錄》，第一甲三名，賜進士及第。履歷如下：

商輅，貫浙江嚴州府淳安縣，民籍。國子生。治《書經》。字弘載，行四，年三十二，二月二十五日生。曾祖隆甫。祖敬中。父仲瑄，寧德縣典史。母解氏。慈侍下。兄洪、彬、敏。娶盧氏。浙江鄉試第一名，會試第一名。

周洪謨，貫四川敘州府長寧縣，軍籍。縣學增廣生。治《書經》。字堯佐，行四，年二十六，四月二十三日生。曾祖世祥，元長寧軍儒學訓導。祖本原，河間府學訓導。父永隆，長陽縣學訓導。母韓氏。慈侍下。兄洪肅、洪乂、洪哲。弟洪晟、洪範。未娶。四川鄉試第一名。會試第一百四十一名。

劉俊，貫陝西鳳翔府寶雞縣，民籍。縣學生。治《禮記》。字世英。行二，年二十八，正月初二日生。曾祖保。祖弘義。父威。母蘇氏。具慶下。兄傑。娶支氏。陝西鄉試第五名。會試第五十二名。

據《正統十年進士登科錄》，第二甲五十名，賜進士出身。第三甲九十七名，賜同進士出身。

《欽定四書文》化治文卷二錄商輅「管仲之器小哉」一章題文。

文謂：「聖人陋霸臣之器而兩辟伸之者之說焉。夫管仲以其君霸，天下尊之久矣。器小之論，獨自聖人發之，宜或人之未喻也。且夫子亦嘗大管仲之功矣，今曰器小者，何哉？蓋功之大者，才有餘於霸；器之小者，量不足於王也。然夫子未嘗盡言，而或者眩於名實，因欲救而解之。謂儉則必固，器小其似也。仲之為人，得無儉乎？不知儉者德之共也，帝王以節道示天下，惟此耳。三歸之麗，家臣之冗，奢莫甚焉。曾是而可為儉哉？此夫子所以致斥也。或者又謂器小而復不儉，或幾於禮矣。仲之為人，殆知禮乎？不知禮者國之維也，帝王以中道防天下，惟此耳。樹門之塞，反爵之坫，僭莫甚焉。曾是而為知禮哉？此夫子所以重斥也。奢而犯禮，其無修身正心之學可知。斯言雖若為儉與知禮者辨，而器之所以小，亦白可見矣。然則器大何如？君子而已。」評謂：「高古跳脫，其夾敘夾斷，使題之層折無不清出，開後人無限義法。」

明英宗正統十二年丁卯（西元1447年）

八　月

兩京及河南、山東、陝西、山西、浙江、湖廣、江西、福建、廣東、廣西、四川、雲南等十二布政司鄉試；貴州士子附雲南鄉試。（據《皇明貢舉考》卷四）

明英宗正統十三年戊辰（西元 1448 年）

二　月

命工部右侍郎兼翰林院侍講學士高穀、侍講杜寧爲會試考官，取中岳
正（1418～1472）等一百五十人。

　　《明英宗實錄》卷一百六十三：正統十三年二月，「甲子，命工部右侍郎
兼翰林院侍講學士高穀、侍講杜寧爲會試考試官，賜宴於禮部。」「禮部引會
試中式舉人岳正等一百五十人陛見。」查繼佐《罪惟錄》志卷十八《科舉志》：
「（正統）十三年戊辰二月，會試，同考二教諭、二訓導，得岳正等一百五十
人，辦事官舒廷模亦預中式。三月，賜彭時、陳鑑、岳正等及第、出身有差。
時謝恩失期，錦衣衛奉旨出尋時，上不問，後爲名臣。《登科錄》李泰填三代，
書父永昌，司禮太監。時讀卷官太常少卿程南雲，係習書字人，右都御史掌
鴻臚寺楊善，係生員出身。是科雜流中式舒廷謨及汪甫，燕山衛小旗；李泰，
太監李永昌養子。」《國榷》卷二十七：「正統十三年二月甲子，工部右侍郎
兼翰林院侍講學士高穀、侍講杜寧主禮闈。」據《皇明貢舉考》卷四，本年
應試者一千三百有奇。梁章鉅《制義叢話》卷十二：「何義門曰：正統戊辰會
試，同考已置岳正於落卷，副總裁天台杜宗謐獨驚其文，以爲此吾輩人，遂
占首選。非杜公則一時無以彈壓海內，衡文者宜知之。案：是科題爲『才難』
四句、『耕也，餒在其中』二句、『今夫天』一節，主試者高穀、杜寧。」

三　月

彭時（1446～1475）、陳鑑（1415～1471）、岳正等一百五十人進士及
第、出身有差。

　　《明英宗實錄》卷一百六十四：「丁酉，禮部尚書胡濙奏殿試舉人，上命
吏部尚書王直、戶部尚書王佐、兵部尚書鄺埜、刑部尚書金濂、都察院右副
都御史陳鑑、吏部左侍郎兼翰林院學士曹鼐、掌光祿寺事戶部左侍郎奈亨、
戶部右侍郎兼翰林院學士陳循、兵部右侍郎兼翰林院侍讀學士苗衷、通政使
司通政使李錫、大理寺卿俞士悅、太常寺少卿兼翰林院侍書程南雲、太常寺
少卿黃養正爲讀卷官。」「庚子，上御奉天殿親策舉人岳正等一百五十一人，
制曰：『自昔君天下之道，莫要於內治之政修，外攘之功舉。斯二者，聖人所
以躋斯世於雍熙泰和之域也。夫修內治之政，必先於爵賞刑罰，而舉外攘之

功，必本於選將練兵。且爵所以待有功，必待有功而後爵，則天下有遺善。刑所以待有罪，必待有罪而後刑，則天下有遺惡。古先聖王，無遺善，無遺惡，必有不待有功而爵、有罪而刑者矣，其事安在？茲欲人皆遷於善，不待爵賞而自勸，皆遠於罪，不待刑罰而自懲，其道何由？凡兵之所統者將，將之所用者卒，卒之所仰者食，而戰則資於馬。日將曰卒曰食曰馬，四者外攘所不可闕一也。昔之君子以謂，將其卒，則選其卒之良，戍其地，則用其地之人，戰其野，則食其野之粟，守其國，則乘其國之馬，庶幾可以百戰無殆。不然，則一郡用兵，而取給百郡，非善策也。夫眾至千萬，必有一傑，然智愚混淆，同類忌蔽，何以能知其傑，而拔置軍旅之上歟？一方之人，有戍有農，然戍非土著，農不知武，何以能作其勇，而驅列御衛之間歟？田有肥瘠，歲有豐歉，何以能致其粒，而積貯倉廩歟？土地氣候，產牧各殊，何以能致其息，而充溢邊鄙歟？朕祗承祖宗大統，惓惓以經國子民為心，而於安內攘外，尤加意焉。子諸生學古通今而來，必深於其道矣，其具以對，無騁浮誇，務陳切實，朕將采而用之。』」「壬寅，上親閱舉人所對策，賜彭時等一百五十一人進士及第、出身有差。」「癸卯，賜進士彭時等宴於禮部，命太師英國公張輔待宴。」「甲辰，賜狀元彭時朝服冠帶，諸進士鈔人五錠。」「乙巳，狀元彭時率諸進士上表謝恩。」「癸丑，擢第一甲進士彭時為翰林院修撰，陳鑑、岳正俱為編修。」據《正統十三年進士登科錄·玉音》：「正統十三年二月十三日早，禮部尚書臣胡濙等官於奉天門奏為科舉事。會試天下舉人，選中一百五十名，本年三月十五日殿試，合請讀卷及執事等官吏部尚書王直等四十三員。其進士出身等第，恭依太祖高皇帝欽定資格。第一甲例取三名，第一名從六品，第二第三名正七品，賜進士及第。第二甲從七品，賜進士出身。第三甲正八品，賜同進士出身。奉聖旨：是。欽此。」「讀卷官：資政大夫吏部尚書王直，甲申進士；資德大夫正治上卿戶部尚書王佐，辛卯貢士；資善大夫兵部尚書鄺埜，辛卯進士；資政大夫刑部尚書金濂，戊戌進士；資政大夫都察院右都御史陳鎰，壬辰進士；嘉議大夫吏部左侍郎兼翰林院學士曹鼐，癸丑進士；嘉議大夫掌光祿寺事戶部左侍郎奈亨，生員；嘉議大夫戶部右侍郎兼翰林院學士陳循，乙未進士；嘉議大夫兵部右侍郎兼翰林院侍讀學士苗衷，辛卯進士；通議大夫通政使司通政使李錫，戊子貢士；嘉議大夫大理寺卿俞士充，乙未進士；中議大夫太常寺少卿兼翰林院侍書程南雲，儒士；中憲大夫太常寺少卿黃養正，監生。提調官：資德大夫正治上卿禮部尚

書胡淡，庚辰進士；正議大夫資治尹禮部左侍郎兼翰林院侍講學士王英，甲申進士。監試官：儒林郎河南道監察御史萬節，辛丑進士；文林郎浙江道監察御史吳昌衍，辛丑進士。受卷官：翰林院侍讀江淵，庚戌進士；翰林院修撰王振，庚戌進士；禮科都給事中章瑾，丙辰進士；吏科掌科事給事中孟鑑，癸丑進士。彌封官：鴻臚寺左寺丞胡恭，丁酉貢士；翰林院修撰王玉，庚戌進士；戶科都給事中李素，庚戌進士；兵科掌科事給事中唐世良，癸丑進士。掌卷官：翰林院修撰劉儼，壬戌進士；翰林院修撰商輅，乙丑進士；工科右給事中李震，丙辰進士；刑科掌科事給事中劉孚，己未進士。巡綽官：昭勇將軍錦衣衛指揮使徐恭；懷遠將軍錦衣衛指揮同知王山；明威將軍錦衣衛指揮僉事劉勉；明威將軍錦衣衛指揮僉事王虹；懷遠將軍金吾前衛指揮同知翟珍；明威將軍金吾後衛指揮僉事李儀。印卷官：奉議大夫禮部儀制清吏司郎中潘諒，丙午貢士；承德郎禮部儀制清吏司主事八通，應天府學生；禮部儀制清吏司主事李和，乙丑進士。供給官：奉議大夫光祿寺少卿齊整，庚戌進士；奉政大夫禮部精膳清吏司郎中王士華，乙未進士；奉訓大夫禮部精膳清吏司員外郎曾序，丁未進士；承直郎禮部精膳清吏司主事楊瑛，己未進士；禮部精膳清吏司主事何瞻，監生。」據《正統十三年進士登科錄·恩榮次第》：「正統十三年三月十五日早，諸貢士赴內府殿試，上御奉天殿親賜策問。三月十七日早，文武百官朝服侍班，是日，錦衣衛設鹵簿於丹陛丹墀內，上御奉天殿，鴻臚寺官傳制唱名，禮部官捧黃榜，鼓樂導引出長安左門外，張掛畢，順天府官用傘蓋、儀從送狀元歸第。（下缺）」《殿閣詞林記》卷十《教書》：「洪武中宋濂，永樂初解縉，皆常領庶吉士，特與之講究爾，未嘗抗顏爲師也。宣宗時，親教庶吉士，考其文藝，與永樂時同。至正統戊辰，乃顓命詹事兼侍講學士劉鉉、祭酒王詢教書，自後以爲例。」李調元《制義科瑣記》卷一《儒釋道三鼎甲》：「正統十三年，賜彭時、陳鑑、岳正進士及第，時稱爲儒、釋、道。時，儒；鑑，神樂觀道士，四十尙未娶；正，早喪父，嫡母不容，避居興隆寺從僧，故云。是科，齒最少者，河南李泰，父永昌，見爲太監。」沈德符《萬曆野獲編》卷十《科場·廷試》：「正統戊辰科會榜後，即喧傳謠云：『莫問知不知，狀元是彭時。』及廷試，彭文憲果爲龍首，不三年而入內閣。天順癸未科，以御史焦顯監試，而火焚科場，說者以御史之姓應之，詔改是年秋會試。次年甲申廷試，於是時人爲之語曰：『科場燒，狀元焦。』比傳臚，則彭教爲龍首，其謠竟不驗。惟庶吉中有焦芳一人，後至大

學士、少師，豈此人應之耶？今上癸未，閱進呈卷中，有吾鄉朱少宰，與國姓既同，且名亦似佳讖，因拔為首。聞乙未科，金陵之朱亦然。總之君父造命，特偶應之耳。嘉靖末年及今上近科，以大力得路者，改佳名以應廷對，自謂芥拾黿甲，竟不如所願，撲地亦付之浩歎而已。宋時焦蹈登狀元，是年棘闈亦被災，時人云：『不因科場燒，那得狀元焦？』癸未之謠蓋祖此。」

據《正統十三年進士登科錄》，第一甲三名，賜進士及第。履歷如下：

彭時，貫江西吉安府安福縣，民籍。國子生。治《春秋》。字純道，行六，年三十三，六月十六日生。曾祖古清。祖務威，贈翰林編修。父毓義。母王氏，繼母余氏。重慶下。叔琉，廣東按察司僉事。兄暵。弟復。娶李氏。江西鄉試第三十七名，會試第三名。

陳鑑，貫蓋州衛，軍籍，直隸蘇州府長洲縣人。國子生。治《書經》。字緝熙，行一，年三十四，十月初三日生。曾祖彥名。祖子騏。父德潤。母沈氏。慈侍下。弟鍾。聘錢氏。順天府鄉試第二名，會試第十八名。

岳正，貫順天府通州漷縣，軍官籍。國子生。治《書經》。字季方，行三，年三十一，十月初九日生。曾祖德甫。祖思銘。父興，府軍前衛指揮同知。嫡母王氏，生母陳氏。慈侍下。兄端；祥，府軍前衛正千戶。從弟海。娶宋氏。順天府鄉試第六十五名，會試第一名。

據《正統十三年進士登科錄》，第二甲五十名，賜進士出身。第三甲九十七名，賜同進士出身。

岳正為本科會元。《欽定四書文》化治文卷四錄其闈墨《中庸》「今夫天」一節題文。

文謂：「《中庸》舉天地生物之盛，所以明至誠無息之功用也。夫天地之道，一誠而已矣。生物之功，寧不各極其盛哉！《中庸》舉之，以明無息之功用至此。若曰：論聖人固全乎天道，觀天地則見乎聖人。何言乎？今夫天，以其一處而言，則昭昭之多天也，天其止於是乎？及其無窮，而日月星辰之懸象於上，萬物之覆幬於下，天之生物，一何其盛耶！今夫地，以其一處而言，則撮土之多地也，地其止於是乎？及其廣厚，而華岳河海容之不見其不足，萬物載之惟見其有餘，地之生物，一何其盛耶！語天地間之磅礴而不可窮者，莫山若也。今夫山，不過卷石之多耳，而豈足以盡夫山哉！及其廣大，則草木生於斯，禽獸居於斯，寶藏興於斯，山之生物之盛，孰非天地生物之

盛乎？語天地間之浩渺而不可極者，莫水若也。今夫水，不過一勺之多耳，而豈足以盡夫水哉！及其不測，則黿鼉蛟龍生於斯，魚鼈生於斯，貨財殖於斯，水之生物之盛，孰非天地生物之盛乎？是則天地功用之盛至於此。至誠無息之功用，所以配天地而無窮也，又何疑乎？」評謂：「文簡而理足，體方而意圓。四比中已開後人無限變化參差之妙，不得以其平易置之。」

　　王恕為本科三甲三十名進士。《欽定四書文》化治文卷三錄其《論語》「鄉人皆好之」一節題文。

　　　文謂：「以好惡觀人者，稽諸好惡之人可也。夫好非善人，惡非不善人，其好惡本無足憑，而可取必於一鄉哉？嘗謂鄉人有好惡，亦有善惡，故取人者不當以好惡之善惡為善惡，而當以善惡之好惡為好惡也。乃子貢以鄉人皆好為問，是求觀於眾好也，而不知以眾好觀人，將為群譽之所欺矣，未可也；子貢又以鄉人皆惡為問，是求觀於眾惡也，而不知以眾惡信人，將為群毀之所激矣，未可也。夫鄉人皆好，固未可以觀人矣，求其好之可以觀人者，其莫如鄉人之善者乎？鄉人皆惡，固未可以觀人矣，求其惡之可以觀人者，其莫如鄉人之不善者乎？蓋善者好之，則正大之情既以素孚於君子；而惡者惡之，則孤介之行又不苟同於小人。自好人、惡人者而言，好者好其人之所當好也，惡者惡其人之所當惡也，一好一惡分，而可否自見；自見好、見惡者而言，則以己之所當好而見好於善人也，以己之所不必惡而見惡於不善人也，一好一惡交，而人品始彰。吾是以謂取人於鄉人之皆好，不如取人於善人之好也；吾是以謂取人於鄉人之皆惡，不如取人於不善人之惡也。觀人者其準諸此哉？」評謂：「用筆甚辣，構局甚緊，排奡淩厲，乃歸自然。不圖化治以前遂已有此。」

明代宗景泰元年庚午（西元 1450 年）

八　月

兩京及河南、山東、陝西、山西、浙江、湖廣、江西、福建、廣東、廣西、四川、雲南等十二布政司鄉試；貴州士子附雲南鄉試。（據《皇明貢舉考》卷四）

楊守陳為浙江鄉試解元。

查繼佐《罪惟錄》志卷十八《科舉志》「科舉盛事・兄弟解元三氏」:「鄞
縣楊守陳,景泰庚午,弟守阯,成化乙酉。巴縣劉春,成化癸卯,弟召,弘
治壬子。南陽王鴻儒,成化癸卯,弟鴻漸,弘治丙子。」

本　年

李東陽四歲,入京見帝。

法式善、唐仲冕《明李文正公年譜》引凌迪知《名世類苑》:「文正四歲
能作大書。順天府以神童薦。入內庭,過門限,太監云『神童腳短』,即高應
云『天子門高』。召見文華殿,命給紙筆,書麟鳳龜龍十餘字。上甚喜,抱置
膝上。」賜珍果及寶鏹。六歲、八歲復兩召試講《尚書》。命隸京庠。」《明
史・李東陽傳》:「四歲能作徑尺書,景帝召試之,甚喜,抱置膝上,賜果鈔。
後兩召講《尚書》大義,稱旨,命入京學。」

明代宗景泰二年辛未（西元 1451 年）

二　月

李侃奏請分南、北取士,不從。命戶部右侍郎兼翰林院學士江淵、翰
林院修撰林文為會試考官,取中吳匯等二百人。

《明英宗實錄》卷二百一:景泰二年二月,「癸酉,戶科給事中李侃等奏:
『今年會試,禮部奏准取士不分南北。臣等切惟,江北之人,文詞質實,江
南之人,文詞豐贍,故試官取南人恒多,北人恒少。洪武三十年,太祖高皇
帝怒所取之偏,選北人韓克忠等六十一人,賜進士及第、出身有差。洪熙元
年,仁宗皇帝又命大臣楊士奇等定議,取士之額,南人什六,北人什四。今
禮部妄奏變更,意欲專以文詞多取南人。乞敕多官會議,今後取士之額,雖
不可拘,而南、北之分,則不可改。』刑部侍郎羅綺亦以為言。事下禮部議,
以為頃者詔書,科舉自景泰元年為始,一遵永樂年間例行。本部查得永樂二
十年間,凡八開科,所取進士,皆不分南北。已經奏允。今侃稱禮部變更,
意在專以文詞多取南人。夫鄉舉里選之法不可行矣,取士若不以文,考官將

何所據？且北方中土，人才所生，以古言之，大聖如周公孔子，大賢如顏曾思孟，皆非南人。以今言之，如靖遠伯王驥、左都御史王翱、王文，皆永樂間不分南北所取進士，今豈可預謂北無其人。況本部止遵詔書，所奏即不曾奏請多取南人，少取北人，今各官所言如是，乞敕翰林院定議。命遵詔書行，侃等所言不允。」「命戶部侍郎兼翰林院學士江淵、修撰林文爲會試考官，賜宴於禮部。」「丁酉，禮部引會試中式舉人吳匯等二百人陛見。」「己亥，禮部奏：三月初一日殿試天下舉人，合請執事官，詔命太子太保兼吏部尚書王直、太子太保兼戶部尚書金濂、少保兼兵部尚書于謙、戶部尚書兼翰林院學士陳循、刑部尚書俞士悅、工部尚書兼大理寺卿石璞、工部尚書兼翰林院學士高穀、都察院左都御史王文、楊善、通政司通政使李錫、大理寺卿蕭維禎、翰林院學士商輅爲讀卷官。」《殿閣詞林記》卷十四《會試》：「景泰二年，戶部右侍郎兼學士江淵、修撰林文爲考試官，取吳匯等二百一人。同考試官有侍講劉儼，秩視修撰爲高，蓋科第後於文故也。五年，兵部左侍郎、翰林院學士兼左春坊大學士商輅，司經局洗馬兼修撰李紹爲考試官，取彭華等三百五十人。」沈德符《萬曆野獲編》卷十四《科場・考官序次》：「景泰二年會試，吏部左侍郎江淵、修撰林文爲考官。二人俱庚戌進士，林爲一甲第三人，江則庶常也。林滯史官二十二年矣。知貢舉禮部尚書楊寧亦其同年，三人者官爵高卑夐絕，而同事南宮，已爲可異。至房考，則侍講劉儼官反尊於副主考，而修撰、編修二人次之，南京刑部主事錢溥、廣東左參政羅崇本又次之，其末則教授、學正、訓導各一人，凡分考八人。始中二百名，較前朝加多矣。景泰五年會試，分考始無外官。其領房爲翰林院侍講兼左春坊左中允楊鼎，而詹事府丞李齡以己酉貢士次之，左中允兼修撰柯潛又次之，可見本朝官制重詞林而抑坊局，且侍講、中允俱正六品，而相兼如此。天順初元，岳正以修撰入閣，亦兼贊善，則俱從六品相兼。至今上己卯，用中允高啓愚主應天試，而侍讀羅萬化副之。後來以舜、禹命題，爲言官論列，高坐削奪。弇州公謂：故事，修史、主考，皆講讀先而中允後，此舉乃出政府意，而不知講讀之得兼中允也。然則不但弇州未熟典故，即江陵公當軸，亦不諳本衙門舊典矣。是年會試，對讀官有仙居知縣張翔，名下書文學才行出身，取中三百五十名，如永樂十三年之制。又正統十三年，弇州云是科廷試，右都御史掌鴻臚寺楊善以守城讀卷，然是年登科錄並無楊姓名。至景泰二年、景泰五年二科，始爲讀卷官耳。且正統戊辰科尚以亞卿掌鴻臚，至景帝監國始陞右都

也。弇州博洽第一，而偶訛乃爾。」李調元《制義科瑣記》卷一《考官不敘爵》：「永樂中，各省鄉試，多有儒士主考而品官同考者。景泰二年會試，莆田林文，修撰也，而爲主考。吉水劉儼，侍講也，而爲同考。當日重在衡文，故不敘爵。」據《皇明貢舉考》卷四，本年應會試者二千二百有奇。

三 月

柯潛（1423～1473）、劉昇、王㒜（1424～1495）等二百零一人進士及第、出身有差。改吳匯、周興等二十五人爲翰林院庶吉士。

《明英宗實錄》卷二百二：景泰二年三月，「壬寅，帝親閱舉人所對策，賜柯潛等二百一人及第、出身有差。」「癸卯，宴進士於禮部，命太保寧陽侯陳懋待宴。」「甲辰，賜狀元柯潛朝服冠帶，諸進士鈔各五錠。」「乙巳，狀元柯潛率進士上表謝恩。」「乙卯，擢第一甲進士柯潛爲翰林院修撰，劉昇、王㒜爲編修。改進士吳匯、周興、戚瀾、張永、呂晟、王獻、劉宣、俞欽、相傑、楊守陳、童緣、張業、樊冕、林孔滋、張瑄、金文、鍾清、田斌、章表、楊昶、張瑄、彭信、劉泰、江朝宗、周清爲庶吉士，俱於東閣讀書。先是，巡按御史涂謙奏：永樂初嘗取進士曾棨等二十八人爲庶吉士，儲養教育，自後相繼蔚爲名臣。乞將今科進士中，選其材質英敏文詞優贍者，俾進學中秘，仍命文學大臣提調勸課，成其才器，以待任用。事下禮部議，太子太傅兼尚書胡濙、尚書兼學士陳循等僉言，宜從所請，遂詔循等即進士中選得匯等二十五人，同潛等三人，合二十八人以聞，俱命於東閣讀書，給紙筆飲饌膏燭第宅，悉如永樂初例。」「會試不中式舉人，多自陳願就教職，給事中金達言：『教職取之舉人，勝於儒士舉薦者遠甚。』禮部遂請，凡舉人不中式，願就教職，與副榜年過三十者，悉送吏部除授。翰林院學士陳循言：副榜與不中式者一概取用，非惟科目徒設，抑且能否混並，非惟人情不甘，抑且乖於舊制。於是命不中式舉人及監生願就教職者，試而授之。」《殿閣詞林記》卷十四《殿試》：「《會典》云：凡殿試讀卷官，內閣於大學士、學士等官內具名，從該部奏請，至日與各衙門該讀卷官詳定試卷。次日同赴文華殿，內閣官將第一甲二卷以次進讀，俟御筆批定出，將二甲三甲姓名填寫黃榜。又次日早同赴華蓋殿，內閣官進至御座前，以次拆卷，將姓名籍貫面奏，司禮監官授制敕房官填榜畢，開寫傳臚小帖子，內閣官一員捧榜出，至奉天殿授禮部尚書，制敕房官將帖子授鴻臚寺官傳臚。其受卷、彌封、掌卷官從內閣於

本院及春坊等官並敕房官內推選，與各衙門官相兼職事。本院坊局始不過五人，後增至七人，遂爲例。案：讀卷官國初用祭酒、修撰等官，正統中猶預，其後非執政大臣不得與，而其去取之柄則在內閣。殿試之明日，大學士擇其中優者二卷圈點以朱，明早持詣文華殿讀之，御筆親標其名第，又明日即傳臚矣。蓋讀卷止在一日，咸病其太亟，不能遍觀，故本院、坊局之執事者始得試卷時，預鑒別其高下爲差等以付讀卷官，內閣乃易於裁定。葉盛曰：『景泰二年，爲殿試彌封官，最知讀卷事。第一甲蓋閣老預屬意於受卷官，已得之，餘皆分送讀卷諸大臣，且率以三分，上一等，次二等，各置一所。少頃，閣老收上一等則判二甲，次二等則判三甲也。將午，二人者持一甲卷詣文華進讀，午後塡黃榜，明早榜出矣。蓋辰、巳二時，榜中人次已定。若日須一一品量高下次第，固有所不能也。』據《景泰二年進士登科錄·玉音》：「景泰二年二月十七日早，太子太傅兼禮部尚書臣胡淡等官於奉天門奏爲科舉事。會試天下舉人，取中二百一名。本年三月初一日殿試，合請讀卷及執事等官太子太保兼吏部尚書王直等四十三員。其進士出身等第，恭依太祖高皇帝欽定資格。第一甲例取三名，第一名從六品，第二第三名正七品，賜進士及第。第二甲從七品，賜進士出身。第三甲正八品，賜同進士出身。奉聖旨：是。欽此。」「讀卷官：榮祿大夫太子太保兼吏部尚書王直，甲申進士；榮祿大夫太子太保兼戶部尚書金濂，戊戌進士；榮祿大夫少保兼兵部尚書于謙，辛丑進士；資善大夫戶部尚書兼翰林院學士陳循，乙未進士；資善大夫刑部尚書俞士悅，乙未進士；資善大夫工部尚書兼大理寺卿石璞，辛卯貢士；資善大夫工部尚書兼翰林院學士高穀，乙未進士；資德大夫正治上卿都察院左都御史王文，辛丑進士；資善大夫都察院左都御史楊善，生員；正議大夫資治尹通政使司通政使李錫，戊子貢士；嘉議大夫大理寺卿蕭維禎，庚戌進士；翰林院學士奉議大夫商輅，乙丑進士。提調官：榮祿大夫太子太傅兼禮部尚書胡淡，庚辰進士；資善大夫禮部尚書楊寧，庚戌進士；通議大夫禮部左侍郎儲懋，辛丑進士。監試官：文林郎福建道監察御史邵進，壬戌進士；文林郎廣東道監察御史陳叔紹，乙丑進士。受卷官：翰林院侍講承德郎徐珵，癸丑進士；翰林院侍講承德郎趙恢，癸丑進士；吏科都給事中張讓，乙丑進士；禮科都給事中金達，儒士。彌封官：亞中大夫光祿寺卿齊整，庚戌進士；亞中大夫太僕夏衡，生員；奉訓大夫鴻臚寺少卿胡恭，丁酉貢士；戶科都給事中馬顯，壬戌進士；兵科都給事中葉盛，乙丑進士。掌卷官：翰林院侍講周

旋，丙辰進士；翰林院侍講呂原，壬戌進士；刑科都給事中林聰，己未進士；工科都給事中張文質，壬戌進士。巡綽官：明威將軍錦衣衛指揮僉事畢旺；明威將軍錦衣衛指揮僉事劉敬；明威將軍錦衣衛指揮僉事宗鐸；明威將軍錦衣衛指揮僉事盧忠；明威將軍金吾前衛指揮僉事呂敬；明威將軍金吾後衛指揮僉事高銘。印卷官：禮部儀制清吏司員外郎孟釗，丙辰進士；禮部儀制清吏司主事李和，乙丑進士。供給官：奉議大夫光祿寺少卿蔚能；光祿寺少卿陳誠，監生；禮部精膳清吏司署郎中事司務周濂，儒士；奉直大夫禮部精膳清吏司員外郎曾序，丁未進士；承德郎禮部精膳清吏司主事胡誠，戊午貢士。」據《景泰二年進士登科錄·恩榮次第》：「景泰二年三月初一日早，諸貢士赴內府殿試，上御奉天殿親賜策問。三月初三日早，文武百官朝服侍班，是日錦衣衛設鹵簿於丹陛丹墀內，上御奉天殿，鴻臚寺官傳制唱名，禮部官捧黃榜，鼓樂導引出長安左門外，張掛畢，順天府官用傘蓋儀從送狀元歸第。三月初四日，賜宴於禮部。宴畢，赴鴻臚寺習儀。三月初五日，賜狀元朝服冠帶及進士寶鈔。三月初六日，狀元率進士上表謝恩。三月初七日，狀元率進士詣先師孔子廟行釋菜禮，禮部奏請命工部於國子監立石題名。」《弇山堂別集》卷八十一：「是年讀卷，工部尚書學士高穀以內閣列本部尚書石璞後，閣體猶未重也。」「是歲知貢舉官胡濚、楊寧二尚書，同考侍講劉儼秩尊於林文。又有廣東參政羅崇本，教授訓導各一。廷試，王越卷為風飛去，上後給卷，足成之。或云墮於朝鮮，次歲送還，上喜，擢越御史。」楊循吉《篷軒筆記》：「皇朝文臣得拜極品爵者不數人，威寧伯王公其一也。公當廷試日，稿甫就，忽旋風起掀下，騰公卷於雲霄中。廷臣與同試者咸仰視，彌久彌高，至於不能見乃已。中官以聞，詔許別楮謄進。後公由中執法大司馬以進於伯爵，書之以誌異云。」李調元《制義科瑣記》卷二《風揚卷》：「景泰二年辛未，王越方殿試，時旋風掣其卷揚去。御史為言，乃重給卷，使畢試。逾年，朝鮮貢使至，攜所揚卷以進。景帝見越姓名，異之，謂吏部曰：『識之，此當任風憲。』因授御史。」

據《景泰二年進士登科錄》，第一甲三名，賜進士及第。履歷如下：

柯潛，貫福建興化府莆田縣，軍籍。國子生。治《詩經》。字孟時，行四，年二十九，十二月初六日生。曾祖均實。祖德平。父原樸。母戴氏。重慶下。弟江、淦、深、混、溫。娶戴氏。福建鄉試第三十一名，會試第十二名。

劉昇，貫江西吉安府永新縣，民籍。國子生。治《易經》。字幼顯，行三，

年三十三，十二月初二日生。曾祖子衡。祖仲恂。父榮本。母夏氏。具慶下。兄冕、晟。弟昱。娶蕭氏。江西鄉試第二十五名，會試第二名。

王儇，貫直隸常州府武進縣，官籍。縣學增廣生。治《禮記》。字廷貴，行二，年二十八，七月初四日生。曾祖德甫。祖友諒，延平府同知。父守正，兵部主事致仕。前母吳氏，贈安人；母朱氏，封安人。具慶下。兄俊。從兄傑，儀眞衛副千戶；倫；侃；偉；儒。從弟伸、佩。娶吳氏。應天府鄉試第十二名，會試第十五名。

據《景泰二年進士登科錄》，第二甲七十五名，賜進士出身。第三甲一百二十三名，賜同進士出身。

楊守陳（1425～1489）中第二甲五十四名進士。選翰林院庶吉士。

《遊藝塾文規》卷一《科第全憑陰德》：「鄞人楊自懲，初爲縣吏，存心仁厚，守法公平。時縣宰嚴肅，偶撻一囚，流血滿前，而怒猶未息。楊跪而寬解之，宰曰：『怎奈此人越法悖理，不由人不怒。』自懲扣首曰：『上失其道，民散久矣，如得其情，哀矜勿喜，喜且不可，而況怒乎？』宰爲之霽顏。家甚貧，饋遺一無所取，遇囚人乏食，多方以濟之。一日，有新囚數人待哺，家又缺米，給囚則家人無食，自顧則囚又乏糧，與其婦商之，婦曰：『囚從何來？』曰：『自杭而來，沿途忍饑，菜色可掬。』因撤己之米，煮粥以食囚。後生二子，長曰守陳，次曰守阯，爲南北吏部侍郎，長孫爲刑部侍郎，次孫爲四川廉憲，又俱爲名臣。今楚亭德政，亦其裔也。」

明代宗景泰三年壬申（西元 1452 年）

本　年

令凡科舉，布、按二司會同巡按御史，推舉見任教官，年五十以下、三十以上、平日精通文學、持身廉謹者，聘充鄉試考官。於是教官主鄉試，遂爲定例。（據萬曆《大明會典》卷七十七《禮部》三十五《貢舉·科舉·鄉試》）

《明史·選舉志》：「初制，兩京鄉試，主考皆用翰林，而各省考官，先期於儒官、儒士內聘明經公正者爲之，故有不在朝列累秉文衡者。景泰三年，

令布、按二司會同巡按御史，推舉見任教官，年五十以下、三十以上、文學廉謹者，聘充考官。於是教官主試，遂爲定例。其後有司徇私，聘取或非其人，監臨官又往往侵奪其職掌。成化十五年，御史許進請各省俱視兩京例，特命翰林主考。帝諭禮部嚴飭私弊，而不從其請。屢戒外簾官毋奪主考權，考官不當，則舉主連坐。又令提學考定教官等第，以備聘取。然相沿既久，積習難移。弘治十四年，掌國子監謝鐸言：『考官皆御史、方面所辟召，職分既卑，聽其指使，以外簾官預定去取，名爲防閑，實則關節，而科舉之法壞矣。乞敕兩京大臣，各舉部屬等官素有文望者，每省差二員主考，庶幾前弊可革。』時未能從。嘉靖七年用兵部侍郎張璁言，各省主試皆遣京官或進士，每省二人馳往。初，兩京房考亦皆取教職，至是命各加科部官一員，閱兩科，兩京房考復罷科部勿遣，而各省主考亦不遣京官。至萬曆十一年，詔定科場事宜。部議復舉張璁之說，言：『彼時因主考與監臨官禮節小嫌，故行止二科而罷，今宜仍遣廷臣。』由是浙江、江西、福建、湖廣皆用編修、檢討，他省用科部官，而同考亦多用甲科，教職僅取一二而已。蓋自嘉靖二十五年從給事中萬虞愷言，各省鄉試精聘教官，不足則聘外省推官、知縣以益之。四十三年又從南京御史奏，兩京同考用京官進士，《易》、《詩》、《書》各二人，《春秋》、《禮記》各一人，其餘乃參用教官。萬曆四年復議兩京同考、教官衰老者遣回，北京取足於觀政進士、候補甲科，南京於附近知縣、推官取用。至是教官益絀。」

明代宗景泰四年癸酉（西元 1453 年）

四　月

始令生員納粟爲國子生。或云始於景泰元年。

　　黃佐《南雍志》卷十五《儲養考》：「宣德中，始令年四十五歲生員入監，謂之例貢，然行之不久。景泰以來爲因邊方多事，始開納粟上馬補監生事例，自是太學始有不由科貢而進者，前代所未有也，然是時不過千餘人或八九百人而止。吏部尚書王直、禮部尚書姚夔前後奏革。成化二十年，山西、陝西大饑，民至相食，大臣以救荒無善政，不得已又開納粟入監事例，自本年十月起至二十二年五月止，兩監乃至六、七千人，比之往時多至數倍。禮部題

准納粟依親者，與科貢相兼行取。掌北監禮部右侍郎丘濬乃奏言：『先年歲貢監生坐班十年以上方得撥出，其寫本清黃等雜歷亦須七、八年，其餘納粟等項，限定坐監十年方許撥歷，後雖不盡滿十年之數，亦須七、八年以上方撥。彼時歷事三月考勤謹，後仍留各衙門辦事，吏部監選，方行取用。近年始定歷事監生以十月爲滿，附選放回原籍，挨次取用，因是吏部聽選者積至萬數。在監如無虛曠者，三、四年間，便得正歷，二年以上便得雜歷，然在監之日雖淺，而在學循資之日已多。惟此納粟入監者在學日淺，未能成材，今又不次入監，其中固有食糧年深、屢經科試者，亦有習經書、粗通文理者，然幼稚未經啓發，蠢愚不識字義者亦多有之。今若一概混與在班，科貢監生無別，入監即放依親，行取復監一年半年即撥出監，俾其需選，回家坐待歲月出身，無人督責，必不肯嚮學，非獨國家異日不得其用，亦將誤其平生，終身爲不學無用之人矣。今若於入監復班之初，而預爲區別教養之計，其中固多聰俊之士，年富而力強，家富而用給足，以積學成材，異時朝廷未必不賴其用；夫然則始也以權宜而資其財，既得以活夫一時饑饉之民，終也以教養而成其器，又得以備夫數世任使之用，兩得之矣。且生員有三等，曰廩膳，曰增廣，曰附學，其年歲有長幼，入學有深淺，納粟有多寡，若一概混同無別，則彼抱不平且有後言。然納粟多寡有數可查，惟年歲長幼、入學淺深所具開撥者，難以憑，宜令禮部行兩直隸十三布政司提學官，查勘各生年歲、食糧、年月，即據見在供報案卷，造冊送部發監，以憑查考。原係廩膳者，年三十以上，在學食糧十年者，坐堂支饌一年，即與見在坐堂科貢監生一體循次撥歷出身；年三十以下，食糧六年以上者，二年半或三年方許撥歷；食糧五年以下者，三年半方許撥歷；增廣必須實在坐堂支饌四年方許撥歷；附學必須五年或四年半方許撥歷，其中有事故者，前後通算輳數撥出。近年有不許納粟納馬生員考教官之例，請通行提學官查勘。依親者不分廩膳、增廣、附學，年三十上下，曾經科舉，有願就教職者，許起送赴部發本監考試，果能行文可以進修者，方留坐班支饌，月課季考，待一年以上，遇吏部教官有缺，行文禮部起取，將所作課試文字，連人送部再考，如果與平日所作相同，方許類赴內府考試，不中者仍送復監待試。其坐班者分爲三等：以習經能行文應舉者爲一等；方習舉業者爲一等；初學破題習倣書者爲一等，各以類相從。各堂教官因材施教，每日三次坐堂，背書寫倣作課，分講《五經》《四書》，周而復始。專委司業提督考課，若勤教生徒有成效中式者，考滿書爲功迹，中有怠

教者，指名奏請戒飭。』於是禮部議，以就教職例，不可行，餘宜如議。敬皇帝從之。然終弘治之世，此途竟塞。正德四年，爲預備邊儲，令納銀生員年二十五以上，發監肄業，二十五以下送監寄名，放回依親，扣年二十五歲以上起送復班。十三年，爲營建宮室或總理賑濟，或防禦虜寇，或爲傳奉事，或重大災傷，急切民患，早爲計處，以保安地方事，於是納銀之途益廣矣。十六年四月，詔止之。近年復開，青衣及俊秀子弟，皆得入監，皆一時權宜之例也。」《明鑑綱目》卷三：「綱：夏四月，始令生員納粟入國子監。目：先是，元年六月，命生員納糧倒馬關者，給冠帶。至是，命輸粟八百石於臨清、東昌、徐州，賑濟者，入監讀書，循資出身。尋減三百石。行未幾，以胡濙言遂罷。（洪武中，監生與薦舉人材參用，故其時太學生最盛。迨薦舉既廢，進士日重，而監生漸輕。至是，納粟例開，開封教授黃鑒，首言其不可，戶部請俟倉庫稍實停之，於是不久即止。然其後或遇害歲荒，或因邊警，或大興工作，率據前例行之。而軍民子弟，以得援生員之例以入監，謂之民生，亦謂之俊秀，或竟謂之例監，而監生日益輕矣。）」

八　月

兩京及河南、山東、陝西、山西、浙江、湖廣、江西、福建、廣東、廣西、四川、雲南等十二布政司鄉試；貴州士子附雲南鄉試。（據《皇明貢舉考》卷四）

九　月

令科舉、歲貢仍依正統間額。會試同考官，翰林、春坊專其事；京官由科第有學行者兼取以充；教官不得充會試考官。

《明英宗實錄》卷二百三十三：景泰四年九月，「乙丑，復定科舉歲貢額。先是工科給事中徐廷章言：『科舉歲貢，宜準宣德、正統中例。』禮部言：其所論切時弊，取旨施行。郎中章綸又言：『元年詔書云，不許更改。今未四年，遽行廢閣，殊失朝廷之體。』於是復命禮部斟酌以行。尚書胡濙等，請科舉以正統中所定額爲準。如文字合格者多，量增入之，亦不得過二十名。其歲貢自景泰六年以後，宜如正統中所定例。從之。」「乙亥，初，禮部會試，其主試官二人出上命，同考試官從禮部推選，翰林院官、京官、教官皆得爲之。

至是，禮部尙書胡濙言，翰林及春坊以文藝爲職業，宜專其事。京官由科第有學行者，宜兼取以充。教官不許充。請著爲令。從之。」章綸《章恭毅公集》卷十二《中興時政疏》：「（景泰四年九月）切惟詔書一款，科舉、歲貢，自景泰元年爲始，一依永樂年間例行，不許更改者，誠以科舉、歲貢，乃取士用人之淵藪，立賢無方之正途，貴在精選得人，非可以額限制。……國朝洪武、永樂年間，鄉試、會試俱不限名，亦未嘗濫取，而得人最多。宣德年間，始以科舉之濫，額定名數，固爲精選而得人矣。然所得之士，未必有過於洪武、永樂年間所得之士也。至於太學養士，……國朝洪武、永樂年間，天下歲貢生徒，盡數充養，不下數千餘人，未嘗有放回依親之例。至宣德年間，又以歲貢之濫，減定限制。即今天下混一，人才眾多，中外仕籍，足以充用，不患舉人之多也。南北兩監，足以教養，不患監生之眾也。若以多取舉人爲濫而定爲解額，豈若納粟補官之濫乎？況以文取士，出乎公論，未必至於濫也。若以多養監生爲眾而放回依親，豈若僧徒蠶食之眾乎？況養賢用士，其以澤民，雖多不爲害也。……望今後科舉取士，務要監臨、提調、考試之官，一出乎至公精選。不必限名，但以文章純雅，三場相稱爲度。其文若不中式，雖不滿額，亦不濫取。及明年會試舉人，乞照洪武十八年、永樂二年事例多取進士，而名在三甲者除授知縣，必能守職。至於歲貢，仍照永樂年間例，候至豐稔之年，悉取入監教養。庶幾遵守乎祖宗之舊制，有合乎天下之公論，不拂乎詔令之旨也。」

明代宗景泰五年甲戌（西元 1454 年）

正　月

去年山西鄉試考官徐霖以批卷失當受罰。命今年會試取人照宣德、正統間例：定額數，分南北中。

　　《明英宗實錄》卷二百三十七：景泰五年春正月，「提督宣府軍務右僉都御史李秉奏二事……。一、山西布政司去年鄉試錄，刊《中庸》義一篇，考試官徐霖批稱：文與人同，理與人異。以若所言，則爲蹈襲雷同之文，而有戾旨背理之失矣。然此篇文不背理，乃霖之不明也。宜治霖罪，追彩幣表裏入官，庶爲方來之戒。俱從之。」「禮部奏：永樂間會試取人，不拘額數，不

分南北中。宣德、正統間，定額數，分南北中。景泰二年，依永樂間例。近者工科給事中徐廷章奏准，依宣德、正統間例。今會試在邇，合請聖裁。帝命照宣德、正統間例。」

二 月

己丑，命兵部左侍郎、翰林院學士兼左春坊大學士商輅、司經局洗馬兼翰林院修撰李紹為禮部會試考官，賜宴於本部。丙午，禮部引會試中式舉人彭華等三百五十人陛見。（據《明英宗實錄》卷二百三十八）

王世貞《鳳洲雜編》卷四：「甲戌考試官商輅，輅，正統乙丑進士，閱三科為正科，已任兵部左侍郎兼翰林院學士、左春坊大學士。同考則侍講兼中允楊鼎、贊善兼檢討錢溥，皆己未也。先一年奏准，會試考官，翰林、春坊專之，其京官由科第有學行者兼取以充，而郡縣教職為同考官絕矣。受卷、彌封、對讀則用州邑正官為之。」

命王直、陳循等為殿試讀卷官。

《館閣漫錄》卷三《景泰五年》：二月，「己酉，少傅兼太子太師、禮部尚書胡濙奏三月初一日殿試天下貢士，合請讀卷及執事官。命少傅兼太子太師、吏部尚書王直，少保兼太子太傅、戶部尚書、文淵閣大學士陳循，少保兼太子太傅、工部尚書、東閣大學士高穀，少保兼太子太傅、兵部尚書于謙，太子太保、吏部尚書兼翰林院學士王文，太子太保、吏部尚書王翱，太子太保兼兵部尚書儀銘、太子太保兼刑部尚書俞士悅、太子太保兼都察院左都御史楊善、太子少師兼戶部右侍郎蕭鎡、戶部右侍郎李賢、工部左侍郎趙榮、都察院左副都御史劉廣衡、通政司通政使欒惲、大理寺卿薛瑄、右春坊大學士兼翰林院侍講劉儼、翰林院侍講學士兼左春坊左中允倪謙為讀卷官，餘執事如例。」據《景泰五年進士登科錄·玉音》：「景泰五年二月二十八日早，太子太傅兼禮部尚書臣胡濙等官於奉天門奏為科舉事。會試天下舉人，取中三百五十名。本年三月初一日殿試，合請讀卷及執事等官少傅兼太子太師兼吏部尚書王直等四十七員。其進士出身等第，恭依太祖高皇帝欽定資格。第一甲例取三名，第一名從六品，第二第三名正七品，賜進士及第。第二甲從七品，賜進士出身。第三甲正八品，賜同進士出身。奉聖旨：是。欽此。」「讀卷官：光祿大夫少傅兼太子太師吏部尚書王直，甲申進士；榮祿大夫少保兼

太子太傅戶部尚書文淵閣大學士陳循，乙未進士；榮祿大夫少保兼太子太傅工部尚書東閣大學士高穀，乙未進士；光祿大夫少保兼太子太傅兵部尚書于謙，辛丑進士；榮祿大夫太子太保吏部尚書兼翰林院學士王文，辛丑進士；榮祿大夫太子太保兼吏部尚書王翱，乙未進士；榮祿大夫太子太保兼兵部尚書儀銘，儒士；榮祿大夫太子太保兼刑部尚書俞士悅，乙未進士；榮祿大夫太子太保兼都察院左都御史楊善，增廣生；資善大夫太子少師兼戶部右侍郎翰林院學士蕭鎡，丁未進士；嘉議大夫戶部右侍郎李賢，癸丑進士；通議大夫工部左侍郎趙榮，秀才；嘉議大夫都察院左副都御史劉廣衡，甲辰進士；嘉議大夫通政使司通政使欒惲，丁酉貢士；嘉議大夫大理寺卿薛瑄，辛丑進士；奉議大夫右春坊大學士兼翰林院侍講劉儼，壬戌進士；翰林院侍講學士奉訓大夫兼左春坊左中允倪謙，己未進士。提調官：光祿大夫少傅兼太子太師禮部尚書胡濙，庚辰進士；通議大夫禮部右侍郎姚夔，壬戌進士。監試官：文林郎山西道監察御史□泰亨，己酉貢士；□□□陝西道監察御史崔瓚，乙丑進士。受卷官：中憲大夫太常寺少卿王謙，監生；承務郎左春坊左贊善兼翰林院編修周洪謨，乙丑進士；禮科都給事中張軾，監生；吏科左給事中李贊，戊辰進士。彌封官：亞中大夫光祿寺卿蔚能；奉訓大夫鴻臚寺少卿張翔，壬子貢士；承務郎左春坊左贊善兼翰林院編修劉俊，乙丑進士；戶科都給事中劉煒，己未進士；兵科都給事中蘇霖，監生。掌卷官：左春坊司直郎兼翰林院編修李泰，戊辰進士；承事郎翰林院編修吳匯，辛未進士；刑科都給事中王鎮，乙丑進士；工科都給事中國盛，戊辰進士。巡綽官：懷遠將軍錦衣衛指揮同知畢旺；懷遠將軍錦衣衛指揮同知曹敬；明威將軍錦衣衛指揮僉事劉敬；明威將軍錦衣衛指揮僉事林福；明威將軍金吾前衛指揮僉事呂敬；昭勇將軍金吾後衛指揮使陳政。印卷官：奉政大夫禮部儀制清吏司郎中章綸，己未進士；禮部儀制清吏司主事俞欽，辛未進士。供給官：奉議大夫光祿寺少卿陳誠，監生；奉議大夫光祿寺少卿李春，戊午貢士；禮部司務何懷，儒士；奉議大夫禮部精膳清吏司郎中周濂，儒士；奉直大夫禮部精膳清吏司員外郎曾序，丁未進士。」

三 月

孫賢（1430～1483）、徐溥（1428～1499）、徐鎋等三百四十九人進士及第、出身有差。改丘濬、耿裕等十八人為翰林院庶吉士。

《明英宗實錄》卷二百三十九：景泰五年三月壬子朔，「帝御奉天殿策會試舉人彭華等三百四十九人，制曰：『朕以眇躬，祗膺天命，纘承祖宗大業，臨御兆民，顧惟負荷之艱，莫究弛張之善，肆虛心於宵旰，冀資弼於忠良，固聖賢樂受盡言，在堯舜惟急先務，何則？天下之本，莫有外於家國兵民，朕欲聞其至計何先？切望何最？君心之發，莫有著於禮樂教化，朕欲聞其損益何宜？隆替何係？制治貴於未亂，其方術何良？保邦貴於未危，其謀謨何遠？以至爲政之寬猛何尚？備邊之籌策何長？人才之賢否何由？刑賞之緩急何可？與凡災祥感召之機何速？夷狄嚮背之故何在？皆朕之所欲聞者也。夫事貴乎師古，不稽諸古，固無足以爲法於今。而施貴乎合宜，不宜於今，又奚可以徒泥諸古。子大夫明先聖之道，來應賓興賢能之詔，皆得於古，而將以施於今者也，其悉參酌，詳著於篇，以俟朕之親覽。』」「甲寅，帝親閱舉人所對策，賜孫賢等三百四十九人進士及第、出身有差。」「乙卯，宴進士於禮部，令太保寧陽侯陳懋待宴。」「丙辰，賜狀元孫賢朝服冠帶，諸進士鈔各五錠。」「丁巳，狀元孫賢率諸進士上表謝恩。」「乙丑，擢第一甲進士孫賢爲翰林院修撰，徐溥、徐鎋俱爲編修。改進士丘濬、耿裕、彭華、劉釪、陳龍、牛綸、孟勳、何琮、吳禎、嚴淦、尹直、陳政、寧珍、馮定、金紳、黃甄、王寬、夏時十八人爲翰林院庶吉士，命左春坊大學士兼翰林院侍讀彭時、右春坊大學士兼翰林院侍講劉儼教習文章，少保兼太子太傅戶部尚書文淵閣大學士陳循等提督考校，務令學有進益，以需他日之用，給紙筆、飲饌、燈燭、第宅，俱如舊例。」據《景泰五年進士登科錄・恩榮次第》：「景泰五年三月初一日早，諸貢士赴內府殿試，上御奉天殿親賜策問。三月初三日早，文武百官朝服侍班，是日，錦衣衛設鹵簿於丹陛丹墀內，上御奉天殿，鴻臚寺官傳制唱名，禮部官捧黃榜，鼓樂導引出長安左門外，張掛畢，順天府官用傘蓋儀從送狀元歸第。三月初四日，賜宴於禮部，宴畢，赴鴻臚寺習儀。三月初五日，賜狀元朝服冠帶及進士寶鈔。三月初六日，狀元率進士上表謝恩。三月初七日，狀元率進士詣先師孔子廟行釋菜禮，禮部奏請命工部於國子監立石題名。」《弇山堂別集》卷八十二：「五年甲戌，命兵部左侍郎翰林院學士左春坊大學士商輅、司經局洗馬兼翰林院修撰李紹爲考試官，取中彭華等。廷試，賜孫賢、徐溥、徐鎋及第。選進士丘濬、耿裕、彭華、劉釪、陳龍、牛龍、馬勳、何琮、吳禎、嚴淦、尹直、陳政、寧珍、馮定、金紳、黃甄、王寬、夏時爲庶吉士，命左春坊大學士劉儼教習。先一年，禮部尚書

胡濙言:『翰林院及春坊以文藝爲職業,宜專作同考,京官由科第有學行者,宜兼取以充,勿再用教官,著爲令。』許之。是歲,商學士纔閱三科,已作正考,而同考則中允楊鼎、贊善錢溥,皆己未也。《登科錄》牛輪書叔玉,司禮監左監丞。」查繼佐《罪惟錄》志卷十八《科舉志》:「(景泰)五年甲戌,詔同考官宜用京官由科第有學行者,不得用教官,著爲令。有《登科錄》,牛輪者,書叔玉、司禮監左監丞。三月,策進士彭華等三百五十人,賜孫賢、徐溥、徐鏐等及第、出身有差。賢貌黑,溥白,鏐黃,一時稱鐵狀元、銀榜眼、金探花云。同榜有雜流譯字官吳禎。有交阯黎庸者,清威人;阮勤者,多翼人,二人願留中國。」李調元《制義科瑣記》卷二《貌寢》:「景泰五年甲戌殿試,丘文莊公濬本擬狀元,以貌寢,置二甲一名。」李調元《制義科瑣記》卷二《給筆箚》:「孔公恂,聖裔,會試後以母疾不赴廷對。上知之,使召之。日且午,不及備卷,命翰林官給筆箚,遂登第二甲十四名進士。時景泰甲戌科也。」梁章鉅《制義叢話》卷四:「《明史・邱濬傳》云:時經生文尚險怪,濬主南畿鄉試,分考會試,皆痛抑之。及課國學生,尤諄切告誡,返文體於正。案:廖道南謂舉業爾雅,自邱文莊知貢舉始。文莊之能轉移文運,又何減於歐陽永叔耶?」

據《景泰五年進士登科錄》,第一甲三名,賜進士及第。履歷如下:

孫賢,貫河南開封府杞縣,民籍。國子生。治《詩經》。字舜卿,行一,年三十,十月初一日生。曾祖敬先。祖林。父興。母李氏。具慶下。弟貢、質。娶常氏。河南鄉試第二十一名,會試第一百一十三名。

徐溥,貫直隸常州府宜興縣。官籍。縣學增廣生,治《書經》。字時用,行一,年二十六,七月二十一日生。曾祖福,贈戶部郎中。祖鑒,知府。父琳。母何氏。具慶下。弟濟、瀹、澍。娶杜氏。應天府鄉試第六名,會試第五十五名。

徐鏐,貫直隸常州府武進縣,官籍,國子生。治《書經》。字文軾,行一,年三十二,四月初一日生。曾祖仲廣。祖彥行。伯遵,太醫院思民局副使。父遂,正科。叔記,知縣。母裴氏。具慶下。弟鎬、鎔、鎧。娶高氏。應天府鄉試第二十四名,會試第一百五十八名。

據《景泰五年進士登科錄》,第二甲一百二十九名,賜進士出身。第三甲二百十七名,賜同進士出身。

孫賢為景泰甲戌科狀元。後萬曆甲戌科狀元亦姓孫。

查繼佐《罪惟錄》志卷十八《科舉志》「科舉盛事・三甲戌之讖」：「景泰五年甲戌，狀元孫賢；正德九年甲戌，狀元唐皋；萬曆二年甲戌，狀元孫繼皋，姓與前甲戌合，名與次甲戌合，繼者繼其後也。」陸容《菽園雜記》卷六：「孫狀元賢，赴會試途中投宿一民家，主人敬禮甚隆，飲食一呼而具。賢疑其家有他會。問之，主人云：『昨夜夢狀元至，故治具以候，今日公至，應此夢無疑。』賢竊自喜，至期，下第而歸，後一科果狀元及第。雍御史泰未第時，常自金陵還陝西，道經鳳陽，投宿一老嫗家，問知是舉子，喜云：『昨夢有御史過吾家，子其人邪？』雍後以進士尹吳，遇例入為御史。陸參政孟昭未中舉時，夫人夢得官參政。孟昭仕止福建右參政。泰州學士某，江西安福人，常夢一丱角生，尹其縣，後果不爽。孫應在四五年間，雍應在十五年後，陸與泰州生應在三十年前後。觀此則人之出處，信有前定，非偶然也。」李調元《制義科瑣記》卷三《建大旗》：「孫賢與同邑徐紳同領庚午鄉薦，會試禮部，宿彰德驛。驛丞盛設待之，二人疑怪，驛丞曰：『昨夢神人建大旗驛門，其上有狀元字。今此設蓋待狀元，非舉人也。』二人竊喜，而其年皆不遇，過其驛不敢入。至甲戌會試，二人俱第。廷試畢，傳臚，則第一人果孫賢。班中一人言，二科前夢中孫遇賢榜進士，及中，正榜中無孫遇賢名字，以為不驗，至此而始悟為孫賢也。」

張寧舉進士，與夢兆符。

《方洲集》卷二六《雜言》：「正統丁卯，予年二十二，初赴鄉舉。中場之日，老父於中庭得桂一枝，葩葉新茂，不知所從來，因置瓶，沃以水，祝曰：『儻吾子獲薦，花其發榮。』淹宿盛開，香氣滿室。是年八月二十四日揭曉。先一夕，先母孺人夢一老叟自外入中庭，持筆如椽，蘸毫沃水缸，書『孫』字於挹清樓外粉牆，字崇廣專堵。母自捧泥，依字畫墁圬之。翌日，報書至。後學士呂逢原嘗作《瑞應記》。自是兩試春官，皆下第。辛未二月，入場之夕，沐浴焚香，再拜禱於都城隍之神，曰：『寧親老家貧，千里棄養以求尺寸之進，今兩舉矣。如功名可期，神賜顯夢。如命分淺薄，神幸昭示。寧當領教一方，不復有意於進士矣。』禱畢，局促就寢，夜半夢登海鹽縣障海石塘，前互大山，一老叟指謂余曰：『此崑崙山也。』凡三指三語，方欲詰問，忽驚悟遽起，呼家童索燭，取《禹貢》『織皮崑崙』研省紬繹，因不復寐。亟趨試院，與支

中夫遇於道，共相勞苦，歎進取未遂。余曰：『中夫今日看《書經》題，若有
「崑崙」字，是余佳候也。』中夫固問所以，遂以夢語之，中夫笑曰：『人嘗
言癡人信夢，靖之良是焉。』及得題，果『織皮崑崙』。是年《書經》舉人多
爲所窘，桐鄉楊給事青，席舍相近，走予所，疾言曰：『六題皆得旨，惟《禹
貢》一題不能通洽。』因爲開陳意義，詳述注疏。是年青登第，名在第七，
錄其文一篇。余竟下第。甲戌二月初三日，予方抵京，匆促僑寓，不暇檢閱
舊業，自分此行又成畫餅。初五日夜，夢前狀元柯孟時過舍，以梅花見遺，
方受花，柯曰：『足下今年狀元耶！』予方謙讓問答間，忽雷電交作，予素畏
雷，正驚怖，頃有霹靂聲擊同座一人仆，遂寤。是年，予幸登榜，名亦在第
七。……況先母夢兆於七年之前，已有『孫』字之應。予爲孫賢榜下士，蓋
數定也。又遺梅雷震之事，先後同符，不足多訝。」

丘濬成二甲一名進士。《欽定四書文》化治文卷五錄其程文二篇。

《孟子》「父子有親」五句題文：「有自然之人倫，有本然之天性。蓋天
之生人，有是物必有是則也，隨在人之倫而各盡其天性，何莫而非其所固有
者哉？昔者孟子闢許行並耕而治之說，因舉聖人使契爲司徒教民以人倫之
事，而詳其目如此。蓋以人之生也，莫不有父子、君臣、夫婦、長幼、朋友
之倫，亦莫不有仁、義、禮、智、信之性。是故相生也而爲父子，有父子則
有仁之性焉，有仁之性，是以爲父而慈，爲子而孝，油然親愛之無間也；相
臨也而爲君臣，有君臣則有義之性焉，有義之性，是以爲君而仁，爲臣而忠，
藹然道義之相合也。以言乎夫婦，則男正位乎外，女正位乎內，判然內外之
有別也，而其所以別也，非人爲之也，乃其固有之性之智也；以言乎長幼，
則兄友而弟恭，長惠而幼順，秩然先後之有序也，而其所以序也，非人強之
也，乃其固有之性之禮也。以至於與朋友交，言而有信，久要而不忘，患難
以相恤。恪然彼此之交孚者，何莫非其性中固有之信哉？有之而不能以自盡，
所以不能無待於聖人命官之教焉。然其所以教之者，亦豈能有所增益於其間
哉？亦惟因其固有者而導之耳。噫！聖人憂民失其所固有而命官以教之也如
此，尚何暇於耕乎？」評謂：「照《註》補出『性』字，疏題典要，確不可易。
其體直方以大，眞經解也。」「周公兼夷狄……百姓寧」題文另見。

明代宗景泰七年丙子（西元 1456 年）

八 月

兩京及河南、山東、陝西、山西、浙江、湖廣、江西、福建、廣東、廣西、四川、雲南等十二布政司鄉試；貴州士子附雲南鄉試。（據《皇明貢舉考》卷四）

順天鄉試，取江陰徐泰為解元。時應天解元吳啓亦江陰人。李調元《制義科瑣記》卷一《欽賜舉人》：「劉學士儼，景泰中典北畿秋試，取江陰徐泰解元。泰本富族，當道奏儼有私，召《五經》魁士親試禁中，彌封以示閣臣，覆閱取次。拆封，一與原榜無異，仍賜為解元。時目泰為欽賜舉人。」民國《梧塍徐氏宗譜》卷五十三《舊傳輯略・州守生白公傳》：「公諱泰（徐泰），字士亨，別號生白。由邑庠入太學。景泰丙子應順天鄉試，吉水劉文介公擢第一。時內閣有忿其子不與者言於朝，謂主司有私於富室，命就內殿覆試《五經》魁，仍第一，因稱『欽賜解元』。事載國史，時應天解元吳啓亦江陰人，傳為科名盛事。後試春官，已中式，拆卷引嫌，弗錄。久之選通《詩》、《書》、法律者，授御史，已在選中，復引嫌授羅田縣令。」

明英宗天順元年丁丑（西元 1457 年）

二 月

廢景泰帝，仍為郕王。未幾去世。

《明鑑綱目》卷三：「綱：二月，廢景泰帝仍為郕王，遷之西內，未幾郕王薨。（諡曰戾。）目：以太后制廢之，（制曰：庶次子郕王祁鈺，性本梟雄，端據天位，神人共怒。既絕其子，又殄其身。疾病彌留，朝政遂廢。吾雖母子之至情，於大義而難宥，其廢祁鈺仍為郕王，如漢昌邑王故事。辭亦徐有貞所撰也。）送歸西內。皇太后吳氏復號宣廟賢妃，削肅孝皇后杭氏位號，改稱懷獻太子為懷獻世子。欽天監監正湯序，請革除景泰年號，帝不從。」

復立朱見深為皇太子。

《明鑑綱目》卷三：「綱：復立沂王見深爲皇太子。目：封子四人爲王，見濂（即見清改名。）德王，（景泰中封榮王，至是改封，後之藩德州，又徙濟南。）見澍（帝第五子，與下二王俱在南宮時所生。）秀王，（後之藩汝寧。）見澤（帝第六子）崇王，（後秀王薨，無子，即就藩汝寧。）見濬（帝第七子。）吉王。（後之藩長沙。）」

給事中王鈜等請會試不拘名數，務在得人，另請多取副榜舉人，授以教職。從之。命禮部左侍郎兼翰林院學士薛瑄、通政司左參議兼翰林院侍講呂原爲會試考試官，取中夏積等三百人。

《明英宗實錄》卷二百七十五：天順元年二月，「戊戌，禮科給事中王鈜奏：『今天順元年會試在邇，自正統十三年至景泰七年，前後四科，新舊舉人約有三千餘名，中間多有才學優長，屢爲解額所困，不獲登第者。竊觀洪武、永樂年間，未立解額，所取進士除授京職，政績著聞者，固不可勝數，其間除授知州、知縣者，亦皆自重名節，俱有政聲，比之監生除授，大有逕庭。乞敕該部及考試等官，將今年會試舉人文卷嚴考精選，但三場合格詞理通暢者，不拘名數，取中正榜，以備錄用，其次文理平順者，取中副榜，授以教職。』從之。」「壬寅，命禮部右侍郎兼翰林院學士薛瑄、通政司左參議兼翰林院侍講呂原爲考試官，賜宴於禮部。」「巡按陝西監察御史錢璡奏：『賢材之昌，必本於師道之立。國朝學校之師，皆取副榜舉人爲之。近因副榜舉人不願爲師者眾，乃以歲貢生員及薦舉儒士爲之。夫歲貢生員，多庸腐之流，薦舉儒士，多臺省引援之人，學無寸長，試倖一得，彼惟能計會生員之節禮，追索齋夫之月錢而已，豈能立師道而昌賢才也哉！乞敕該部，今年會試，副榜舉人精選多取，倍蓰常年之數，除三十以下並歷事坐監六年以上者，聽從不就，其餘悉送吏部選用。』從之。」「辛酉，禮部引會試中式舉人夏積等三百人陛見。」尹直《謇齋瑣綴錄》卷二：「天順初元，會試同考官多出於權貴所薦引。及揭曉日，錄文謬誤，去取徇情，謗議洶洶，無名詩詞紛然雜出。一排律云：『聖主開科取俊良，主司迷謬更荒唐。薛瑄性理難包括，錢溥《春秋》欠主張。吳節祇知貪賄賂，孫賢全不曉文章。問仁既是無顏子，配祭如何有太王？告子冒名當問罪，周公係丼亦非常。閣老賢郎眞慷慨，總兵令侄獨軒昂。榜上有名誰不羨，至公堂作至私堂。』蓋許道中之子及石亨之侄皆以私取，而錄文則《語》題節去顏子，起『克己復禮爲仁』，《孟》義本公都

子之言，而云告子，故注中備言之。其他招擬祭文，不可勝紀。」沈德符《萬曆野獲編》卷十四《科場·天順元年會試》：「英宗以天順元年正月十七日重定，二月會試，主考官爲薛文清瑄、呂文懿原，俱一時人望也。而許起、石俊登第時，父彬以侍郎、學士爲次揆，俊叔亨以忠國公爲總兵官。時有作俚詩嘲主司曰：『閣老賢郎眞慷慨，總兵令侄獨軒昂。』蓋指起與俊也。至四年，呂原再主會試，則俊先因亨敗，詐病居家褫奪，又以怨望磔於市。使在今日，追論往事，則薛、呂二人難乎免矣。是科分考官有尚寶司丞兼編修李泰者，即太監永昌嗣子也。首場三場，爲《大學》、《論語》、《孟子》，而首題不刻程文，殊不可曉。又讀卷爲武功徐、靖遠王、興濟楊三伯。而彌封官，有光祿卿蔚能，則由廚役起家，且曾以盜膳物問罪者。次科能再爲彌封官，則已陞禮部右侍郎，掌寺事矣。前帙已紀石、許而未備，茲又詳之。」沈德符《萬曆野獲編》卷十四《科場·薛文清主試》：「英宗天順元年，南宮之試，閣臣許彬子名起，與忠國公石亨侄名俊者同登進士。時有詩曰：閣老賢郎眞慷慨，總兵令侄獨軒昂』者，指此也。但《登科錄》刻許起書兄越爲奎文閣典籍，遍考列朝無此官，然刻錄必不誤，蓋英宗時猶仍國初舊制設員，今《實錄》、《會典》諸書俱不載，則舊官之不傳多矣。所云『吳節祇知通賄賂，賢孫全不曉文章』，固爲仇口。若所云『問仁既已無顏子』，指克己復禮一節，題芟去首句，此卻不妨。至『告祭如何有太王』，則《詩經》后稷配天，程文果有此語，其說似難通。至若『告子冒名當問罪，周公溺井亦非常，』因《孟子》題爲公都子之言而去之，直云告子。《周易》井卦卻引周公，其說出國初趙東山，亦微有可議。是年薛文清爲主考，此何等人品學術，乃遭謗訕，下第舉子之口，眞可畏哉！是年同考翰林典籍徐俢、刑科左給事司馬恂俱書貢生，係舉人。供給官大興、宛平二縣主簿，俱同名姓王珙，一爲丙辰貢士，一爲壬戌貢士，俱歲薦也。領房同考爲尚寶少卿兼編修錢溥，以從五品兼正七品，其書批語銜直稱少卿。而正主考禮左侍兼光學士薛瑄，以正三帶正五，副主考通政參議兼侍講呂原，以正五帶正八，但書兼官爲學士、侍講而不及九列之銜，俱不可曉。錢溥本以《春秋》起家，是年閱本經，又兼看《詩經》，亦奇。」

三　月

三月戊寅，策貢士夏積等二百九十四人於奉天殿，賜黎淳、徐瓊、陳

秉中等進士及第、出身有差。前科進士未選用者尚有四十餘名；令新
進士俱於各衙門辦事。是科未考選庶吉士。（據《國榷》卷三十二）

《明英宗實錄》卷二百七十六：天順元年三月，「禮部侍郎鄒幹奏：『殿
試天下舉人二百九十四名，合請讀卷並執事等官。』上命武功伯兼華蓋殿大
學士掌文淵閣事徐有貞、靖遠伯兼兵部尚書王驥、興濟伯掌鴻臚寺事楊善、
吏部尚書兼翰林院學士李賢、吏部尚書王翺、工部尚書趙榮、戶部右侍郎楊
鼎、刑部左侍郎劉廣衡、左副都御史寇深、通政使王復、大理寺卿李賓、尚
寶司卿兼翰林侍講李紹爲讀卷官，餘執事如例。」「戊寅，上御奉天殿親策舉
人夏積等二百九十四人，制曰：『朕惟帝王之治天下，必以求賢安民爲首務，
蓋古今之所同也。然古之士，進以禮，退以義，爲上爲德爲下爲民，今何其
立功之志弱，而利祿之心勝，奔競之風未息，而廉介之節少著，其失何由？
古之民有恒產，有恒心，家給人足，比屋可封，今何其務本者少，而逐末者
多？偷薄之習寖長，而禮讓之俗未興，其弊安在？朕自重定以來，圖惟治理，
夙夜靡寧，求賢必欲得眞才，安民必欲獲實效，將使士正其習，民淳其風，
庶幾唐虞三代之盛，必有其道。子大夫其援經據史，酌古準今，明以條陳，
毋曲所學，毋卑所志，務求切至之論，朕將擇而行焉。』」「庚辰，上親閱舉
人所對策，賜黎淳等二百九十四人進士及第、出身有差。」「宴進士於禮部，
命忠國公石亨待宴。」「賜狀元黎淳朝服冠帶，諸進士鈔各五錠。」「癸未，
狀元黎淳率諸進士上表謝恩。」「丙戌，擢第一甲進士黎淳爲翰林院修撰，徐
瓊、陳秉中俱爲編修。」「戶部言撙節利民五事，……。一、今科取中進士二
百九十名，俱於各衙門辦事，例該支俸。且前科進士未選用者，尚有四十餘
名，宜令吏部量留辦事，其餘如宣德年間事例，放回原籍依親，撙節京儲。」
《弇山堂別集》卷八十二：「天順元年丁丑，命禮部左侍郎兼翰林院學士薛瑄、
通政司左參議兼翰林院侍講呂原爲考試官，取中夏積等。廷試，賜黎淳、徐
瓊、陳秉忠及第。」「是歲同考則尚寶少卿錢溥、司丞李泰、翰林典籍徐佀，
蓋官制初變也。是科最號嚴整，然外人有以俚語戲者，所謂『薛瑄性理難包
括，錢溥《春秋》沒主張，問仁既已無顏子，告祭如何有太王。』皆指摘題
目之誤。至謂『總兵令侄獨軒昂』，蓋指石亨從子俊也，後坐亨敗除名，及以
怨謗剮於市。廷試，讀卷官凡三伯，武功掌內閣，靖遠掌兵部，興濟掌鴻臚。」
郎瑛《七修類稿》卷三十五：「黎狀元淳，初膺鄉薦至京師。將禮部會試時，
盤礴間，聞酒樓上有婦人喚其名。舉頭觀之，則角妓也。乃知爲同輩所啐。

於是登樓吟曰：『千里遨遊赴帝京，忽聞樓上喚黎淳。狀元自是天生定，先遣嫦娥報我名。』已而果然。」

　　據《明清進士題名碑錄索引》，天順元年丁丑科錄取第一甲三名（黎淳、徐瓊、陳秉中），第二甲九十七名，第三甲一百九十四名。

明英宗天順三年己卯（西元 1459 年）

八　月

　　兩京及河南、山東、陝西、山西、浙江、湖廣、江西、福建、廣東、廣西、四川、雲南等十二布政司鄉試；貴州士子附雲南鄉試。（據《皇明貢舉考》卷四）

九　月

　　永嘉縣教諭雍懋言鄉會試不應出截搭題。

　　《明英宗實錄》卷三百七：天順三年九月甲辰，「浙江溫州府永嘉縣教諭雍懋言：『朝廷每三年開科取士，考官出題，多摘裂牽綴，舉人作文，亦少純實典雅。比者浙江鄉試，《春秋》摘一十六股配作一題，頭緒太多，及所鏤程文，乃太簡略而不純實。且《春秋》爲經，屬詞比事，變例無窮，考官出題，往往棄《經》任《傳》，甚至參以己意，名雖搭題，實則射覆，遂使素抱實學者，一時認題與考官相左，即被黜斥。乞敕自後考官出題，舉子作文，一惟明文是遵，有弗悛者罪之。』上善其言，命禮部議行。」徐學聚《國朝典彙》卷一百二十八：「（天順）三年，浙江溫州府永嘉縣教諭雍懋言：『朝廷每三年開科取士，考官出題，多摘裂牽綴，舉人作文，亦少純實典雅。比者浙江鄉試，《春秋》摘一十六股，配作一題，頭緒太多。及所鏤程文，乃太簡略而不純實。且《春秋》爲經，屬詞比事，變例無窮，考官出題，往往棄《經》任《傳》，甚於參以己意，名雖搭題，實則射覆。遂使素抱實學者，一時認題與考官相左，即被黜斥。乞敕自後考官出題、舉子作文，一惟明文是遵。有不悛者，罪之。』上善其言，命禮部議行。」俞汝楫《禮部志稿》卷七十一《出題禁割裂》：「天順三年，浙江溫州府永嘉縣教諭雍懋言：『朝廷每三年開科取

士，考官出題多摘裂牽綴，舉人作文亦少純實典雅。比者浙江鄉試，《春秋》摘一十六股配作一題，頭緒太多，及所鏤程文，乃太簡略而不純實。且《春秋》爲經，屬詞比事，變例無窮，考官出題，往往棄《經》任《傳》，甚至參以己意，名雖搭題，實則射覆，遂使素抱實學者，一時認題與考官相左，即被黜去。乞敕自後考官出題、舉子作文，一惟明文是遵，有弗悛者，罪之。』上善其言，命禮部議行。」

明英宗天順四年庚辰（西元 1460 年）

二 月

命翰林院學士呂原、尚寶司少卿兼翰林院修撰柯潛爲會試考官。取中陳選等一百五十人。

《明英宗實錄》卷三百十二：天順四年二月，「乙卯，命翰林院學士呂原、尚寶司少卿兼翰林院修撰柯潛爲會試考官，賜宴於禮部。」「壬申，禮部引會試中式舉人陳選等一百五十人陛見。」「禮部尚書蕭晅奏：『三月初一日殿試天下舉人，合請讀卷、執事官。』上命吏部尚書兼翰林院學士李賢、吏部尚書王翱、戶部尚書年富、刑部尚書陸瑜、工部尚書趙榮、左都御史寇深、通政使張文質、太常寺少卿兼翰林院學士彭時、翰林院學士林文爲讀卷官，餘執事如例。」據《天順四年進士登科錄·玉音》：「天順四年二月二十六日，禮部尚書臣蕭晅等官於奉天門奏爲科舉事。會試天下舉人，取中一百五十六名。本年三月初一日殿試，合請讀卷及執事等官吏部尚書王翱等四十三員。其進士出身等第，恭依太祖高皇帝欽定資格。第一甲例取三名，第一名從六品，第二第三名正七品，賜進士及第。第二甲從七品，賜進士出身。第三甲正八品，賜同進士出身。奉聖旨：是。欽此。」「讀卷官：資善大夫吏部尚書兼翰林院學士李賢，癸丑進士；資德大夫正治上卿吏部尚書王翱，乙未進士；戶部尚書年富，丁酉貢士；資政大夫兵部尚書馬昂，癸卯貢士；資善大夫刑部尚書陸瑜，癸丑進士；資善大夫工部尚書趙榮，秀才；資善大夫都察院左都御史寇深，監生；嘉議大夫通政使司通政使張文質，壬戌進士；中憲大夫太常寺少卿兼翰林院學士彭時，戊辰進士；翰林院學士奉議大夫林文，庚戌進士。提調官：禮部尚書蕭晅，丁未進士；正議大夫資治尹禮部左侍郎鄒幹，

己未進士；嘉議大夫禮部右侍郎李紹，癸丑進士。監試官：文林郎山東道監察御史高明，辛未進士；文林郎廣西道監察御史郭紀，辛未進士。受卷官：翰林院修撰承務郎劉吉，戊辰進士；翰林院編修文林郎戚瀾，辛未進士；徵仕郎吏科左給事中蕭斌，乙丑進士；徵仕郎禮科掌科事給事中王豫，甲戌進士。彌封官：嘉議大夫掌光祿寺事禮部右侍郎蔚能；嘉議大夫太常寺卿夏衡，生員；中順大夫鴻臚寺卿齊政，丁酉貢士；文林郎戶科都給事中路璧，壬戌進士；文林郎兵科都給事中王鉉，乙丑進士。掌卷官：翰林院修撰承務郎黎淳，丁丑進士；翰林院編修文林郎兼司經局校書徐溥，甲戌進士；徵仕郎刑科右給事中江玭，辛未進上；徵仕郎工科掌科事給事中劉斌，乙丑進士。巡綽官：昭勇將軍掌錦衣衛事都指揮僉事王喜；昭勇將軍錦衣衛指揮使袁彬；懷遠將軍錦衣衛指揮同知焦壽；懷遠將軍錦衣衛指揮同知逯杲；明威將軍錦衣衛指揮僉事郭瑛；昭勇將軍金吾後衛指揮使陳隆；懷遠將軍金吾前衛指揮同知翟通。印卷官：奉議大夫禮部儀制清吏司郎中俞欽，辛未進士；奉直大夫禮部儀制清吏司員外郎陶銓，乙丑進士；承直郎禮部儀制清吏司主事彭彥充，丁丑進士。供給官：奉議大夫光祿寺少卿酈鏞，戊午貢士；奉議大夫光祿寺少卿劉璉，乙丑進士；禮部司務何懷，儒士；奉議大夫禮部精膳清吏司郎中陳律，乙丑進士；奉直大夫禮部精膳清吏司員外郎萬祥，壬戌進士。」王圻《續文獻通考》卷四十六《選舉考·舉士四》：「（英宗天順）四年二月，會試天下舉人，以學士呂原、尚寶司少卿兼修撰柯潛為考試官，取陳選第一。時舉人不中有怨考官者，以李賢弟李讓不中，謂賢亦怨考官，遂鼓其說，奏考官校文顛倒，宜正其罪。上疑之，召賢問曰：『此舉人奏考官弊，何以處之？』賢對曰：『此乃私忿，考官無弊，如臣弟讓亦不中，可見其公。』上乃命禮部會翰林院考此舉子荒疎，且其人狂妄，遂枷於部前，群議方息。」李賢《天順日錄》：「景泰間，陳循、王文之子會試不中，二人以私情怒考官取人不公，皆具奏考之不精，欲殺考官，朝廷不從，乃已。天順四年，會試舉子不中者，俱怨考官，有鼓其說者，謂賢有弟讓不中，亦怨考官。一舉子遂奏考官校文顛倒，宜正其罪。上見其所言，疑而未定，召賢問曰：『此舉子奏考官弊，何以處之？』賢對曰：『此乃私忿，考官實無此弊，如臣弟讓亦不中，可見其公。』上意方回，乃命禮部會翰林院考此舉子，驗其學，多不能答題意，具奏其狂妄，遂枷於部前以示眾，群議方息。不然，欲訴考官者尤眾。賢謂此舉子曰：『若爾所作文字有疵不中，是爾學力未至，非命也。若爾文字可取而不中，

乃命也。不知安命，可謂士乎！』初，亦有朝臣子弟不中者，皆助此舉子，及見此事發，赧然而愧矣。」

三　月

王一夔（1425～1487）、李永通、鄭環等一百五十六人進士及第、出身有差。選劉健、張賅等十五人為庶吉士，以北人為主。前科進士未選用者尚有一百零七員，新科進士一百三十八員令回原籍依親讀書。國子監祭酒劉益等奏請將天順元年以前依親年久舉人，今會試中副榜不願就職及下第舉人，悉令在監。上從之。未幾復放依親。

《明英宗實錄》卷三百十三：「天順四年三月戊寅朔，上御奉天殿策試舉人陳選等一百五十六人，制曰：『朕惟治天下亦多術矣，舉而行之，必有其要。《傳》謂禮樂刑政，四達而不悖，則王道備。然其要固不出此四者，而行之亦有先後緩急之序歟？唐虞三代所以措天下於雍熙泰和之盛者，率用此道，可歷指其實而詳言之歟？後之有天下者，莫若漢唐宋，其間英君誼辟，亦有用此道者，而治效不能比隆於唐虞三代，其故何歟？朕嗣承祖宗鴻業，孜孜圖治，夙夜不遑，於禮樂刑政，亦既備舉而並行之矣，而治效猶未極於盛，何歟？茲欲究禮樂之原，求刑政之本，行之以序，而達之不悖，用臻唐虞三代之盛，其道何由？子大夫潛心經史有年矣，其詳著於篇，朕將采而用焉。』」「庚辰，上親閱舉人所對策，賜王一夔等一百五十六人進士及第、出身有差。」「辛巳，賜進士宴於禮部，命會昌侯孫繼宗待宴。」「壬午，賜狀元王一夔朝服冠帶，諸進士鈔各五錠。」「狀元王一夔率諸進士上表謝恩。」「丙戌，擢第一甲進士王一夔為翰林院修撰，李永通、鄭環為編修。」「選進士劉健、張賅、李溫、張謹、楊德、張頤、周經、王範、蔡霖、張溥、楊瑛、鄭紀、童璲、汪諧、張元禎為庶吉士，並修撰王一夔、編修李永通、鄭環，俱於翰林院讀書，仍命學士劉定之、侍讀學士錢溥教習文章，其紙筆飲饌膏燭第宅，悉如例給之。從學士李賢等奏請也。」「吏部言：『今科進士，除擢用選留外，其餘一百三十八員，欲依例分撥各衙門辦事。緣前科進士尚有一百七員未選。』上曰：『今科進士，令回原籍依親讀書。』」「國子監祭酒劉益等奏：『朝廷設國子監以育天下英才，自宣德正統以前，凡科貢生員，俱在監肄業。至景泰年間，戶部奏欲存省京儲，止留監生千餘人，餘放依親，於是三十二班學官，每員所教生徒不滿二三十人，廩祿虛糜，六堂寂寥，誠非祖宗設監育才之盛

意也。今邊境無虞，糧儲有積，乞將天順元年以前依親年久舉人，今會試中副榜不願就職及下第舉人，悉令在監，庶學官不致素飡，而教育英才日以益盛，足備國家之用。』上從之。未幾，言者仍以存省京儲爲說，復放依親。」據《天順四年進士登科錄·恩榮次第》：「天順四年，三月初一日早，諸貢士赴內府殿試，上御奉天殿，親賜策問。三月初三日早，文武百官朝服侍班，錦衣衛設鹵簿於丹陛丹墀內，上御奉天殿，鴻臚寺官傳制唱名，禮部官捧黃榜，鼓樂導引出長安左門外，張掛畢，順天府官用傘蓋儀從送狀元歸第。三月初四日，賜宴於禮部，宴畢，赴鴻臚寺習儀。三月初五日，賜狀元朝服冠帶及進士寶鈔。三月初六日，狀元率進士上表謝恩。三月初七日，狀元率進士詣先師孔子廟行釋菜禮，禮部奏請命工部於國子監立石題名。」《弇山堂別集》卷八十二：「是科，閻禹鈞以國子監學正同考。有下第舉人訴學士呂原等徇私顛倒，上試之，皆不稱，囊三木禮部前以徇。」儲巏《柴墟文集》卷九《陝西布政使司左參議致仕進階中順大夫辣齋王公墓誌銘》：「公諱徽，字尙文，辣齋其號也。天順丁丑，舉禮部進士，以外艱，庚辰始廷試，對策數千言，援據古議，論及時事，讀卷者擬及第，都御史寇深嫌其語直，抑置第二甲第三人。」黃溥《閑中今古錄摘抄》：「大凡人生而父命名亦係乎數。天順庚辰殿試讀卷，定祁順卷第一，既而司禮監太監問所定卷，閣老以姓名對，太監曰：『此卷固出人一等，但傳臚時，北方人音與御名相似（英宗名爲祁鎮）。』閣老愕然，乃以王一夔卷易之，而祁第二甲中。祁，廣東人，仕終郡守。司禮監之識見又出閣老一等。此《五代史》傳張承業，豈無謂耶！」查繼佐《罪惟錄》志卷十八《科舉志》：「（天順）四年庚辰，試貢士，得陳選等一百五十人，賜王一夔、李永通、鄭環等及第、出身有差。有下第舉子萬經，以大學士李賢弟讓不預中式，揣賢必銜考官，鼓眾騰謗。賢持之，荷校謗者。詔遵前朝例，庶吉士二十人。且諭閣臣賢：宜止選北方，南方如彭時者方可入選。於是南選止三人，而張元禎得與。初，殿試擬祁順壓卷，以北方音，恐傳臚時與御名相似，遂改用一夔，而順落二甲。時同榜交阯阮文英，慈山人；何廣，扶寧人。」彭時《彭文憲公筆記》：「（天順四年）春，廷試，進士第一甲得王一夔等三人。後數日，上御文華殿，召李賢諭曰：『永樂、宣德中常選庶吉士教養待用，今科進士中可選人物端重、語音正當者二十餘人爲庶吉士，止選北方人，不用南人。南方若有似彭時者方選。』賢出以語時，疑賢欲抑南人進北人，故爲此語，因應之曰：『立賢無方，何分南北？』賢曰：

『果上意也,奈何?』已而,太監牛玉復傳上命如前,令內閣會吏部同選。時對玉曰:『南方士豈獨時比,優於時者亦甚多也。』牛笑曰:『且選來看。』是日,賢與時三人同詣吏部考選,得十五人,南方止三人,而江南惟張元禎得與云。蓋上自復位以來,明照百辟,不輕選任,而時不才,獨軫聖懷如此,感激於中,何可忘也。」

據《天順四年進士登科錄》,第一甲三名,賜進士及第。履歷如下:

王一夔,貫江西南昌府新建縣,民籍。縣學生,治《書經》。字大韶,行七,年三十六,十一月初一日生。曾祖以義。祖永亨。父得仁,汀州府推官。前母安氏,母范氏。永感下。兄正、璿、機、珙、璉、達。娶鄧氏。江西鄉試第二十五名。會試第二名。

李永通,貫四川敘州府長寧縣,民籍。國子生。治《禮記》。字貫道,行二,年三十六,八月二十四日生。曾祖仕原,長寧縣主簿。祖貴。父仲眞。前母丁氏,母張氏。慈侍下。兄永宗,弟永泰。娶王氏,繼娶何氏。四川鄉試第十三名。會試第一百二十五名。

鄭環,貫浙江杭州府仁和縣,軍籍,國子生。治《易經》。字瑤夫,行一,年三十九,正月二十三日生。曾祖敬常。祖伯規,贈刑部郎中。父厚,刑部郎中。母洪氏,封宜人。重慶下。弟瓚、璽、璪。娶潘氏。浙江鄉試第二十三名。會試第四名。

據《天順四年進士登科錄》,第二甲五十名,賜進士出身。第三甲一百三名,賜同進士出身。

本　年

王翺、姚夔主試該選監生,王翺所出《論》題有誤。

黃溥《閑中古今錄摘抄》:「天順間,冢宰王公翺、左侍姚公夔一日試該選監生,出《論》題曰『道盛德至』。就試者不敢斥言題目之差,但告云題目甚難。姚又不得顯言,惟體試士之意,從容請於王曰:『此題果不容易,監生廢書已久,望易此題。』王曰:『汝可一易。』姚曰:『祇易了「盛德至善」,則諸生便可下筆。』王笑而然之。噫!冢宰但知道與德之對言,而失記章句訓道爲言也。年老病忘,非姚婉言以請,則試者情何由達,而皆閣筆矣哉!」

明英宗天順六年壬午（西元 1462 年）

八　月

兩京及河南、山東、陝西、山西、浙江、湖廣、江西、福建、廣東、
廣西、四川、雲南等十二布政司鄉試；貴州士子附雲南鄉試。（據《皇
明貢舉考》）

李東陽十六歲中舉。

　　《懷麓堂集》卷二六《京闈同年會詩序》云：「天順壬午，予同舉順天鄉
試者百三十有五人。」

明英宗天順七年癸未（西元 1463 年）

二　月

二月庚申朔。壬戌，陞詹事府詹事陳文為禮部右侍郎兼翰林院學士，
於內閣參與機務。乙丑，禮部奏會試舉人，上命禮部右侍郎兼翰林院
學士陳文、尚寶司少卿兼翰林院修撰柯潛為考官，賜宴於禮部。丁卯，
釋奠先師孔子，遣太子少保、尚書、學士李賢行禮。（據《館閣漫錄》
卷四《天順七年》）

會試日，場屋火，焚死者九十餘人，俱贈進士出身。改期八月會試，
明年三月廷試。（據《弇山堂別集》卷八十二）

　　《明史・五行志》：「二月戊辰（初九），會試天下舉人。火作於貢院，御
史焦顯扃其門，燒殺舉子九十餘人。」吳希賢《中順大夫詹事府少詹事兼翰
林院學士竹巖柯公行狀》：「癸未二月，復命偕陳學士文考會試，未竟，會場
火而罷。」《明英宗實錄》卷三百四十九：天順七年二月，「乙丑，禮部奏會
試天下舉人，上命禮部右侍郎兼翰林院學士陳文、尚寶司少卿兼翰林院修撰
柯潛為考試官，賜宴於禮部。」「戊辰，是日大風，至晚試院火，舉人死者甚
眾。翌日，禮部以聞，上命改試於八月。」「辛未，舉場燒死舉人，其親人不

能辨認收瘞者頗多，上聞而憫之，悉令有司具棺木收瘞於朝陽門外。」「丙子，禮科給事中何琮等言：『國子監丞閻禹錫，因試院災，奏稱舉子遭火者，多是平昔有學之士，一夕無辜抱忠而死，膏塗牆壁，肉食鳥雀，使逾垣而出者咸有灰心，環視而歎者多有去志。乞賜進士名色，以表其門。臣等見火死者，朝廷已命有司具棺埋葬，士子目覩德澤所及，莫不感激奮勵，豈有灰心去志者哉！今禹錫調弄巧言，而形容過情，恣肆狂蕩，而奏對失實，宜正其罪。』上曰：『爾等所言誠是。下錦衣衛獄鞫之。」「陸容《菽園雜記》卷二：「本朝開科取士，京畿與各布政司鄉試在子、午、卯、酉年秋八月，禮部會試在辰、丑、未、戌年春二月，蓋定規也。洪武癸未，太宗渡江，天順癸未，貢院火，皆以其年八月會試，明年三月殿試，於是二次有甲申科。貢院火時，舉人死者九十餘人，好事者爲詩云：『回祿如何也忌才，春風散作禮闈災。碧桃難向天邊種，丹桂翻從火裏開。豪氣滿場爭吐焰，壯心一夜盡成灰。曲江勝事今何在？白骨棱棱漫作堆。』至今誦之，令人傷感。或云蘇州奚昌元啓作。」陸容《菽園雜記》卷十：「予未第時，未嘗作詩餘。天順己卯赴會試，夢至一寺，老僧出卷求題，予爲一闋與之。既覺，猶記其半，云：『一片白雲，人留不住。一坐湖山，人移不去。翠竹吟風，蒼松積雨，此是怡情處。』及下第歸，讀書海寧寺，僧文公出白雲窩卷求題，宛如夢中。然癸未會試，嘗夢人贈詩云：『一篙春水到底渾，人指不見波濤痕，霹靂爲我開天門。』至期貢院火，蓋術家有『霹靂火』之名，而『到底渾』、『不見痕』如其兆矣。成化癸巳，初入職方，夢訪李閣老，題其壁云：『浴日青山雨，文天碧海霞。臣言甘主聽，騎馬夜還家。』戊戌在武庫時，夢爲小詞云：『風剪剪，花枝偃，鈴索一聲驚臥犬。可人期不來，半窗明月朱簾卷。』乙巳居憂時，夢爲一詩云：『海中種珊瑚，遠意爲兒女，十年失探掇，一枝遽如許。』俱未解其何謂也。」尹直《謇齋瑣綴錄》卷八：「士夫之姓名動靜，於朝廷之休戚未必有關涉，然往往有偶然之符。……因憶天順癸未會試監試御史焦顯，時予丁內艱起復，途間竊謂宋有『不因南省火，安得狀元焦』之語，今焦監試，能無忌乎？未幾，春闈果被火。市謠曰：『御史原姓焦，科場被火燒。』是皆偶然符合，亦似有定數，未可概謂附會之說。」沈德符《萬曆野獲編補遺》卷二《科場‧贈進士》：「天順七年會試，科場遇火，焚死士子九十餘人。國子學正閻禹錫請贈以進士，上切責不許。既而如其言，皆贈進士出身。上親製文祭之，斂其骸爲六大塚，葬於朝陽門外，題曰『天下英才之墓』。至弘治十七年，南禮

部主事王偉奏其父王照以是年會試被焚，亦九十餘人之一人。今官無主守，
歲無祭祀，各家子孫道遠不能省視，以致居民侵毀，乞令有司修築，立祠壇
與之祭。上命順天府葺其牆垣，題其門匾，且立祭亭三間，奏刻英宗御製祭
文，令人看守，禁絕樵採。兩朝聖恩加意於士子者厚矣。歲久事湮，漸不可
問，至嘉靖末年，增築外城，則並六塚遺址，俱夷平陸矣，其如英廟聖製何？」

明英宗天順八年甲申（西元 1464 年）

三　月

彭教、吳釴、羅璟（1432～1503）等二百四十七人進士及第、出身有
差。改李東陽、倪岳、謝鐸等十八人為庶吉士。其餘進士，分各衙門
辦事。

《明憲宗實錄》卷三：天順八年三月，「戊辰，策試會試舉人吳釴等二百
四十七人，制曰：『朕惟臨軒策士，乃我祖宗法古求治之盛典也。茲朕煢煢在
疚，事雖不敢妨廢，而情有不能安然行之者。顧爾多士遊心經史，於治國平
天下之道講之熟矣。朕雖不臨軒詳問，爾多士其各敷陳所蘊以獻，務切時宜，
毋泛毋略。朕將採而行之。』《館閣漫錄》卷四《天順八年》：三月，「乙丑，
禮部尚書姚夔奏：『先是，天順七年春二月會試，貢院火，移試於秋八月。先
帝有旨，明年三月朔殿試。茲適有大喪，奉旨移試於三月望，合請讀卷官並
執事官。』上命少保、吏部尚書兼華蓋殿大學士李賢，太子少保、吏部尚書
王翱，戶部尚書年富、張睿，太子少保、兵部尚書馬昂，刑部尚書陸瑜、工
部尚書白圭、都察院右副都御史李賓、吏部左侍郎兼翰林院學士陳文、右侍
郎兼翰林院學士彭時、通政使司通政使張文質、大理寺卿王槩、太常寺少卿
兼翰林院侍讀學士劉定之讀卷，餘執事如例。」「己卯，授第一甲進士彭教為
翰林院修撰，吳釴、羅璟為編修。選進士李東陽、倪岳、謝鐸、張敷華、陳
音、焦芳、汪滋、郭璽、計禮、傅瀚、張泰、吳希賢、劉大夏、劉道、王瑤、
董齡、杜懋、史芳為庶吉士，命太常寺少卿兼侍讀學士劉定之、學士柯潛教
習文章，少保、吏部尚書兼華蓋殿大學士李賢等提督考校，務令成效，以需
他日之用，命所司給紙筆、飲饌、第宅、燈燭如舊例。其餘進士，分各衙門
辦事。」李賢《古穰集》卷五《進士題名記》：「我朝法古為治，設科取士，自

洪武以來，廷試進士幾三十科，……。天順甲申春，皇上即位之初，禮部請廷試貢士，遵舊章也。……乃賜彭教等二百四十七人進士及第、出身有差。禮部復請立石題名於國子監。」據《天順八年進士登科錄・玉音》：「禮部尚書臣姚夔等，於西角門奏爲科舉事。天順七年，會試天下舉人，取中二百四十七名。天順八年三月十五日殿試，合請讀卷及執事等官少保吏部尚書兼華蓋殿大學士李賢等四十三員。其進士出身等第，恭依太祖高皇帝欽定資格，第一甲例取三名，第一名從六品，第二第三名正七品，賜進士及第。第二甲從七品，賜進士出身。第三甲正八品，賜同進士出身。奉聖旨：是，欽此。讀卷官：榮祿大夫少保吏部尚書兼華蓋殿大學士李賢，癸丑進士；資德大夫正治上卿太子少保吏部尚書王翱，乙未進士；資德大夫正治上卿太子少保兵部尚書馬昂（字跡不清）；資善大夫戶部尚書年富，丁酉貢士；資善大夫戶部尚書張睿，庚戌進士；資政大夫刑部尚書陸瑜，癸丑進士；資善大夫工部尚書白圭，壬戌進士；資善大夫都察院右都御史李賓，乙丑進士；通奉大夫吏部左侍郎兼翰林院學士陳文，丙辰進士；嘉議大夫吏部右侍郎兼翰林院學士彭時，戊辰進士；通議大夫通政使司通政使張文質，壬戌進士；通議大夫大理寺卿王㮣，壬戌進士；中順大夫太常寺少卿兼翰林院侍讀學士劉定之，丙辰進士。提調官：資善大夫禮部尚書姚夔，壬戌進士；正議大夫資治尹禮部左侍郎鄒幹，癸丑進士；通議大夫禮部右侍郎李紹，癸丑進士。監試官：文林郎山東道監察御史田景陽，甲戌進士；文林郎山西道監察御史王儼，丁□貢士。受卷官：□□郎翰林院修撰童緣□□□□；文林郎翰林院編修江朝宗，辛未進士；文林郎吏科都給事中蕭斌，乙丑進士；徵仕郎禮科掌科事給事中袁愷，甲戌進士。彌封官：光祿寺掌寺事禮部右侍郎李春，戊午貢士；奉直大夫協正庶尹鴻臚寺左少卿楊詢，監生；文林郎翰林院編修李本，戊辰進士；文林郎兵科都給事中徐廷章，辛未進士；徵仕郎戶科掌科事給事中冉哲，甲戌進士。掌卷官：儒林郎翰林院修撰王一夔，庚辰進士；文林郎翰林院編修尹直，甲戌進士；徵仕郎刑科掌科事給事中金紳，甲戌進士；徵仕郎工科掌科事給事中姚泉，丁丑進士。巡綽官：懷遠將軍錦衣衛指揮同知焦壽；明威將軍錦衣衛指揮僉事趙能；明威將軍金吾前衛指揮僉事高璽；昭勇將軍金吾後衛指揮使陳隆。印卷官：奉政大夫禮部儀制清吏司郎中周騤，戊辰進士；承直郎禮部儀制清吏司主事張謹，庚辰進士；承直郎禮部儀制清吏司主事劉釗，庚辰進士。供給官：奉政大夫修正庶尹光祿寺少卿酈鏞，戊午貢士；奉政大夫光祿寺少卿劉璉，乙丑進士；禮部司務張本，監生；奉政大夫修

正庶尹禮部精膳清吏司郎中陳律，乙丑進士；承德郎禮部精膳清吏司主事萬翼，丁丑進士。」《天順八年進士登科錄·恩榮次第》：「天順八年三月十五日，諸貢士赴內府殿試。恭遇英宗睿皇帝大喪禮，先期本部奏准事宜從簡。是日早，引諸貢士於西角門行五拜三叩頭禮畢，赴奉天殿前丹墀內俟候策問。三月十七日早，文武百官素服侍班，上御西角門鴻臚寺，舉案置於中，翰林院捧黃榜授禮部置於案，諸進士服進士衣巾，行五拜三叩頭禮。禮部捧黃榜，樂設而不作，導引出長安左門外，張掛畢，順天府官用傘蓋儀從送狀元歸第。三月十八日，賜狀元冠服及進士寶鈔。三月十九日，狀元及諸進士赴鴻臚寺習儀。三月二十日，狀元率諸進士於西角門上表謝恩。三月二十一日，狀元率諸進士詣先師孔子廟行釋菜禮，禮部奏請，命工部於國子監立石題名。」吳希賢《中順大夫詹事府少詹事兼翰林院學士竹巖柯公行狀》：「甲申，今上即位，以侍從恩陞翰林院學士。三月，有旨選進上十八人李東陽等入翰林爲庶吉士，命公教以古文詞學。希賢不肖，預執業焉。」徐學聚《國朝典彙》卷一百二十八：「（天順）八年甲申廷試，賜彭教、吳釪、羅璟及第。吳後改姓陸。是科劉淳以翰林譯字官、馬愈以欽天監天文生中式。」郎瑛《七修類稿》卷二十九：「國朝羅璟，江右人也。自習舉子業至登科，不知何謂之詩。後考庶吉士，學士試以《秋宮怨》，默然無以答。遍問同考者，同考對以韻腳起結聯對如此，然後即作一詩云：『獨倚欄杆強笑歌，香肌消瘦怯春羅。羞將舊恨題紅葉，添得新愁上翠娥。雨過玉階秋色靜，月明青瑣夜涼多。平生不識春風面，天地無情奈若何。』主試者語之曰：『爾後必能詩。』已而果然。即此詩有別才，亦可知也。」據黃佐《翰林記》卷十八《庶吉士題名》，劉淳亦爲天順甲申科庶吉士。

據《天順八年進士登科錄》，第一甲三名，賜進士及第。履歷如下：

彭教，貫江西吉安府吉水縣，民籍，國子生，治《書經》。字敷五，行五，年二十六，十月十一日生。曾祖于古。祖不同。父汝弼，教諭。母項氏。具慶下。兄敬；占；道，訓導；術。娶張氏。江西鄉試第一名，會試第二名。

吳釪，貫直隸蘇州府崑山縣，軍籍，太倉衛學民生，治《詩經》。字鼎儀，行二，年二十五，二月二十八日生。曾祖景義。祖以讓。父晟。母黃氏。具慶下。兄鉞。娶陳氏。應天府鄉試第八十四名，會試第一名。

羅璟，貫江西吉安府泰和縣，儒籍，國子生，治《詩經》。字明仲，行一，年三十三，十一月初四日生。曾祖子理，府同知。祖賓廉。父進善。母陳氏。慈侍下。弟璵。娶楊氏。江西鄉試第七十一名，會試第一百四名。

據《天順八年進士登科錄》：第二甲七十五名，賜進士出身。第三甲一百六十九名，賜同進士出身。

李東陽成二甲一名進士。《欽定四書文》化治文錄其文三篇。

卷二錄其程文《孟子》「欲罷不能」一節題文：「大賢悅聖道之深而儘其力，見聖道之的而難爲功。蓋道可以力求，不可以力得也，大賢學之儘其力，而造之難爲功也，其以是夫？昔顏子自言其學之所至，意謂：聖人之道雖高妙而難入，而其教我以博約也，則有序而可循。是故沈潛於日用之間，但覺其旨趣之深長也，雖欲自已，不可得而已焉；體驗於行事之際，但覺其意味之眞切也，雖欲自止，不可得而止焉。鈎深致遠而致其博者，無一理之不窮，則已罄吾知之所能矣；克己反躬而歸之約者，無一事之不盡，則已殫吾力之所至矣。於是向之所謂高者，始得以見其大原，如有象焉，卓然而立乎吾前也；向之所謂妙者，乃得以識其定體，若有形焉，卓然在乎吾目也。當斯時也，於斯境也，將勇往以從之，則幾非在我，愈親而愈莫能即，又何所施其功乎？將畢力以赴之，則化不可爲，愈近而愈莫能達，又何所用其力乎？顏子之自言如此，可謂深知聖人而善學之者歟？雖然，顏子之所謂末由者，豈其若是而遂已哉？擴其所已然，養其所未然，優游厭飫，至於日深月熟而化焉，則亦將有不期而自至者矣。其終不克至是而與聖人未達一間者，乃命焉，非學之過也。後之君子尙無以至之難而自沮也哉！」評謂：「實理實事，字字皆經體認，方能成此文，宜當年館中推爲第一。」卷五錄《孟子》「所謂故國者」一章題文：「大賢慨齊之不得爲故國，必詳以用人之道歇之也。夫賢才者，國之楨也，用之而謹，則無患於失人矣，尙何忝於故國哉！且人君之立國也，近之有一代之親臣，遠之有百代之世臣。苟或不能任世臣以爲故國之實，而徒恃喬木以爲故國之榮，多見其不知父母斯民之道也已。然所謂任世臣者，豈可昔日進而今不知其亡矣乎？又豈可以不才之難識而遂自諉矣乎？亦惟愼之又愼，得國君進賢之心焉，斯可耳。蓋國君之進賢，以尊卑變置，若甚褻者，不敢以易心乘之也；疏戚易位，若甚慢者，不敢以忽心臨之也。愼之於左右之所賢矣，而所以愼之於大夫者猶是焉，推其心，必識其才果可以尊且戚也，而後用之耳，不然，其可以左右先容而遂徇之乎？愼之於大夫之所賢矣，而所以愼之於國人者猶是焉，推其心，必識其才果可以尊且戚也，而後用之耳，不然，其可以譽言日至而遂信之乎？觀於去邪勿疑者不可不謹，則

任賢勿貳者不可不謹益見矣；觀於天討有罪者當察其實，則天命有德者當察其實益彰矣。人君果能用其所當用，又謹其所當謹，則舉錯公而好惡協，將不謂民之父母乎哉！夫至於爲民父母，則民之永戴，與國之靈長相爲無疆矣。國之所以爲故者，誠在茲也，喬木云乎哉！齊宣欲以故國稱於天下，信當預養世臣以爲之地矣。」評謂：「裁剪之妙，已開隆萬人門戶。其順題直敘，氣骨蒼渾，乃隆萬人所不能造。可見後人之巧，皆前人之所已經。於先輩繩墨之外求巧，未有不入於凌亂者。」卷六錄程文《孟子》「由堯舜至於湯」三節題文：「聖人之生有常期，或傳其道於同時，或傳其道於異世。蓋聖人之生即道之所在也，非見之者之在當時，聞之者之在後世，則斯道也孰從而傳之哉？孟子於此而歷敘之，意有在矣。蓋嘗論之：道之在天下，必待聖人而後傳，然其生也不數，故率以五百年而一見。堯舜者，道之所由以傳者也。自堯舜以至於湯，以其年計之，則五百有餘也。當是時，見而知其道者，禹得之於執中之命，皋陶得之爲典禮之謨。若湯之生也，則聞其道而知之焉。觀於『上帝降衷』之言，則斯道之統在於湯矣。自湯至於文王，以其年計之，亦五百有餘也。當是時，見而知其道者，伊尹得之而爲一德之輔，萊朱得之而爲建中之誥。若文王之生也，則聞其道而知之焉。觀於『緝熙敬止』之詩，則斯道之統在於文王矣。自文王至於孔子，亦五百餘年，猶湯之於堯舜、文王之於湯也。當是時，見而知其道者，得之爲丹書之戒則有若人公望焉，得之爲彝教之迪則有若散宜生焉。若孔子之生也，則聞其道而知之。賢者識其大，不賢者識其小，無所不學即文王之道也。斯道之統，不又在於孔子乎？吁！世雖有先後也，而道無先後之殊；傳雖有遠近也，而道無遠近之異。然則斯道之在天下，曷嘗一日而無哉！」評謂：「提束高渾，中間平列三比，而語脈轉側之間無微不到。古文矩度，經籍光華，融化無迹，歸於自然矣。」

明憲宗成化元年乙酉（西元 1465 年）

正　月

　開納粟例。

　　《明鑑綱目》卷四：「綱：開納粟例。目：以備兩廣軍餉。」

八　月

兩京及河南、山東、陝西、山西、浙江、湖廣、江西、福建、廣東、廣西、四川、雲南等十二布政司鄉試；貴州士子附雲南鄉試。

本　年

成化以前，世無刻本時文。

郎瑛《七修類稿》卷二十四《辯證類·時文石刻圖書起》：「成化以前，世無刻本時文，吾杭通判沈澄刊《京華日抄》一冊，甚獲重利。後閩省傚之，漸至各省刊提學考卷也。」

明憲宗成化二年丙戌（西元 1466 年）

正　月

禮部更議會試條例奏上，上是之。

《明憲宗實錄》卷二十五：成化二年春正月，「丁卯，禮部奏：設科取士，期得眞才，以資任用。然每歲會試，雖有禁約舊例，而行之日久，不能無弊，臣等更議事宜，條示申明，敢具以請。一、舊例考試等官於初八日早入試院，一日之間，事務多端，整頓不及，宜預於初七日早入院爲便。一、舊例就試之日，舉人黎明入場，黃昏納卷，有未畢者，給燭三枝，燭盡文不成者扶出。今士子比昔倍蓰，中間多有故意延至暮夜請燭之時，鈔寫換易，或有棄燭於席舍中而他出，因而誤事者，最爲可慮。宜於四更時搜出，黎明散題，申時初稿不完者扶出，若至黃昏有謄眞一篇或篇半未畢，給與燭。一、舉子入場，務要嚴加搜檢，放入就舍，坐待題目，文成二篇之上者方許如廁，隨即還舍，不許交接講論。若有懷挾及浼託官軍夫匠人等，夾帶文字入場，埋藏鈔謄，並越舍與人互換者，搜尋捉獲得出，並發充吏。其官軍夫匠人等，夾帶文字，縱容懷挾，及容越舍互相鈔寫，不行覺察捉拏者，問罪，軍調邊衛，官罰俸一年，夫匠發口外爲民。一、巡綽搜檢看守官軍，止於在營差撥，其曾經差者不許再差。若他人冒頂軍名入場看守者，民發充軍，軍調邊衛。一、提調監試官不許私自入號，務要公同往來巡視。其巡綽官止於號門外看察，不許

入號與舉子交接。違者聽提調監試官參奏拏問。一、舉人入場之後，牆外例該五城兵馬指揮等官率領火夫弓兵分地看守，以防不虞。近年各城兵馬視為泛常，或致誤事。今後各城務委的當官，率領火夫弓牌，各帶什器，環牆四面嚴加防守，不許擅離，怠慢誤事。違者參奏拏問。一、每場謄錄紅卷送入簾內考試，候三場畢，考試紅卷，文字已定，方許調取墨卷送入簾內。於公堂比對字型大小，不許散入同考各房，誠恐收拾不謹，遂致疏漏。一、謄錄生員務要用心，逐字真正對寫，不許差訛失落字樣，潦草不真，對讀所亦要對讀明白，不許含糊苟且。若謄錄差訛，失落字樣，潦草不真及對讀不出者，生員發充吏役，該管官送問。一、謄錄對讀收卷等項官，舊例用京官，近行吏部取聽選官充之。緣中間多有年老眼昏及無行止，不堪任使，今後務要精選四十歲上下，五品至七品官有行止者，令各執事，庶幾事可責成。一、供給飯食，順天府官多有造作不精，供給失節，士子嗟怨。合無本部另差官一員，專一提督供給。奏上，上是之。」王圻《續文獻通考》卷四十五《選舉考·舉士三》：「憲宗成化二年，定在京科場事宜：一、考試等官俱於當月初七日入院，舉人試日四更搜入，各就席舍坐待黎明散題，至黃昏謄正，未畢者給燭，不完者扶出。一、舉人不許懷挾並越舍互錄及浼託軍匠人等夾帶文字。其軍匠人等亦不許替帶及縱容懷挾、互錄文字，違者各治以罪。一、巡綽、搜檢、看守官軍止於在營差撥，曾差者不許再差，若他人冒頂正軍入場者罪之。一、提調、監試官公同往來巡視，不許私自入號。其巡綽官止於號門外看察，不許入內與舉人交接，違者聽提調、監試官舉問。一、試場外照例五城兵馬率領火夫弓兵嚴加防守，不得違誤。一、每場謄錄紅卷送入內簾考試，候三場考試紅卷已定，方許吊取墨卷於公堂比對寫號，毋致疏漏。一、謄錄、對讀等官取吏部聽選官年四十上下、五品至七品、有行止者充之。一、謄錄、對讀所須真正謄錄，明白對讀，若謄錄字樣差失潦草及對讀不出者罪之。」

二　月

命太常寺少卿兼翰林院侍讀學士劉定之、翰林院學士萬安為會試考試官，取中章懋等三百五十人。命李賢、陳文等為殿試讀卷官。

《明憲宗實錄》卷二十六：成化二年二月，「己卯，命太常寺少卿兼翰林院侍讀學士劉定之、翰林院學士萬安為會試考試官，賜宴於禮部。」「壬辰，

禮部尚書姚夔等奏：『會試天下舉人，三場已畢。此乃皇上龍飛第一科，爰自二月初旬以來，陰寒少霽，唯就試三日，天氣晴朗，風恬霧收，茲蓋皇帝陛下重道崇儒求賢圖治天人交感所致，伏望寬其額數，多取正榜，以符天人之慶，將來賢才，必有資於聖治者。』上命取正榜三百五十人。」「庚子，禮部尚書姚夔奏：『三月初一日殿試貢士，合請讀卷並執事官。』上命少保、吏部尚書兼華蓋殿大學士李賢、禮部尚書兼翰林院學士陳文、兵部尚書兼翰林院學士彭時、太子太保、吏部尚書王翱、太子少保戶部尚書馬昂、兵部尚書王復、刑部尚書陸瑜、都察院左都御史李秉、通政使司通政使張文質、大理寺卿王㒲、太常寺少卿兼翰林院侍讀學士吳節、翰林院學士柯潛爲讀卷官。餘執事如例。」據《成化二年進士登科錄・玉音》：「成化二年二月二十六日，禮部尚書臣姚夔等於奉天門奏：爲科舉事，會試選中舉人三百五十三名。本年三月初一日殿試，合請讀卷及執事等官少保吏部尚書兼華蓋殿大學士李賢等四十四員。其進士出身等第，恭依太祖高皇帝欽定資格，第一甲例取三名，第一名從六品，第二名第三名正七品，賜進士及第。第二甲從七品，賜進士出身。第三甲正八品，賜同進士出身。奉聖旨：是，欽此。讀卷官：光祿大夫柱國少保吏部尚書兼華蓋殿大學士李賢，癸丑進士；榮祿大夫太子太保兼吏部尚書王翱，乙未進士；資德大夫正治上卿太子少保戶部尚書馬昂，貢士；資政大夫正治上卿禮部尚書兼翰林院學士陳文，丙辰進士；資善大夫兵部尚書兼翰林院學士彭時，戊辰進士；資善大夫兵部尚書王復，壬戌進士；資德大夫正治上卿刑部尚書陸瑜，癸丑進士；資善大夫都察院左都御史李秉，丙辰進士；正議大夫資治尹通政使司通政使張文質，壬戌進士；通議大夫大理寺卿王㒲，壬戌進士；中順大夫太常寺少卿兼翰林院侍讀學士吳節，庚戌進士；翰林院學士奉議大夫柯潛，辛未進士。提調官：資政大夫禮部尚書姚夔，壬戌進士；通議大夫禮部右侍郎李紹，癸丑進士。監試官：文林郎湖廣道監察御史張綱，甲戌進士；文林郎湖廣道監察御史魏瀚，甲戌進士。受卷官：翰林院修撰儒林郎黎淳，丁丑進士；翰林院編修文林郎徐瓊，丁丑進士；翰林院編修文林郎陳秉中，丁丑進士；文林郎吏科都給事中沈瑜，丁丑進士；文林郎禮科都給事中王詔，壬戌進士。彌封官：嘉議大夫掌光祿寺事禮部右侍郎李春，貢士；中順大夫鴻臚寺卿楊詢，監生；亞中大夫太僕寺卿余謙，秀才；奉議大夫尚寶司卿凌信，生員；文林郎兵科都給事中袁愷，甲戌進士；徵仕郎戶科掌科事給事中潘禮，庚辰進士。掌卷官：翰林院修撰彭教，甲申

進士；翰林院編修文林郎劉健，庚辰進士；文林郎刑科都給事中金紳，甲戌進士；徵仕郎工科右給事中黃甄，甲戌進士。巡綽官：昭勇將軍錦衣衛都指揮僉事袁彬；懷遠將軍錦衣衛指揮同知焦壽；明威將軍錦衣衛指揮僉事趙能；懷遠將軍金吾前衛指揮同知翟通；昭勇將軍金吾後衛指揮使陳綱。印卷官：奉政大夫禮部儀制清吏司郎中周騤，戊辰進十；禮部儀制清吏司署員外郎事主事張謹，庚辰進士；承德郎禮部儀制清吏司主事劉釗，庚辰進士；承德郎禮部儀制司主事徐紳，甲戌進士。供給官：奉政大夫修正庶尹光祿寺少卿酈鏞，貢士；奉政大夫修正庶尹光祿寺少卿劉璉，乙丑進士；禮部司務王大經，貢士；奉政大夫修正庶尹禮部精膳清吏司郎中李和，乙丑進士；承德郎禮部精膳清吏司主事萬翼，丁丑進士。

三　月

羅倫（1430～1478）、程敏政（1445～1499）、陸簡（1442～1495）等三百五十人進士及第、出身有差。改林瀚、劉鈺、章懋等二十四人為庶吉士。

《明憲宗實錄》卷二十七：「成化二年三月壬寅朔，上御奉天殿策試舉人章懋等三百五十人。制曰：『朕惟古昔帝王之為治也，其道亦多端矣。然而有綱焉，有目焉，必大綱正而萬目舉可也。若唐虞之治，大綱固無不正矣，不知萬目亦盡舉歟？三代之隆，其法浸備，宜乎大綱正而萬目舉也，可歷指其實而言歟？說者謂漢大綱正唐萬目舉，宋大綱亦正萬目未盡舉，不知未正者何綱？未舉者何目？與已正已舉之綱目，可得而悉言歟？我祖宗之為治也，大綱無不正，萬目無不舉，固無異於古昔帝王之治矣，亦可得而詳言歟？朕嗣承大統，夙夜惓惓，惟欲正大綱而舉萬目，使人倫明於上，風俗厚於下，百姓富庶而無失所之憂，四夷賓服而無梗化之患，薄海內外，熙然泰和，可以增光祖宗，可以匹休帝王，果何行而可，必有其要。諸士子學以待用，其於古今治道，講之熟矣，請明著於篇，毋泛毋略，朕將親覽焉。」「癸卯，上御文華殿，讀卷官以舉人所對策優等者進讀三卷，御筆批定其次第。各官及諸執事官皆宴賚有差。」「戊申，狀元率諸進士詣國子監文廟行釋菜禮。是日，禮部請命工部於國子監立石題名。上命太子少保禮部尚書兼文淵閣大學士陳文撰記。」「乙卯，授第一甲進士羅倫為翰林院修撰，程敏政、陸簡為編修。選進士林瀚、劉鈺、章懋、李傑、翟瑛、陳淵之、黃仲昭、謝文祥、李璿、

張誥、畢瑜、宋應奎、邵有良、商良臣、鄭巳、張鈍、章鎰、何純、莊昶、鍾晟、王俊、石淮、施純、王偉爲庶吉士。命學士劉定之、柯潛教習文章，少保、吏部尚書兼華蓋殿大學士李賢等提督考校，務令成效，以需他日之用。命所司給紙筆飲饌第宅燈燭，俱如舊例。其餘進士分各衙門辦事。」《成化二年進士登科錄・恩榮次第》：「成化二年三月初一日早，諸貢士赴內府殿試，上御奉天殿親賜策問。三月初三日早，文武百官朝服侍班。是日錦衣衛設鹵簿於丹陛丹墀內，上御奉天殿，鴻臚寺官傳制唱名，禮部官捧黃榜，鼓樂導引出長安左門外，張掛畢，順天府官用傘蓋儀從送狀元歸第。三月初四日，賜宴於禮部，宴畢，赴鴻臚寺習儀。三月初五日，賜狀元朝服冠帶及進士寶鈔。三月初六日，狀元率諸進士上表謝恩。三月初七日，狀元諸進士詣先師孔子廟行釋菜禮。禮部奏請命工部於國子監立石題名。」《弇山堂別集》卷八十二：「二年丙戌，太常寺少卿翰林院侍讀學士劉定之、翰林院學士萬安爲考試官，取中章懋等。廷試，賜羅倫、程敏政、陸簡及第。是月改進士林瀚、劉鈺、章懋、李傑、翟瑛、陸淵之、黃仲昭、謝文祥、李瑢、張誥、畢瑜、宋應奎、邵有良、商良臣、鄭巳、張鈍、章鎰、何純、莊昶、鍾晟、王俊、石淮、施純、王偉爲庶吉士，命翰林院學士劉定之、柯潛教習。」「是歲，羅倫以上疏論閣臣李賢不奔喪，久之章懋、莊昶、黃仲昭以諫元宵燈火，俱得罪外謫，時號翰林四諫。又，是歲會試，五經各刻文三篇，二場刻詔。商良臣，輅子也；敏政，李賢壻。」《國榷》卷三十四：「成化二年三月乙卯，選庶吉士林瀚、劉鈺、章懋、李傑、翟瑛、陸淵之、黃仲昭、謝文祥、李瑢、張誥、畢瑜、宋應奎、邵有良、商良臣、鄭巳、張鈍、章鎰、何純、莊昶、鍾晟、王俊、石淮、施純、王常，以太常少卿兼學士劉定之、學士柯潛教習。」梁章鉅《制義叢話》卷二十三：「（《堅瓠集》）又云：成化丙戌，陳公甫憲章、莊孔暘昶、章德懋懋應試南宮，主試者相戒曰：『場中有此三人，不可草率。』及塡榜，章、莊高列，獨不見陳卷，亟覓之，題爲『老者安之』三句，陳破云『人各有其等，聖人等其等。』同考者業批其旁云：『若要中進士，還須等一等。』見者鬨堂。又南直宗師歲考其縣諸生，題爲『斯民也，三代之所以直道而行也』，一生文中有『一代一代又一代』句，宗師批云『二等二等再二等。』遂置之六等云。」

據《成化二年進士登科錄》，第一甲三名，賜進士及第。履歷如下：

羅倫，貫江西吉安府永豐縣，民籍，國子生，治《書經》。字應魁，行

三，年三十六，正月十一日生。曾祖叔彥。祖永仁。父修大。母李氏，繼母嚴氏。永感下。兄侃、倍。弟儼、傑。娶梁氏。江西鄉試第六十八名，會試第三名。

程敏政，貫直隸徽州府休寧縣，官籍，□院秀才，治《書經》。字克勤，行一，年二十二，十二月初十日。曾祖杜壽，贈太僕寺卿。祖晟，贈太僕寺卿。父信，兵部左侍郎。母林氏，封淑人。具慶下。弟敏德，敏行。聘李氏。順天府鄉試第二名，會試第十八名。

陸簡，貫直隸常州府武進縣，軍籍，府學增廣生，治《詩經》。字廉伯，行一，年二十五，十二月初十日生。曾祖朝宗。祖淵，教諭，贈戶部郎中。父愷，戶部郎中。母徐氏，贈宜人，繼母蕭氏，封宜人。重慶下。弟節、簽、策、筴、範。娶池氏。應天府鄉試第一名，會試第十五名。

據《成化二年進士登科錄》，第二甲九十八名，賜進士出身。第三甲二百五十二名，賜同進士出身。

羅倫大廷對策，長達三十幅，直聲震於時。

李調元《制義科瑣記》卷二《三十幅》：「羅倫字彝正，號一峰，永豐人。成化二年丙戌，既中會試，自言久困場屋，有志廷對，願增紙以畢所陳。禮部官壯其志，許之，謄真遂有三十幅。時李文達讀卷，跪久，李年高，至不能起，上命兩內臣掖之。是年，羅遂大魁。至次科，亦有欲比羅例者，以為有意希望，不從，故至今惟以十三幅為式。」尹直《謇齋瑣綴錄》卷三：「國朝狀元對策，皆經閣老筆削，或自刪潤，乃入梓。獨羅倫一策，未嘗改竄。蓋對策時，恐太晚，半不具稿，一筆寫正。既掇魁後，以言忤旨外調，不及改削，然其策亦自詳贍。初，倫會試，五策五千餘言，予取為會元。主考劉主靜、萬循吉各主本經，置倫第三。予意不滿，批其所刻一策云：『五策五千餘言，有學有識，進對大廷，未必非褎然出色者。』後果如所期。一時士夫皆謂予有目力，而姚宗伯廷稱予曰：『尹先生狀元、榜眼俱出門下。』予曰：『春卿之力也。』」尹直《謇齋瑣綴錄》卷三：「成化丙戌廷試，王冢宰以程敏政卷字精楷，力贊為第一。公（李賢）曰：『論文不論書。』卒取羅倫第一。」徐學聚《國朝典彙》卷一百二十八：「（成化二年丙戌）三月，上御奉天殿策試，賜羅倫及第第一、程敏政第二、陸簡第三。案：羅倫，吉安永豐人，對策引用程伊川語：『人主一日之間，接賢士大夫之時多，親宦官宮妾之時少。』

執政欲截去下句，倫不從，直聲震於時。遂奏名第一。倫以上疏論閣臣李賢不奔喪，久之，章懋、莊昶、黃仲昭以諫元宵燈火，俱得罪外謫，時號翰林四諫。又是歲會試，《五經》各刻文三篇，二場刻詔。商良臣，輅子也，敏政，李賢婿。時冢宰王一夔以敏政字精楷，力薦於李文達，曰：『宜爲第一。』李曰：『論文不論書。』遂取倫第一，而敏政次之。是科會元、狀元咸稱得人，內賀欽、莊昶、韓文、熊繡、許進、林瀚、黃仲昭、王繼皆爲名臣。從來得人未有如是科者，論者比之唐韓愈榜、宋寇準榜云。」

羅倫大魁天下。坊刻有僞作羅倫『致知在格物』一篇。

侯樵《西樵野記·報狀元》：「江西貢士羅倫，成化丙戌與里人劉忠同赴春闈。發程，以家務所羈，晚至京師，舍館盡爲他人有之。覓一晦室，塵垢繞梁。掃除間，梁上墜下一軸羅素絲箋。舒視之，模糊莫辨，乃以水固浣之。圖有一枝梅，上棲雙鵲，款書『報狀元』三字，羅懷之，圭角勿露。至揭曉，二人皆登第，羅倫則狀元也。」梁章鉅《制義叢話》卷二十三：「坊刻有僞作羅倫『致知在格物』一篇，其破題曰：『良知者，廓於學者也。』案：羅文毅中成化二年進士，當時士無異學，使果有此文，則良知之說始於彜正，不始於伯安矣。況前人作破亦無此體，以其爲先朝名臣而借之耳。案：俞長城《百二十名家》中尚載此文。」

《欽定四書文》化治文收羅倫文三篇。

卷二錄羅倫「哀公問社於宰我」一章題文，文謂：「聖人於論社者而規之，重民之意微矣。夫社以爲民，非威民也，斯聖人規宰我之微意乎？且王者右社之制，爲民樹建，與國存亡，其意固深遠哉！何哀公問社而宰我謬爲置對也？彼壇壝非美觀也，尸祝非具文也，引三代之遺規，寓子民之大略，無不可者。胡僅僅焉以松言夏，以柏言殷耶？以栗言周，以使民戰慄言周之栗耶？是崇德報功之典，爲一木之支，君蒿悽愴之場，爲跳斷之具，謬已甚矣。將謂封殖不忘以示重也，則先王之所逓昭事者，不在喬木也；即爲弱主失馭以勸誡也，則當日之所姑息者，亦不在齊民也。民懷危疑，益爲貳魯者樹黨矣。夫子聞之，不欲顯言其失。第慨然歎曰：天下事未成，可說也；成而說之，無益也。未遂，可諫也；遂而諫之，無益也。將來，可咎也；往而咎之，無益也。予也，眞謂社以木重而周制爲威民乎？出於言者之口，一出而不可收矣；入於聽者之耳，

一入而不可破矣。吾且奈之何哉？於此見國事不容輕議，君心最忌先入。為國為民，務片辭而關宗社之畫；審理審勢，寧闕如而俟覈實之精。聖人婉規之意蓋如此。」評謂：「純以煉勝，亦開倡風氣之作。須識其丰骨清峻、胎息《左》《國》之神，非可於局調間刻摹形似者。」卷三錄其「昔者先王以為東蒙主」四句題文，文謂：「聖人於大夫之伐國而據理以斥其非也。蓋兵以義動，始無惡於伐也。顓臾封於魯，國於魯，臣於魯，則季氏安得而伐之哉？且吾聞之，無欲而利人之有者，不仁；無罪而伐人之國者，不智。季氏之伐顓臾也，豈未聞顓臾之為國乎？彼其分封不出於先王，是僭竊之君也，而伐之可以明王制；錫土不居於邦域，是爭雄之國也，而伐之可以夷後患；名分不通於社稷，是跋扈之臣也，而伐之可以修臣紀。今自其建國之初論之，昔者先王以為東蒙主，則一方之名山，將賴是以承其祭，而有周以來，其國固與我魯並矣，是豈可伐者乎？而猶未也。以地，則在邦域之中焉，密邇公室，必無悖逆之心，所謂不必伐者，此也；以分，則為社稷之臣焉，聽命公朝，又為王家之佐，所謂不當伐者，此也。為季氏者，正宜遠追建國之意，近守交鄰之道，可也。胡為乎謀動干戈，容心於分外之得；妄興師旅，恣情於黷武之謀？將以明王制與？彼非僭竊之君也；將以夷後患與？彼非爭雄之國也；將以修臣紀與？彼非跋扈之臣也。而無名之舉，何以服天下之心？但恐不可伐而伐之，上得罪於先王也；不必伐而伐之，下得罪於境內也；不當伐而伐之，中得罪於公家也。而不義之師，祇以稔一己之惡。為季氏者，不知而伐之，是不智也，知而伐之，是不仁也，國未必得，而身已入於大惡矣，季氏何為哉？為求者，不知而使之，是不智也，知而使之，是不仁也，謀未必就，而身已入於大逆矣，求也何為哉？」評謂：「曲折發揮，雄氣奔放。昔人謂如呂梁之水，噴薄澎湃者。不獨兼正嘉作者氣勢之排宕，並包隆萬名家結構之巧密矣。故知先輩非不欲為正嘉以後之文，乃風氣未開，為之者尚少耳。」卷五錄其「三月無君則吊」四節題文，文謂：「大賢兩明君子之仕，惟欲盡孝以行禮也。蓋君子者，奉先思孝而事君盡禮者也。失位則廢祭，舍贄則非禮矣，安得而不急於仕哉？且夫君子之於人國也，班祿以奉祀，則盡忠即所以盡孝也；傳贄以為臣，則行道即所以行禮也。此證諸古傳而有徵，觀諸孔子而益信矣。何周霄乃於無君則吊之言而疑其急焉，是徒知其以失位為急，而未知其以失祭為憂也，故孟子即諸侯之事以辨之。蓋諸侯之失國與士之失位，其心一也。使諸侯而可以無祭，士之無君固不足吊矣。由禮觀之，則親耕親蠶，皆所以為祭祀之奉；而不潔不修，終無以遂其孝享之誠。此諸侯

之國家所以不可失也。今士而失位，則圭田不錫於王朝，而祀典不修於家廟，不惟無以備其物，而亦不敢以安於心矣。然則吊其三月之無君者，所以吊其一時之廢祭也，而豈以失位爲急哉！夫知其無君之足吊，則所以求得乎君者不容已也；知其得君之爲急，則所以先載乎贄者不容已也。霄又以出疆載贄之言而明其故焉，是徒欲抱道而處，而未知其當載道而出矣，故孟子即農夫之事以明之。蓋士之立於朝與農之耕於野，其道同也。使農而可以舍耒耜，士之出疆亦可以不載贄矣。由今觀之，則出作入息，固不免於出疆之勞；而於耜舉趾，未始廢其耕耨之具。此農夫之耒耜所以不容舍也。若士而無贄，則始進之禮既失，而相遇之機已疏，非直無以見其君，而終無以行吾道矣。然則載贄於出疆之日者，將以利見於適國之初也，而肯以非禮自待也哉？要之，無君則吊者，固所以盡奉先之孝也，苟君不我禮，則寧廢祭而不敢廢道矣；出疆載質者，固可以行見君之禮也，苟道不可行，則寧失其禮而不敢失其身矣。周霄其知之乎？」

評謂：「長題局法，此爲開山。宜玩其遊行自得而體格謹嚴處。」

成、弘間言科目之盛，多以丙戌為首稱。

《篷軒類記》卷二：「成化丙戌科至弘治辛亥，二十六年間，同年在京仕至尚書二人，右都御史一人，侍郎四人，副都御史七人，僉都御史三人，卿三人，少卿一人，通政二人，祭酒二人。在外布政使七人，參政一十五人，參議一十七人，按察使一十一人，副使三十三人，鹽運使一人，知府五十七人。雖存亡不一，通計腰金者一百六十六人矣。故近時言科目之盛者，多以丙戌爲首稱。然其間如羅倫上疏，論李文達奪情起復之非，卒著爲令。章懋、黃仲昭、莊昶諫鼇山燈火之戲，陸淵之論陳文諡莊靖之不當，賀欽、胡智、鄭巳、張進祿輩之劾商文毅、姚文敏，強珍之劾汪直、陳鉞，皆氣節凜然，表表出色。後來各科，在翰林、科道、部屬者，皆無此風，丙戌之科所以爲尤盛也。」

林瀚中進士。官至南京吏部尚書。其制義頗受推重。

查繼佐《罪惟錄》志卷十八《科舉志》「科舉盛事‧父子祖孫五尚書」：「閩縣林瀚，由進士歷兵部尚書，長子庭㭿以進士至工部尚書，子庭機以進士歷禮部尚書，庭㭿次子㦉以進士至禮部尚書，三子熑以進士至工部尚書，而瀚父元美以進士歷官知府，㭿長子炫以進士歷官通政司參議。」梁章鉅《制義

叢話》卷四:「林公爲吾閩聞人,開三代五尙書之門風,倡『學得吃虧』之庭訓。俞桐川稱其文談理眞實,而行之以繁重紆拙。蓋篤行之風,百世下猶可想見也。」《制義叢話》卷四:「《四勿齋隨筆》云:『君子之所爲,眾人固不識也。』此不識與上文知者、不知者是一是二,從來無人理會,惟吾鄉林文安公云:『苟於此而不去耶?則失去就之宜。苟於此而遂行耶?則顯君相之失。故行不遂行,必得不致膰而後行;去不苟去,必俟其微罪而後去。使君相之失既泯於無形,而在己之行又託於有故。其見幾之明決既如彼,而用意之忠厚又如此,是豈眾人之所能識哉?故當時不知者以爲爲肉而去也,其知者以爲爲無禮而去也。以爲爲肉者,是以私心窺聖人,而其行止之微意,誰則知之;以爲爲無禮者,是以淺見測聖人,而其遲速之深情,誰則識之。』寥寥數語,將不知與不識分際,暗中劃清,而『君子之所爲』五字自然醒豁。評者但云自引上文,更不著講題,是了義文無剩法,猶未道著此文竅要也。」

近年以來,場屋經義專主朱說取人,《易》經義凡主程《傳》者皆被黜。

陸容《菽園雜記》卷十五:「朱子注《易》雖主尙占立說,而其理未嘗與程《傳》背馳,故《本義》於卦文中或云說見程《傳》,或云程《傳》備矣。又曰看其《易》須與程《傳》參看。故本朝詔告天下,《易》說兼主程、朱,而科舉取士以之。予猶記幼年見《易》經義多兼程《傳》講貫。近年以來,場屋經義專主朱說取人,主程《傳》者皆被黜,學者靡然從風,程《傳》遂至全無讀者。嘗欲買《周易傳義》爲行篋之用,遍杭城書肆求之,惟有朱子《本義》,兼程《傳》者絕無矣。蓋利之所在,人必趨之,市井之趨利,勢固如此;學者之趨簡便,亦至此哉!」

明憲宗成化四年戊子(西元 1468 年)

八 月

兩京及河南、山東、陝西、山西、浙江、湖廣、江西、福建、廣東、廣西、四川、雲南等十二布政司鄉試;貴州士子附雲南鄉試。

成化四年戊子科浙江鄉試題,見於本科《鄉試錄》。《明成化四年戊子科

浙江鄉試錄》：

第一場

《四書》：

一、古之欲明明德於天下者，先治其國；欲治其國者，先齊其家；欲齊其家者，先修其身；欲修其身者，先正其心；欲正其心者，先誠其意；欲誠其意者，先致其知。致知在格物。物格而後知至，知至而後意誠，意誠而後心正，心正而後身修，身修而後家齊，家齊而後國治，國治而後天下平。

二、君子貞而不諒。

三、君子之事君也，務引其君以當道，志於仁而已。

《易經》：

一、謙，亨。天道下濟而光明，地道卑而上行。天道虧盈而益謙，地道變盈而流謙，鬼神害盈而福謙，人道惡盈而好謙。謙尊而光，卑而不可逾，君子之終也。

二、天下雷行，物與無妄，先王以茂對時育萬物。

三、知變化之道者，其知神之所為乎？

四、化而裁之存乎變；推而行之存乎通；神而明之，存乎其人；默而成之，不言而信，存乎德行。

《書經》：

一、簫韶九成，鳳凰來儀。夔曰：「於！予擊石拊石，百獸率舞。庶尹允諧。」帝庸作歌曰：「敕天之命，惟時惟幾。」乃歌曰：「股肱喜哉！元首起哉！百工熙哉！」

二、惟箘、簬、楛。三邦底貢厥名，包匭菁茅，厥篚玄纁璣組，九江納錫大龜，浮於江、沱、潛、漢，逾於洛，至於南河。

三、敢對揚天子之休命。

四、國則罔有立政用憸人，不訓於德，是罔顯在厥世。繼自今立政，其勿以憸人。其惟吉士，用勱相我國家。

《詩經》：

一、人之好我，示我周行。呦呦鹿鳴，食野之蘋。我有嘉賓，德音孔昭。視民不恌，君子是則是傚。

二、比於文王，其德靡悔。既受帝祉，施於孫子。

三、綏萬邦，屢豐年，天命匪解。桓桓武王，保有厥土。於以四方，克定厥家，於昭於天，皇以間之。

四、商之先后，受命不殆，在武丁孫子。

《春秋》：

一、公及齊侯、宋公、陳侯、衛侯、鄭伯、許男、曹伯會王世子於首止（僖五年）。公會尹子、晉侯，齊國佐邾人伐鄭（成十六年）。公會尹子、單子、齊侯、宋公、衛侯、曹伯，邾人伐鄭（成十七年）。公會單子、晉侯、宋公、衛侯、鄭伯、莒子、邾子、齊世子光。己未同盟於雞澤（襄三年）。

二、齊侯伐我北鄙（成二年）。衛孫良夫帥師及齊師戰於新築，衛師敗績（同上）。季孫行父、臧孫許、叔孫僑如、公孫嬰齊帥師會晉郤克、衛孫良夫、曹公子首及齊侯戰於鞌，齊師敗績（同上）。齊侯伐我北鄙，圍成（襄十五年）。齊侯伐我北鄙（襄十六年）。齊侯伐我北鄙，圍成（同上）。齊侯伐我北鄙，圍桃（襄十七年）。齊高厚帥師伐我北鄙，圍防（同上）。齊師伐我北鄙（襄十八年）。公會晉侯、宋公、衛侯、鄭伯、曹伯、莒子、邾子、滕子、薛伯、杞伯、小邾子同圍齊（同上）。

三、公會齊侯、宋公、陳侯、衛侯、鄭伯、許男、曹伯侵蔡，蔡潰。遂伐楚，次於陘（僖四年）。公會晉侯、宋公、衛侯、曹伯伐鄭（成三年）。晉韓厥帥師伐鄭。仲孫蔑會齊崔杼、曹人、邾人、杞人次於鄎（襄元年）。叔老會鄭伯、晉荀偃、衛甯殖、宋人伐許（襄十六年）。

四、狄救齊（僖十八年）。邢人、狄人伐衛（同上）。楚師、鄭師侵衛（成二年）。鄭伐許（成三年）。

《禮記》：

一、凡在天下九州之民者，無不咸獻其力以共皇天、上帝、社稷、寢廟、山木、名川之祀。

二、九夷之國，東門之外，西面北上。八蠻之國，南門之外，北面東上。六戎之國，西門之外，東面南上。五狄之國，北門之外，南面東上。九采之國，應門之外，北面東上。

三、是故樂在宗廟之中，君臣上下同聽之，則莫不和敬；在族長鄉里之中，長幼同聽之，則莫不和順；在閨門之內，父子兄弟同聽之，則

莫不和親。故樂者，審一以定和，比物以飾節，節奏合以成文，所
以合和父子君臣，附親萬民也。

四、乃考文叔，興舊耆欲，作率慶士，躬恤衛國；其勤公家，夙夜不解，
咸曰：「休哉！」

第貳場：

論：天理人倫之極致

詔、誥、表內科壹道：

擬漢武帝造太初曆詔

擬唐以陳叔達爲禮部尚書誥

擬宋眞德秀除戶部尚書謝表

判語五條：

制書有違

朝見留難

賦役不均

從征違期

詐爲瑞應

第三場：

策五道：

一、問：彝倫之理原於天，而立教垂訓必賴乎君。是以自昔帝王之化成
天下，率先是道，稽諸經可見已。洪惟我太祖高皇帝肇造區夏，有申明五常
之誥，宣宗章皇帝纘承丕緒，有五倫之書，蓋欲措世雍熙，納民皇極，與古
昔帝王同一揆也。然誥之五常而曰申明，五倫書之首篇總論有「天道人義、
家肥國肥」之說，其義可得聞歟？若夫善行，所載君臣之道甚詳，其目可悉
數歟？父子、夫婦、兄弟、朋友之道特略，又皆不著其目，何歟？至於言父
而又及母與伯、叔、叔母，言子而又及女與婦，他如言兄弟而及宗族，言朋
友而及師生，其義又何在歟？諸士子服膺聖訓，蓋亦有年，其於子臣弟友之
中，抑以何人爲歟？試詳陳之。

二、問：聖賢所傳之道，不外乎中，觀堯、舜、禹之所以丁寧告戒，則
可見已。先儒謂「自是以來，聖聖相承，若成湯、文、武之爲君，皋陶、伊、
傅、周、召之爲臣，既皆以此而接」。夫道統之傳者，果何所見歟？又謂「吾
夫子雖不得位，而所以繼往聖，開來學，其功反有賢於堯舜者」，又何所指歟？

顏子之聖門，雖聞博文約禮之教，然中之一字未嘗聞之，先儒何以謂其傳之得其宗歟？曾子之傳《大學》，雖有格致誠正之言，然中之一字未嘗及之，先儒又何以謂其傳之得其宗歟？得曾子之傳者，子思也。先儒謂其所作《中庸》之書，明白且盡，可得而詳之歟？得子思之傳者，孟子也。先儒謂其能推明是書，以承先聖之統者，可得而舉之歟？聖賢道統之傳，學者不可不明，請著於篇，以觀平昔之所用心。

三、問：人主之學與不學，乃天下治亂之所繫。是人主之治天下，不可以不學，而其學不可以不精且專也。姑以商、周之君言之，有聖敬日躋、昭假遲遲者，固可以知其學之精且專矣。然其所以精專者，可得而言歟？有日就月將、緝熙光明者，亦可以知其學之精且專矣。然其所以精專者，可得而舉歟？下逮漢、唐、宋之君，亦莫不有志於學，有罷黜百家、表章六經者，有訪問名儒、討論文籍者，其學果可謂之精且專者歟？有聞飲食宴樂之語則斥之而不聽者，有聞甘酒嗜音之戒則誦之而無斁者，其學亦可謂之精且專者歟？我朝列聖相承，親賢遠佞，正心修德，率以精專其學為急。今上嗣大歷服，聽言納諫，檢身勵行，於學蓋尤精且專者焉。上之於學雖精且專，而臣子愛君之心則無窮也。然先儒程子、朱子之於聖學，蓋嘗有其說矣，願舉其說以告於予。予將獻之於上，以為聖學萬一之助，以盡臣子愛君無窮之心焉。

四、問：人君之治天下，其要莫先於勵士風。而士風之美，在於敦氣節、尚忠義、務恬退、崇清廉也。方今士之氣節忠義者，雖有褒嘉之令，奈何諛佞詭隨者自如。何以使諛佞者有所振立，如古之人抗顏貴幸，一揖不拜，持節外夷，百挫不屈歟？又何以使詭隨者有所介執，如古之人叩環大呼，不曰沽名，叩榻論諫，不曰忤旨歟？士之恬退清廉者，雖有獎勸之典，奈何奔競貪墨者自若。何以使奔競者甘於恬退，如古之人父任執政，不就廷試，禮部第一，不肯自陳歟？又何以使貪墨者礪於名檢，如古之人成都清節，一琴自隨，端溪美政，一硯不持歟？三數者，皆士君子立身之大本也，其轉移感動之機，必有能言之者。

五、問：役法，國之切務，不可以不講也。夏、商以前姑未暇論考之。成周有兵役、徒役、胥役、鄉役，可得而言歟？自周而後稱善治者，必曰漢、唐、宋也。漢之役有七科三更者，其義何說？抑有別役歟？唐之役寓於租庸調者，其制何施？抑有他役歟？宋則有差役、雇役，亦悉言之歟？二役不同，或謂差役便者，或謂雇役便者，果孰為是？有宜於吳、蜀，有宜於秦、晉者，

其意安在？二者之外，抑又有他役歟？然漢、唐、宋數役，何者有合成周之遺意？何者可爲後世之良規？洪惟我朝酌古定制，役法之善，超軼漢、唐、宋遠矣。有與成周合者，亦可舉其一二言歟？諸士子抱致用之學而來，必有以知之，試爲我陳，毋泛毋略。

成化四年戊子科浙江鄉試試卷樣本

第一場：

《四書》之題

第一道：（略）

第一名楊文卿答卷：《大學》於綱領之條目，既詳言其序，而又覆言其意也。夫綱領之條目，固有其序而不可紊矣。《大學》既詳言其序於前，安得不覆言其意於後哉！且《大學》之道，不越乎明德、新民、止至善三者而已。然三者之條目有八，而八者則又有其序焉。故古之欲明明德於天下者，以天下之本在國，必先敦教化以治其國焉；欲治其國者，以國之本在家，必先正倫理以齊其家焉。家之本則身也，欲齊其家者，必先公於好惡以修其身；身之主則心也，欲修其身者，必先察於應物以正其心。意者，心之所發，欲正其心者，可不先毋自欺以誠其意乎？知者，心之神明，欲誠其意者，可不先明諸心以致其知乎？理有未窮則知有不盡，欲致吾之知識，則在乎即物窮理，各詣其極而無餘焉。且理之在物者，既詣其極而無餘；則知之在我者，亦隨所詣而無不盡矣。知無不盡，則心之所發能一於理，而意可得而誠矣。意既誠，則心之本體物不能動，而心其不可得而正乎？心既正，則身之所處不陷一偏，而身其不可得而修乎？身修則可以教於家，而家可得而齊矣。家齊則可以教於國，而國可得而治矣。國治則可以舉此加彼，而天下可得而平焉。是則修身以上，明明德之事也；齊家以下，新民之事也。物格知至，則知所止矣；意誠以下，則皆得所止之序也。《大學》於綱領之條目，既詳言其序，又覆言其意，如此其教久也至矣！雖然，《大學》之條目固有八矣，而八者之中，則又以修身爲要。蓋正心以上，所以修此身也；齊家以下，特舉此而措之耳。然則修身也者，其自天子至於庶人之所當務者歟！

同考試官教諭翟批：場中於此題，有以逆推工夫、順推功效爲言者，有祗以知所止、得所止爲言者，有祗以爲明德、新民之條目，而不及於止至善者，殊失本旨。惟此篇得之，故錄以示學者。

考試官教諭游批：此題上一節乃詳言八條目之序，下一節乃復說其意。

朱子已有明訓，此作蓋得之矣。

考試官教諭林批：一破既佳，講亦明暢，結尤有力，非他卷所及也。

《五經之題》：《詩經》

第四道：商之先后，受命不殆，在武丁孫子。

第三名范吉答卷：惟前王有以膺天眷之固，故後王得以蒙前王之福。蓋後王之蒙福，實本乎前王之受命也。商之前王受命既固，則後王豈不賴其福哉！是詩，說者以爲祭祀宗廟之樂。追敘商人之所由生，以及其有天下之初也。謂夫「天命玄鳥，降而生商，宅殷土芒芒」，則契之受天命固不危殆也；「古帝命武湯，正域彼四方，方命厥后」，則湯之受天命亦不危殆也。我商之先后，受命不殆，如此則我武丁孫子豈不賴其福乎？觀夫「龍旂十乘，大糦是承」，我後人得諸侯之助祭者，固賴乎前王之福也；「四海來假，來假祁祁」，我後人得人心之歸向者，亦賴乎前王之福也。我後人賴前王之福如此，然非前王之受命不殆，亦何以致之哉？商人奉祭宗廟，以是播諸頌歌，其意深矣。大抵一代之興，必賴前人受命之固，斯有以垂無窮之福。故此詩之敘契與成湯，始則言其受命於天，次則言其垂福於後，而終之以「殷受命咸宜，百祿是何」之言，以見商家一代之福，皆契與成湯受命不殆之所致也。噫，宗廟之祭，美盛德而告成功也，夫豈不宜！

同考試官教諭甘批：作此題，於上兩句，當以上文立說；下一句當以下文立說。此作體帖明白，措詞簡當，故錄之爲學者式。

考試官教諭游批：場中作此題者，多於「商之先后，受命不殆」處專指湯而遺契；於「在武丁孫子」處又無所指，皆非有的見者也。見之的者，無逾此篇。

考試官教諭林批：能以本章上下文立說而辭不冗不雜，絕異他作。

第貳場

論：天理人倫之極致

第八名馮蘭答卷：

或有於《大學》釋「止至善」章，因先儒朱子以君仁、臣敬、子孝、父慈、與國人交之信爲天理人倫之極致而致疑者。予曰：噫，奚疑之哉！以心驗之，則可見已。夫天生烝民，有物有則：有君臣則有仁敬之理，有父子則有慈孝之理，與國人交則有信之理。是理也，原於天。而臣，其心容已於仁敬乎，必不容已於仁敬也；爲人子、爲人父、與國人交，其心容已於孝、慈、

信乎，必不容已於孝、慈、信也。使爲人君、爲人臣者，其心容已於仁、敬；爲人子、爲人父、與國人交者，其心容已於孝、慈、信，則仁、敬、孝、慈、信未足以爲天理人倫之極致也。惟爲人君、爲人臣者，其心不容已於仁、敬；爲人子、爲人父、與國人交者，其心不容已於孝、慈、信，此仁、敬、孝、慈、信所以爲天理人倫之極致歟！曰：子謂以心驗之可見，固誠如其言矣，然則文王之聖，乃可以爲法於天下，而傳於後世者也。其於君、臣、父、子、與國人交之所止，亦惟在於仁、敬、孝、慈、信，何耶？曰：以文王之聖，可以爲法於天下，而傳於後世，使其於君、臣、父、子、與國人交之所止，不在於仁、敬、孝、慈、信，別有一種道理，則仁、敬、孝、慈、信亦未足以爲天理人倫之極致也。惟其所止，在於仁、敬、孝、慈、信，不能加毫末於其間，此尤見仁、敬、孝、慈、信所以爲天理人倫之極致歟！曰：子既以仁、敬、孝、慈、信爲叢於人心之不容已，則人皆能止於是矣，《大學》何獨而歸於文王耶？曰：眾人類爲氣稟物欲所昏，故不能常敬而失其所止。惟聖人之心，表裏洞然，無有一毫之蔽，故繼續光明，自無不敬，而所止者莫非至善，不待知所止而後得所止。是以《大學》歷陳所止之實，使天下後世皆得以束法焉。學者於此誠有以見其叢於本心之不容已者，而緝熙之無少間斷，則其敬止之功，是亦文王而已矣。或者之疑以釋，予因以曉或者之語，爲天理人倫之極致論。

同考試官訓導盧批：場中作此論者，多類《四書》義，況又以文王於天理人倫能造其極致立說，失理殊甚。此篇措辭蒼古，說理明白，非初學所能到也。

考試官教諭游批：此論以仁、敬、孝、慈、信叢於人心之不容已與文王之聖不能加毫末於其間立說，深合本旨。末以取法文王爲言，意甚縝密。文有歸宿，熟讀之方覺有味，可愛可愛。

考試官教諭林批：作性理論者，多以繁蕪失旨。此篇詞不多費而理甚明，蓋刻意苦思而成者，其可以易而觀之耶？

第三場：

第四問：（略）

第一名楊文卿答卷：上之立國，當先勵乎士風；下之立身，當無玷於士風。蓋氣節、忠義、恬退、清廉四者，乃士風之大者也。上之立國，不先勵乎此，固不足以爲國；下之立身，若有玷於此，豈不有以失其身哉！

臣以古之立身無玷於士風者言之。抗顏貴幸，一揖不拜，持節外夷，百挫不屈，汲黯、蘇武之氣節可想也。叩環大呼，不日沽名，叩榻論諫，不日忤旨，孔道輔、余靖之忠義可敬也。父任執政，不就廷試，禮部第一，不肯自陳，韓維、范景仁之恬退何以加焉？成都清節，一琴自隨，端溪美政，一硯不持，趙抃、包拯之清廉何以尚焉？

古之立身者，靡有玷於士風如此，則今之立身者，可不景仰於古人耶？況我國家之於士風也，護之如護元氣，重之如重圭璋。凡有氣節、忠義者，必褒嘉之以獎勸於下；恬退、清廉者，必獎勸之以激勵乎人。宜乎士皆以氣節是敦，忠義是尚，恬退是務，清廉是崇也，奈何諛佞詭隨者猶自以為能，而名教之不恤；奔競貪墨者猶自以為得計，而清議之不顧。此所以厪執事以轉移感動之機於愚輩而問也。

然今之氣節、忠義者，固有褒嘉之令矣，而未獲褒嘉者，豈無其人耶？誠廣詢之而褒嘉之必及，將見諛佞詭隨者莫不改行遷善而皆有所振立、有所介執，豈不皆如汲黯、蘇武、道輔、余靖之為人乎？恬退、清廉者，固有獎勸之典矣，而未獲獎勸者，亦豈無人耶？誠博訪其人而獎勸之不遺，將見奔競貪墨者莫不改過自新而皆甘於恬退、礪於名檢，豈不皆如韓維、景仁、趙抃、包拯之為人乎？愚以轉移感動之機誠在於此，未知執事以為何如？

同考試官教諭翟批：答此策者，多妄舉其人以對，且於轉移感動之機處又無的見，殊不可人意。惟此篇歷數其人不差，而且的有所見，其知古而知今者乎！

考試官教諭游批：士風一策，蓋以啓士子之所以立身者也。此篇條答既明，則所以立身無玷於士風者，吾於子有望矣。

考試官教諭林批：文不關於世教，雖工無益。此策以其有關世教，故錄之以為天下後世之為士者勸。

明憲宗成化五年己丑（西元 1469 年）

二　月

命太常卿兼侍讀學士劉珝、侍讀學士劉吉為會試考試官。取中費誾等二百五十人。

《明憲宗實錄》卷六十三：成化五年二月，「丁未，禮部以會試天下舉人三場已畢，奏請正榜額數。上命取二百五十人。」「壬子，禮部臣領會試舉人費誾等二百五十人陛見。」

三　月

張昇（1442～1517）、丁溥、董越（1431～1502）等二百四十八人進士及第、出身有差。改張璵、費誾等十八人為庶吉士。

《明憲宗實錄》卷六十五：成化五年三月，「己亥，上御奉天殿策試舉人費誾等二百四十八人。」「辛丑，上親閱舉人所對策，賜張昇等二百四十八人進士及第、出身有差。」「辛亥，選進士張璵、費誾、陳斌、蕭璵、梁澤、尹龍、馬蘭、喬維翰、陳紀、張晟、李介、王臣、尹仁、王錦、徐謙、方珪、謝顯、吳祚改庶吉士，進學於翰林，命侍讀學士陳鑑、侍講學士丘濬教習文章，大學士彭時等提督考校，務令成效，以需他日之用。命所司給紙筆、飲饌、燈燭等物如舊例。」《館閣漫錄》卷五《成化五年》：「三月乙酉朔。乙未，命太子少保、吏部尚書兼文淵閣大學士彭時，吏部尚書崔恭、戶部尚書楊鼎、太子少保兼兵部尚書白圭、兵部尚書兼學士商輅、刑部尚書陸瑜、工部尚書王復，都察院右都御史林聰、項忠，禮部左侍郎兼學士劉定之、通政使司左通政楊遂、大理寺左少卿喬毅、侍講學士丘濬為殿試讀卷官。戊申，授第一甲進士張昇為修撰，丁溥、董越為編修。辛亥，選進士張璵、費誾、陳斌、蕭璵、梁澤、尹龍、馬蘭、喬維翰、陳紀、張晟、李介、王臣、尹仁、王錦、徐謙、方珪、謝顯、吳祚改庶吉士，進學於翰林，命侍讀學士陳鑑、侍講學士丘濬教習文章，大學士彭時等提督考校，務令成效，以需他日之用，命所司給紙筆、飲饌、燈燭等物如舊例。」據《成化五年進士登科錄·玉音》：「成化五年三月十一日，禮部尚書臣姚夔等於奉天門奏為科舉事。會試天下舉人，取中二百四十七名。本年三月十五日殿試，合請讀卷及執事等官太子少保吏部尚書兼文淵閣大學士等官彭時等四十九員。其進士出身，恭依太祖高皇帝欽定資格，第一甲例取三名，第一名從六品，第二第三名正七品，賜進士出身。第二甲從七品，賜進士出身。第三甲正八品，賜同進士出身。奉聖旨：是，欽此。讀卷官：資善大夫兵部尚書兼翰林院學士商輅，乙丑進士；資善大夫吏部尚書崔恭，丙辰進士；資善大夫戶部尚書楊鼎，己未進士；資政大夫太子少保兼兵部尚書白圭，壬戌進士；資德大夫正治上卿刑部尚書陸瑜，

癸丑進士；資政大夫工部尙書王復，壬戌進士；資善大夫都察院右都御史林聰，己未進士；資善大夫都察院右都御史項忠，壬戌進士；通議大夫禮部左侍郎兼翰林院學士劉定之，丙辰進士；中憲大夫通政使司左通政楊稜，辛酉貢士；中憲大夫大理寺左少卿喬毅，戊辰進士；奉訓大夫翰林院侍講學士丘濬，甲戌進士。提調官：資德大夫正治上卿禮部尙書姚夔，壬戌進士；嘉議大夫禮部左侍郎萬安，戊辰進士；嘉議大夫禮部右侍郎葉盛，乙丑進士。監試官：文林郎山東道監察御史張海，庚午貢士；文林郎福建道監察御史陳相，庚辰進士。受卷官：奉訓大夫左春坊左諭德兼翰林院修撰王獻，辛未進士；翰林院修撰承務郎鄭環，庚辰進士；承事郎禮科都給事中魏元，丁丑進士；徵仕郎吏科左給事中程萬里，丁丑進士。彌封官：亞中大夫光祿寺卿劉璉，乙丑進士；中憲大夫鴻臚寺卿楊詢，監生；中順大夫鴻臚寺卿楊宣，甲戌進士；中順大夫太常寺少卿林章，儒士；奉議大夫尙寶司卿楊道，儒士；承事郎戶科都給事中丘弘，甲申進士；承事郎兵科都給事中秦崇，庚辰進士。掌卷官：奉議大夫左春坊左庶子童緣，辛未進士；翰林院修撰承務郎耿裕，甲戌進士；承事郎刑科都給事中毛弘，丁丑進士；承事郎工科都給事中高斐，甲申進士。巡綽官：鎮國將軍錦衣衛掌衛事都指揮同知袁彬；懷遠將軍錦衣衛指揮同知焦壽；明威將軍錦衣衛指揮僉事趙能；明威將軍錦衣衛指揮僉事馮珤；明威將軍錦衣衛指揮僉事朱驥；明威將軍金吾前衛指揮僉事萬友；昭勇將軍金吾後衛指揮使陳隆。印卷官：奉訓大夫禮部儀制清吏司署郎中事員外郎彭彥充，丁丑進士；奉訓大夫禮部儀制清吏司員外郎樂章，丁丑進士；承直郎禮部儀制清吏司主事高岡，甲申進士；承直郎禮部儀制清吏司主事趙繕，庚辰進士。供給官：奉議大夫光祿寺少卿陳鉞，丁丑進士；光祿寺丞秦玒，甲戌進士；禮部司務時中，庚午貢士；奉議大夫禮部精膳清吏司郎中楊琛，甲戌進士；奉訓大夫禮部精膳清吏司員外郎李溫，庚辰進士；承德郎禮部精膳清吏司主事謝弁，官生。」《成化五年進士登科錄‧恩榮次第》：「成化五年三月十五日早，諸貢士赴內府殿試。上御奉天殿親賜策問。三月十七日早，文武百官朝服侍班。是日，錦衣衛設鹵簿於丹陛丹墀內，上御奉天殿，鴻臚寺官傳制唱名，禮部官捧黃榜，鼓樂導引出長安左門外，張掛畢，順天府官用傘蓋儀從送狀元歸第。三月十八日，賜宴於禮部，宴畢，赴鴻臚寺習儀。三月十九日，賜狀元朝服冠帶及進士寶鈔。三月二十日，狀元率進士上表謝恩。三月二十一日，狀元率進士詣先師孔子廟行釋菜禮。禮部奏請命工

部於國子監立石題名。」

據《成化五年進士登科錄》，第一甲三名，賜進士及第。履歷如下：

張昇，貫江西建昌府南城縣，軍籍，縣學生，治《書經》。字啓昭，行一，年二十六，十月初七日生。曾祖循禮。祖德厚。父文質。前母何氏，母饒氏，繼母江氏。具慶下。娶胡氏。江西鄉試第八十三名。會試第二百四十名。

丁溥，貫直隸松江府華亭縣，民籍，國子生，治《詩經》。字原敬，行一，年四十一，十二月二十九日生。曾祖文政。祖汝霖。父孟威。母蔡氏。具慶下。娶夏氏。應天府鄉試第二名，會試第二百五十二名。

董越，貫江西贛州府寧都縣，民籍，國子生，治《詩經》。字尙矩，行二，年三十九，二月十六日生。曾祖子平，縣丞。祖吉義。父時謙。母溫氏。慈侍下。兄超。娶溫氏。江西鄉試第十二名，會試第三十九名。

據《成化五年進士登科錄》，第二甲七十五名，賜進士出身。第三甲一百六十九名，賜同進士出身。

《欽定四書文》化治文卷五錄董越程文《孟子》「天子適諸侯曰巡狩」六句題文。

文謂：「時臣述先王有君臣往來之典，各舉其名而釋其義焉。甚矣！先王之時，君巡狩於臣，臣述職於君，一往一來，皆非無事也。時臣述之以爲其君告，得無意乎？昔齊景公欲比先王之遊觀，而問於晏子，故晏子述先王之典以告之。謂夫天子以一人之尊而宰制六合，有土地焉，不能以獨理，有人民焉，不能以獨治，諸侯固不容於不建也。然諸侯散處於諸邦，各限於封守。歲事，未必其皆修；侯度，未必其皆謹；而人民之在所統理者，又未知其皆至於各安生養否也。使時巡之禮不舉焉，則奉職者何所勸，不職者何所懲，而王朝式序之典，寧不幾於廢墜耶？於是乎必時適諸侯，而名之曰巡狩焉。巡狩者何？巡行諸侯所守之土也。殆以視其田野孰闢歟，人民孰安歟，侯度職貢又孰謹而孰修歟。夫然後黜陟加焉，賞罰行焉，而天子宰制之權實於是乎見矣。夫豈無事而空行也哉！諸侯承一人之命以藩屏一方，有土地焉，皆天子所命以分理，有人民焉，皆天子所命以分治，職業亦不容於不修也。然自茅土既分於明廷，而天顏每違於咫尺。雖職貢之勉修，不敢自必其爲修；侯度之已謹，不敢自必其爲謹；而人民之見於統理者，又未知其果可勉於勿予禍謫否也。使入覲之禮不修焉，則有言曷從而敷納，有功曷從而明試，而

王朝考績之典，寧不幾於虛設耶？於是乎以時朝於天子，而名之曰述職焉。述職者何？述其所受之職也。殆必陳其田野不敢以不闢，人民不敢以不撫，而侯度職貢不敢以不舉不修。庶幾乎予奪舉焉，功罪明焉，而諸侯藩屏之職亦於是乎盡矣。又豈無事而空行也哉？吁，先王巡狩、述職之典如此，宜晏子述以告景公，而孟子復引以證宣王雪宮之爲獨樂也。」評謂：「縱橫馳驟，有高屋建瓴之勢。昔人謂子長文章百數十句祇作一句讀，此文亦然。」

陳獻章應會試再次下第，歸鄉。

《陳白沙集》卷一《乞終養疏》云：「臣原籍廣東廣州府新會縣人，由本縣儒學生員應正統十二年鄉試，中式。正統十三年，會試禮部，中副榜，告入國子監讀書。景泰二年會試，下第。成化二年，本監撥送吏部文選清吏司歷事。成化五年，復會試，下第。告回原籍。累染虛弱自汗等疾，又有老母朝夕侍養，不能赴部聽選。」田藝蘅《留青日箚》：「南海陳獻章，當成化初會試，雖負重名，躁於趨進。亦投時好，兢出新奇。作『老者安之，朋友信之，少者懷之』一題，其破云：『物各有其等，聖人等其等。』考官戲批其傍云：『若要中進士，還須等一等。』傳者莫不絕倒。使在今時，更屬平易矣。金編修鏴嘗有詩云：『何如歌新調，旖旎故不群。剪花金鎖鎖，鬥葉玉紛紛。巧疊空中錦，輕翻水上雲。自慙心太拙，到此不能文。』其言頗切纖縟之病，豈特時義爲然哉！古作亦然者矣！」

《欽定四書文》化治文卷六錄陳獻章《孟子》「古之爲關也」一章題文。

文謂：「大賢於古今之爲關者而深有所慨焉。夫關以御暴，非以爲暴也。古人有立法之意，而今則失之，亦可悲也已。孟子有慨於王政之不行而歎曰：先王無一事不爲民而設，亦無一事不爲民而善也。奈何古人往矣，而今之所爲有不皆古者，豈古今之有二乎哉？人自爲古今也。是故設關於道，古之制也。古人所設之關與今人之關一也，但古人之所以爲此者，其法爲公而不爲私，謹其啓閉焉耳，詢其符節焉耳，蓋以不如是不足以禦天下之暴。惟暴有所不容，斯禁有所必設，使天下之異言異服者至此而有譏焉，有察焉，斯已矣，是名有所禦而實有所便也。夫何今之不然也？今之所設之關與古人之關一也，但今之所以爲此者，其利在官而不在民，羈其去留者有焉，限其出納

者有焉，蓋以不如是不足以盡天下之利。惟利有所必取，斯禁有所不弛，使天下之貨出貨入者至此而有征焉，有稅焉，斯已矣，是始以禦人之暴而終於自為暴也。吁！何古人之不類今人，何今人之不學古人哉？今人不學古人，吾不之憾；而至於今之民不得蒙古人之政，吾獨悲其遭之不幸也。有今日之責者，其思所以為古乎？其思所以為今乎？」評謂：「寥寥數語，已括盡古今利病。風韻淡宕，有言外之味。」

明憲宗成化七年辛卯（西元 1471 年）

八 月

兩京及河南、山東、陝西、山西、浙江、湖廣、江西、福建、廣東、廣西、四川、雲南等十二布政司鄉試；貴州士子附雲南鄉試。

明憲宗成化八年壬辰（西元 1472 年）

三 月

因悼恭太子出殯，改殿試於十五日，後遂因之。吳寬、劉震、李仁傑等二百五十人進士及第、出身有差。是科未考選庶吉士。

《明憲宗實錄》卷一百二：成化八年三月，「辛亥，御奉天殿策試舉人吳寬等，制曰：『自古帝王，繼體守文，克弘先業，致盛治者多矣，而史臣獨以成康文景並稱，何歟？其致治本末，可指言歟？朕光紹祖宗丕圖，政令之行，悉遵成憲，期臻至治，比隆前古，然夙夜祗勤，於茲八載，而治效猶未彰著，何歟？豈世有古今，故效有深淺歟？今夫下田野闢矣，而貢賦供於上者，每至匱乏。學校興矣，而風俗成於下者，益至浮靡。兵屯以制外者謹矣，未能使夷狄畏卻而不敢侵。刑罰以肅內者嚴矣，未能使奸頑懲艾而不敢犯。凡若此者，其弊安在？如謂政在用人，則方今百司庶府，文武具足，而科目之選拔，軍功之序遷者，又濟濟其眾，何官有餘而政不舉歟？無乃承平日久，習安逸而事因循者多歟？茲欲嚴以督之，則人情有不堪，寬以待之，則治理有

難成，何處而得其中歟？夫治必上下給足，風俗淳美，外夷服而中國安，底於雍熙泰和之盛，斯朕志也，何施何爲而可以臻此，殆必有要道焉。子大夫講習經濟之學久矣，其參酌古今，明著於篇，朕將采而用之。』「癸丑，上親閱舉人所對策，賜吳寬等二百五十人進士及第、出身有差。」《館閣漫錄》卷六《成化八年》：「三月丁酉朔。丁未，命太子少保、吏部尚書兼文淵閣大學士彭時、兵部尚書兼學士商輅、太子少保兼吏部尚書姚夔、戶部尚書楊鼎、太子少保兼兵部尚書白圭、工部尚書王復、都察院左都御史李賓、禮部左侍郎兼學士萬安、刑部左侍郎曾翬、掌通政司事兵部左侍郎（張）文質、大理卿王槩、左春坊左諭德王獻爲殿試讀卷官。庚申，授第一甲進士吳寬爲修撰，劉震、李仁傑爲編修。壬戌，授庶吉士林瀚爲編修。」王鏊《文定公墓表》云：「公（吳寬）生有異質，未冠入郡庠，輩流方務舉業，公獨博覽群籍，爲古文辭，下筆有老成風格。屢試應天，不第，以歲資貢入太學。東海張汝弼見之曰：『天下亦有如此貢士也哉！』江陰卞郎中華伯以詩自負，有『低頭拜東野』之句。武功伯徐公高邁少可，而折節與交，曰：『館閣器也！』公以屢舉不利，絕意仕進，不肯復應舉。天台陳公士賢，時御史董學政於南畿，以禮敦遣公。不得已，入試，名在第三，時猶謂之屈。壬辰會試第一，入試大廷，又第一。」朱國楨《湧幢小品》卷七《殿試改期》：「舊制，殿試在三月初一日，謝恩在初六日。成化八年，以悼恭太子發引，改十五日，至今仍之。然初一日太促，畢竟十五日爲安。此雖人事，亦天意之相合也。」李調元《制義科瑣記》卷二《天曹見譴》：「吳文定公寬，少就塾，偶偕稚友二三，詣一土地祠嬉戲，書神座云：『土地無道，貶三千里。』既歸，其師夢土地乞告曰：『令徒見譴，天曹筆也，無所施計，冀師爲我釋之。』詰旦，師訪諸徒，得之，立命文定爲洗滌之。文定復如祠，書『免貶』二字，去。成化壬辰，果廷試首冠，官至少宰。」

據《明清進士題名碑錄索引》，成化八年壬辰科錄取情形如下：第一甲三名（吳寬、劉震、李仁傑），第二甲七十八名，第三甲一百七十名。

吳寬會試廷試皆第一。《欽定四書文》化治文錄其制義二篇。

卷二錄吳寬程文《論語》「子在齊聞韶」一節題文：「聖人寓鄰國而聽古樂，學之久而專，稱其美也至。夫古樂莫美於《韶》也，觀聖人所以學之與所以稱之者，則聖樂之美、聖心之誠皆可見矣。昔樂有名《韶》者，乃帝舜

之所作者也。後千餘年，列國惟齊能傳其樂。孔子在齊，適聞其音。想其慕舜之德，其心已極於平日；聞舜之樂，其身如在於當時。故不徒聽之以耳，而實契之於心。於凡鳴球琴瑟之類，其聲之依永者無不習；以至鼗鼓笙鏞之屬，其音之克諧者無不考。蓋學之不厭也，至於三月之久；而好之甚專也，本乎一心之誠。故當食之際，雖肉味有不知其為美者。何也？其心在於樂，則發憤至於忘食之勤；其志好乎古，則終日且有不食之篤。彼芻豢何物，果足以悅我口耶？夫既學之而有所得，則稱之自不能已。蓋謂舜之樂，昔嘗識之於書，如后夔之所典者，以為猶夫樂也，今習其度數，不意若此其美，則其聲之感召，眞可致神人之協和也；舜之樂，吾嘗聞之於人，如季札之所言者，以為猶夫樂也，今考其節奏，不意若此其盛，則其德之廣大，信有如天地之覆載也。其感歎之意，溢於言表如此。然則《韶》非舜不能作，亦非孔子不能知。彼端冕而聽古樂惟恐臥者，可以語此也哉？」評謂：「《註》依《史記》，補『學之』二字最吃緊，從此著意，故語皆實際，不徒為虛空讚美之辭。」卷五錄《孟子》「不幸而有疾」至「景丑氏宿焉」題文：「大賢託疾以辭其君，而因委曲以望其臣焉。蓋辭疾而出吊，孟子覺王之意微矣，而門人皆未之達焉，寧無望於其臣哉！且夫以君命而見者，臣道也；不為臣不見者，師道也。齊王欲以臣道處孟子，而孟子得不以師道自尊乎？是故無疾而為有疾，非欺也，乃所以悟君耳；將朝而不能朝，非慢也，乃所以重道耳。使王而知此，則東郭可以無吊，而景丑可以無宿矣。夫何吊於東郭，而公孫丑有不可之疑；王使醫來，而孟仲子又有權辭之對？是疾之托也，丑且疑之，而王悟之乎？疾之問也，仲且諱之，而王知之乎？孟子之心，誠有不容以自已者，故之景丑氏而宿焉。蓋其在景丑也，猶夫在東郭也；其宿於景丑也，猶夫吊於東郭也。以其望於君者而望於臣，因其喻於臣者而喻於君，則丑之疑或由此而達，仲之諱將賴此以明，而東郭之行不為空行，景丑之宿不為徒宿矣。否則，欲歸不可也，造朝不可也，固非所以悟君，亦豈所以重道者哉！」評謂：「義意曲盡，骨脈甚緊，有如柳子厚所稱昌黎之文『若捕龍蛇、搏虎豹，急與之角，而力不敢暇』者。雖隆萬間之靈雋、啓禎間之劖刻，豈能過此？以膚淺直率為先輩者，可爽然自失矣。體制正大，不得以題有割截而棄之。」

明憲宗成化十年甲午（西元 1474 年）

正 月

更定兩京鄉試事宜。（據《明憲宗實錄》卷一百二十四「成化十年春正月辛亥」）

　　王圻《續文獻通考》卷四十五《選舉考‧舉士三》：「（憲宗成化）十年，定在京科場事宜：一、監試官，都察院十日以前選差公正御史公同提調官於至公堂，編次號圍、提點席舍、審察執役人等，禁約希求考官諸弊。一、每場進題，考試官先行密封，不許進題官與聞，以致露泄。一、生員作文，全場、減場者，監試官各用全、減關防印記。至黃昏，全場謄正未畢者給燭，不及數者扶出。一、受卷、供給、巡綽等官入院，監試官搜檢鋪陳衣箱等物，不許挾帶文字、朱紅墨筆，廚役、皂隸人等審實正身供事，不許久慣之徒私替出入。一、搜檢、巡綽，取在外都司輪班京操官軍，三場調用，把門人等時加更換，不許軍人故帶文字，裝誣生員，勒取財物。」

八 月

黎淳、劉健主順天鄉試，《錄》大有誤，上命翰林官就闈中磨勘。淳以一士前後場文理懸甚，勾勘得截卷狀，發勘，故有是命。（據查繼佐《罪惟錄》志卷十八《科舉志》）

兩京及河南、山東、陝西、山西、浙江、湖廣、江西、福建、廣東、廣西、四川、雲南等十二布政司鄉試；貴州士子附雲南鄉試。

陳洪謨以《易經》舉應天府鄉試。後屢試不第。

　　吳寬《家藏集》卷六十三《鄉貢進士陳君墓誌銘》：「陳君……家貧，無以資給，……入縣學，與諸生講業。諸生多富家子，君處其間自若。竟以《易經》中成化甲午應天府鄉試。凡上禮部，得教官，輒不受。乃益教其子言讀書，言亦中鄉試，於是父子同在禮部。有勸之者曰：『校官可受矣。』君不應，敝衣破履，徒步京師，其志必欲得進士。至是凡五舉，不能得，南歸數月，竟卒於家，年六十四。君初名戭，字德明，更名洪謨，後復更元謨。」

明憲宗成化十一年乙未（西元 1475 年）

二 月

徐溥、丘濬為會試考官，取中王鏊等三百人。（據《明憲宗實錄》卷一百三十八）

《館閣漫錄》卷六《成化十一年》：「二月庚辰朔。乙酉，命詹事府少詹事兼侍講學士徐溥、侍讀學士彭華為會試考試官。華以疾且有從子入場，上疏辭，改命侍講學士丘濬。戊子，侍講學士楊守陳以母喪去任，賜守陳母太孺人祭，不為例，從守陳請也。己酉，命少保、吏部尚書兼文淵閣大學士彭時、戶部尚書兼學士商輅、禮部尚書兼學士萬安、吏部尚書尹旻、戶部尚書楊鼎、兵部尚書項忠、刑部尚書董方、工部尚書王復，太子少保兼都察院左都御史李賓、王越，通政司掌司事工部尚書張文質、大理卿宋旻、學士王獻、侍讀學士彭華、侍讀學士尹直為殿試讀卷官。」王圻《續文獻通考》卷四十六《選舉考·舉士四》：「憲宗成化十一年二月，命少保、吏部尚書兼文淵閣大學士彭時，戶部尚書兼翰林院學士商輅，禮部尚書兼翰林院學士萬安，吏部尚書尹旻，戶部尚書楊鼎，兵部尚書項忠，刑部尚書董方，工部尚書王復，太子少保兼都察院左都御史李賓、王越，通政使司、工部尚書張文質，大理寺卿宋旻，翰林院學士王獻，侍讀學士彭華，侍講學士尹直，為殿試讀卷官。十四年三月，以大學士萬安、劉翊、劉吉，吏書尹旻、兵書徐子俊、刑書林聰、工書王復、兵書兼左都王鉞、掌通政使司事工書張文質、大理卿宋旻，充殿試讀卷官。案：讀卷官，國初用祭酒、修撰等官。洪武初，國子祭酒魏觀、太常博士孫吳與給事中李顏、修撰王僎四人充讀卷。正統中，猶與其事。其後，非執政大臣不得與，而去取之柄則在內閣。國初於殿試之明日即傳臚揭榜，今制約以三日內閱卷，庶得盡心鑒別。凡殿試讀卷官，內閣大學士、學士等官內具其名，送該部奏請。至日，與各衙門該讀卷官詳定試卷。次日，同赴文華殿內，各官將第一甲三卷以次進讀，俟御筆批定，出將二甲三甲姓名填寫黃榜。又次日早，同赴華蓋殿，內閣官進至御座前，以次拆卷，將姓名籍貫面奏，司禮監官授制敕房官填榜畢，開寫傳臚帖子。內閣官一員捧榜出，至奉天殿授禮部尚書。制敕房官將帖子授鴻臚寺官傳臚。其受卷、彌封、掌卷官，從內閣於翰林院及春坊等官並制敕房官內推選，與各衙門官相兼執事，翰林院、坊、局始不過五人，後增至七人，遂為例。恩榮宴所，洪武時

無考。永樂九年，宴於會同館，十三年，宴於留守行後軍都督府，立石。宣德五年，宴於行在中軍都督府。宣德八年，始賜宴於禮部，遂爲例。」《重編瓊臺藁》卷八《會試策問》云：「問：古道德一，風俗同，歷世雖久，而所守者惟一說。是以當是之時，學無異道，人無異論，百家無殊言。孔子沒而異說紛起，道德遂爲天下裂。自是國異政，家殊俗，歲異而月不同矣。秦漢而下，自武帝表章六經之後，世之所謂儒者，咸知尊孔氏，黜百家，及其見於立論行事之間，則又有不同焉者。其大略有三：工文辭者，則有司馬遷之徒。論政事者，則有劉向之輩。談理道者，則有董生之流。是三者，皆世所謂儒者之事也。然則儒者之道，果止是而已乎？其後精於文者，有韓愈氏，有歐陽修氏。達於治者，有陸贄氏，范仲淹氏。深於道者，有二程、朱子焉。之數子者，其於前諸子，果若是班乎？其於孔子之道，亦有所合乎？我朝崇儒重道，太祖高皇帝大明儒學，教人取士，一惟經術是用。太宗文皇帝又取聖經賢傳，訂正歸一，使天下學者誦說而持守之，不惑於異端駁雜之說。道德可謂一矣。然至於今，風俗猶有未盡同者，何也？曩時文章之士，固多渾厚和平之作，近或厭其淺易，而肆爲艱深奇怪之辭，韓歐之文，果若是乎？議政之臣，固多救時濟世之策，近或厭其循常，而過爲閎闊矯激之論，陸范之見，果若是乎？至若講學明道，學者分內事也，近或大言闊視，以求獨異於一世之人，程朱之學，果若是乎？伊欲操觚染翰者，主於明理，而不專於騈辭；封章投匭者，志於匡時，而不在於立名；講學明道者，有此實功，而不立此門戶。不厭常而喜新，各矯偏而歸正，必使風俗同而道德一，以復古昔之盛，果若何而可？」查繼佐《罪惟錄》志卷十八《科舉志》：「（成化）十一年乙未，試貢士，得王鏊等三百人，賜謝遷、劉戩、王鏊等及等、出身有差。鏊甲午解元。或曰鏊已擬狀元，主考大學士徐溥心忌，抑置第三，後鏊作座師墓表，有微詞。」李調元《制義科瑣記》卷三《弱肉對句》：「成化乙未會試，主司丘文莊公濬，場中得王鏊卷，閱至《孟》藝『周公兼夷狄驅猛獸而百姓寧，後比『被髮而左袵』句，曰：『此非弱肉而強食不能對。』閱之，果然。遂置第一。」李詡《戒庵老人漫筆》卷二《桑民懌落乙榜》：「李西涯《送桑民懌訓導泰和》一律云：『十年三度試春闈，親見聲名滿帝畿。甲第久慚唐李部，奇才終誤宋劉幾。功名歲晚非蓬鬢，湖海官貧尙布衣。試看孤鷹下林落，壯心還向碧天飛。』題下注：民懌，蘇人，會試春闈，策有『胸中有長劍，一日幾回磨』等詩，爲吳檢討汝賢所黜。又作《學以至聖人之道論》，有

『我去而夫子來』等語，為丘學士仲深所黜。今年得乙榜，年二十一，籍誤以二為六，用新例辭不許，遂有是命。觀此則世所傳聞皆非妄也，蓋場中下筆，苟非雅馴，則雖有奇抱，將無窮乎！有不得概委之於命矣。」

本科會試題。

本科會試題有《論語》「無為而治者，其舜也歟。夫何為哉，恭己正南面而已矣」；《孟子》「周公思兼三王以施四事。其有不合者，仰而思之，夜以繼日。幸而得之，坐以待旦」；《中庸》「思事親，不可以不知人；思知人，不可以不知天」。

丘濬所作《孟子》「周公兼夷狄……百姓寧」程文及王鏊所作元墨均為「制科文之極盛」。

《欽定四書文》化治文卷五並錄二文。丘濬程文謂：「惟聖人有以除天下之害，則民生得其安矣。夫人類所以不安其生者，異類害之也。苟非聖人起而任除害之責，則斯民何自而得其安哉？昔孟子因公都子『好辯』之問，歷舉群聖之事而告之及此。謂夫周公以元聖之德為武王之相，斯時也成周之王業方興，有殷之遺患未息。其所以為天下害者非獨奄國、飛廉而已，而又有所謂夷狄者焉，夷狄交橫，不止害民之生，而彝倫亦或為之瀆矣，不力去之不可也；其所以為中國患者非獨五十國而已，而又有所謂猛獸者焉，猛獸縱橫，不止妨民之業，而軀命亦或為之戕矣，不急除之不可也。周公生於是時，以世道為己任，寧忍視民之害而不為之驅除乎！是以於夷狄也則兼而並之，而使之不得以猾夏；於猛獸也則驅而逐之，而使之不至於逼人。夷狄既兼，則夷不得以亂華，而凡林林而生者莫不相生相養，熙然於衣冠文物之中而無瀆亂之禍；猛獸既驅，則鳥獸之害人者消，而凡總總而處者莫不以生以息，恬然於家室田疇之內而無驚擾之憂。謂之曰百姓寧，信乎無一人之不安其生也。周公以是而相武王，其及人之功何其大哉！」評謂：「骨力雄峻，函蓋一時。此程與元墨，並制科文之極盛也。元作重講『百姓寧』，此程重講『兼』、『驅』，是其用意異處；俱先於反面透醒，是其作法同處。」王鏊元墨謂：「論古之聖人除天下之大害，成天下之大功。夫天生聖人，所以為世道計也，周公撥亂世而反之正，其亦不得已而有為者與？孟子答公都子之問而言及此，意謂天下大亂之後，必生聖人之才。商紂之世，民之困極矣，於是有周公出

焉。武王既作之於上，周公則佐之於下。彼其夷狄亂華，不有以兼之，吾知其被髮而左袵矣，周公於是起而兼之，而若奄國、若飛廉皆在所兼，兼夷狄，兼其害百姓者也；鳥獸逼人，不有以驅之，吾知其弱肉而強食矣，周公於是起而驅之，而若虎豹、若犀象皆在所驅，驅猛獸，驅其害百姓者也。是以夷狄之患既除，則四海永清，無復亂我華夏者矣；猛獸之害既息，則天下大治，無復交於中國者矣。天冠地履，華夷之分截然，人皆曰百姓寧也，而不知誰之功；上恬下熙，鳥獸之類咸若，人皆曰百姓寧也，而不知誰之力。吁！周公以人事而回氣化，撥亂世而興太平，其功之大何如哉？雖然，此亦周公之不得已耳，豈特禹抑洪水、孔子作《春秋》、孟子闢楊墨為不得已哉？蓋禹與周公，不得已而有為，除天下之害者也；孔子卒，孟子不得已而有言，除後世之害者也。然皆足以致治，其功之在天下後世，孰得而輕重之哉？韓子曰孟子功不在禹下，愚亦曰孟子之功不在周公下。」評謂：「字字典切，可配經傳。佳處尤在用意深厚，是聖人使人、物各得其所氣象。粲然明盛，晏然安和，昇平雅頌之音，河嶽英靈之氣。」「渾厚清和，法足辭備，墨義之工，三百年來無能抗者。」

王鏊被譽為舉業文字正宗。

李樂《見聞雜記》卷五：「本朝舉業文字，自永樂、天順間非無佳者，然開創首功，惟文恪王公鏊為正宗。弘治則有錢公福，嘉靖則有唐荊川順之、薛方山應旂、瞿昆湖景淳三先生。文恪『周公兼夷狄、驅猛獸而百姓寧』會試文字，何等氣格，何等精練，當百世不磨。三先生文佳者何可指數。今後生小子將數公文字置之高閣，即見以為不時，不加功夫模倣細玩，如何學得好文字出。」錢謙益《牧齋有學集》卷四十五《家塾論舉業雜說》：「杜工部云：『別裁偽體親風雅，轉益多師是汝師。』余謂時文亦然。有舉子之時文，有才子之時文，有理學之時文。是三者皆有真偽，能於此知別裁者是也。何謂舉子之時文？本經術，通訓故，析理必程、朱，遣詞必歐、蘇。規矩繩尺，不失尺寸，開闔起伏，渾然天成。自王守溪以迄於顧東江、江青湖、唐荊川、許石城、瞿昆湖，如譜宗派，如授衣缽，神聖工巧，斯為極則。隆、萬之間，劉定宇、馮開之、蕭漢沖、李九我、袁石浦、陶石簣諸公，壇宇相繼，謂之元脈。江河之流，不絕如線，久而漸失其真。湯霍林開串合之門，顧升伯談倒插之法，因風接響，奉為金科玉條。莠苗稗穀，似是而非，而先民之矩度

與其神理，漸滅不可復問矣。此舉子之文之偽體也。何謂才子之時文？心地空明，才調富有，風檣陣馬，一息千里，不知其所至，而能者顧詘焉。錢鶴灘、茅鹿門、歸震川、胡思泉、顧涇陽、湯若士之流，其最著者。虞澹然、王荊卿、袁小修，其流亞也。莽蕩如郝仲輿，雜亂如王遂東，竊銜竊轡，泛駕自喜，可與龍文虎脊並稱天馬乎？此才子之文之偽體也。何謂理學之時文？季彭山，姚江之別支也；楊復所，近溪之嫡孫也；趙夢白，洛閩之耳孫也；李卓吾，棗柏之分身也。稱心信理，現量發揮，可以使人開拓心胸，發明眼目。既而縉紳先生罷閒講學，點綴咕嗶，招搖門徒，以燈窗腐爛之辭，為扣門乞食之計。風斯下矣，文亦如之。此理學之文之偽體也。」阮葵生《茶餘客話》卷十六：「任香谷先生常言其鄉一老宿芮先生者，專心制藝，講論甚精，自總角至白首，凡六十年，手不停批，褒譏得失，穰穰滿室。至國初，年老不復應舉，乃舉平生所評騭之文，分為八大箱，按卦名排次。其乾字箱，則王、唐正宗也；坤字箱，則歸、胡大家，降而瞿、薛、湯、楊以及隆、嘉諸名家連次及之，金、陳、章、羅諸變體又次及之；其坎、離二箱，則小醇大疵，褒貶相半；艮、兌二箱，皆歷來傳誦之行卷、社稿及每科大小試獲雋之文，所深惡而醜詆之者也。書成後，自謂不朽盛業，將傳之其人，舉以示客，無一閱終卷者。數年後，並無一人過問。一日，有後生叩門請業，願假其書，先生大喜，欣然出入大箱，後生點檢竟日，乃獨假其艮、兌二箱而去。先生太息流涕累日，香谷先生猶及見其人。」梁章鉅《制義叢話》卷四：「李文貞公曰：或問王守溪時文筆氣似不能高於明初人，應之曰：『唐初詩亦有高於工部者，然不如工部之集大成，以體不備也。』制義至守溪而體大備。某少時頗怪守溪文無甚拔出者，近乃知其體制樸實，書理純密。以前人語句多對而不對，參差灑落，雖頗近古，終不如守溪裁對整齊，是制義正法。如唐初律詩，平仄不盡叶，終不如工部聲律密細，為得律詩之正。」「俞桐川曰：制義之有王守溪，猶史之有龍門、詩之有少陵、書法之有右軍，更百世而莫並者也。前此風會未開，守溪無所不有；後此時流屢變，守溪無所不包，理至守溪而實，氣至守溪而舒，神至守溪而完，法至守溪而備。蓋千子、大力、維斗、吉士莫不奉為尸祝，而或譏其雕鏤，疵其圓熟，則亦過高之論矣。運值天地之和，居得山川之秀。夾輔盛明，大有而不溺；遭逢疑貳，明夷而不傷。於理學為賢，於文章為聖，於經典為臣，於制義為祖，豈非一代之俊英、斯文之宗主歟？又曰：成化乙未科廷試，王文恪已居第一，商文恪忌之，易以

謝文正，故時人嘲之曰：『文讓王鏊，貌讓謝遷。』今觀文正所作，清剛古樸，
不入時豔，獨惜其少耳，何嘗讓文恪哉！方逆瑾用事，時群邪項領，眾正側
目，在廷之士咸受摧折，文正獨秉介石之操，翩翩去位，不俟終日，文恪亦
未嘗不去，但稍後於文正耳。古人出處進退，同一不苟如此，又何必於文字
較短長哉！」《制義叢話》卷十二：「淩義遠《名文探微》云：制藝之盛，莫
如成、弘，必以王文恪公爲稱首，其筆力高古，體兼眾妙，既非謹守成法者
所能步趨，亦非馳騁大家者所可超乘而上。錢鶴灘風骨不減守溪，惜文多小
品而微傷鏤刻，其大題則寥寥數篇，已如彝鼎法物，淺學豔鶴灘而躋方山，
豈識名元氣韻品格哉？唐荊川之機法，自堪稱祖稱宗；瞿昆湖之涵養，亦復
宜風宜雅。但荊川敘事得史家筆意，而腕力稍弱，昆湖則全乎時體，漸開宛
陵一派，故尚論者欲平視之，然盛世之文醇乎其醇，正非宛陵以後所可及，
荊川與昆湖相後先，一變圓熟而臻於精實，其修詞鉅麗，有臺閣氣象，微少
淘汰耳。定宇、月峰醇雅博厚，元氣渾然，允爲隆、萬之冠。《葵陽全稿》無
一陳言，蓋錘煉之極而不以修飾爲工，誠修辭之體要也。具區有五易、七易
稿，平時去取精嚴，故風簷揮灑，意思安閒，如不欲戰。涇陽平中大雅，文
兼古體，理本程、朱，氣浹歐、曾，名冠東林不虛已。九我之文，無所不煉，
無所不化，墨勝於稿。泗山則稿勝於墨，善用虛字爲章法，開思白、霍林法
門矣。會稽風規高峻，惜墨如金，然元品自馮而陶，則林泉潔清之致多，而
廊廟升恒之氣少矣。思白之文，珠圓玉潤，氣韻又復雅逸，其篇章結構，可
謂規矩方圓之至，蓋文品之入聖者。無障善於擒題豎義，以識爲主，謝疊山
所云小心、放膽兼而行之，拘士至今以爲口實，殆未識捉刀人乃眞英雄耳。
霍林繼起，意在鎔無障之生而就昆湖之熟，惜其欲以人工奪天巧，搏挽之融、
磨礱之粹，往往有餘於法而不足於氣，殆所謂文盛而樸將散者乎？然戊戌以
後，罕見其匹，故論列元品，自守溪而下斷自霍林止。其間弁南宮者十人，
兼會解者二人，冠全省者二人，惟泗山、思白名亞會元，如驂之靳，然二公
窗藝粹然元品，故並附之。茲十六家者，堂奧各闢而淵源如一，以論相之法
論諸公，則範圍其中與趣軼其外者，皆瞭乎若後矣。」

王鏊去年鄉試、本年會試俱第一。《欽定四書文》化治文錄其文十二
篇，僅少於陳際泰（58篇）、歸有光（33篇）、金聲（30篇）、唐順之
（21篇）、黃淳耀（20篇）、章世純（14篇），與胡友信入選篇目數量

相等。

卷二錄其《論語》「君賜食」一節題文：「聖人隨君之所賜而處之，曲盡其禮也。甚矣，聖人事君盡禮也，即當處君之賜，何往而非禮之所在乎？且君之賜臣，所以昭泰交之義，而致鼎養之隆也。夫子爲臣於魯，君嘗賜之食矣。食則或出於餕餘者也，夫子於此，既不敢以薦諸神，亦不遽以頒諸人。必也正席於拜嘉之際，品嘗於頒賜之先，退食之從容，猶侍食之嚴肅也。其敬君之賜何如？君嘗賜之腥矣。腥則方頒於君庖者也，夫子於此，慶幸之意方深，如在之誠隨至。必也熟之錡釜之內，薦之宗廟之中，存沒均霑，而人神胥悅也。其榮君之賜何如？君嘗賜之生矣。謂之生者，非若食之可嘗也，非若腥之可薦也，夫子必從而畜之。蓋物爲吾與，而不忍之念自生；況賜出於君，而愛惜之心尤切。或祭祀未舉，則畜之而不敢殺也；或宴享未行，則畜之而不敢用也。其仁君之賜何如？自其嘗之也，而見逮下之恩焉；自其薦之也，而見事先之孝焉；自其畜之也，而見育物之仁焉。一敬君而眾善備者，非孔子，其孰能之？」評謂：「語語皆體貼情理而出，不獨意法周密。先正講書作文，全是將自己性情契勘，所以氣厚聲和而俗化日上也。」卷三錄其程文《論語》「百姓足孰與不足」題文：「民既富於下，君自富於上。蓋君之富藏於民者也，民既富矣，君豈有獨貧之理哉！有若深言君民一體之意以告哀公，蓋謂：公之加賦，以用之不足也；欲足其用，盍先足其民乎？誠能百畝而徹，恒存節用愛人之心；什一而征，不爲厲民自養之計。則民力所出，不困於征求；民財所有，不盡於聚斂。閭閻之內，乃積乃倉，而所謂仰事俯育者無憂矣；田野之間，如茨如梁，而所謂養生送死者無憾矣。百姓既足，君何爲而獨貧乎？吾知藏諸閭閻者，君皆得而有之，不必歸之府庫而後爲吾財也；蓄諸田野者，君皆得而用之，不必積之倉廩而後爲吾有也。取之無窮，何憂乎有求而不得；用之不竭，何患乎有事而無備？犧牲粢盛，足以爲祭祀之供，玉帛筐篚，足以資朝聘之費，借曰不足，百姓自有以給之也，其孰與不足乎？饔飱牢醴，足以供賓客之需，車馬器械，足以備征伐之用，借曰不足，百姓自有以應之也，又孰與不足乎？吁，徹法之立，本以爲民，而國用之足，乃由於此，何必加賦以求富哉？」評謂：「層次洗發，由淺入深，題義既畢，篇法亦完，此先輩眞實本領。後人雖開闔照應，備極巧變，莫能繼武也。」同卷錄其程文《論語》「邦有道危言危行」題文：「天下之治道方隆，君子之直道斯顯。蓋世隆則道從而隆也，君子處此，言行有不遂其直者哉？

昔聖人之意，謂夫所貴乎君子者，有特立不變之操，有相時而動之宜。是故在上者惟明明之后，在下者多休休之臣。世道清明，見於刑賞予奪者，皆公平正大之體，正君子嚮用之時也；朝綱振肅，列於前後左右者，無險陂側媚之私，正陽德方亨之候也。邦之有道如此，居是邦也，言焉而不盡，行焉而不伸，不有負於時乎？蓋君子之於言也，固有或默之時，而邦有道，則無所俟於默者。故理有當言則必言，面折廷諍，侃然正論之不屈。事關利害，有舉世所不敢言，而獨言之；幾伏隱微，有舉世所不能言，而獨言之。入以告於君，出以語於人，一皆忠義之激發。言非沽直也，時可直而直也。君子之於行也，固無可貶之時，而邦有道，又無所待於貶者。故義所當行則必行，秉道嫉邪，挺然勁氣之不回。非其義也，一介不以與諸人，一介不以取諸人；如其義也，一家非之而不顧，一國非之而不顧。上以事乎君，下以持乎身，一皆行義之峻潔。行非求異也，道當直而直也。君子之處世如此，則世道之隆，豈非吾道之泰乎？雖然，君子之言行，非有意於危；自卑者視之，見其危也。然言有時而孫，何哉？蓋行無時而變，持身之道也；言有時而孫，保身之道也。士而至於保身，豈盛世之所宜有哉？」評謂：「講『有道』，即見可以『危言危行』，講『危言危行』，即回抱『有道』。又即蘊蓄下文，斡旋『言孫』。巧、力兼備之文。」「『危』字發得透徹。光昌嚴峻之氣，與題相稱。」同卷錄《論語》「邦君之妻」一節題文：「聖人於國君之配而必序其稱名之詳焉。夫匹配之際，立教之端也。聖人於其所稱之名而詳序之，其謹微之義，斷可識矣。且古之聖人，固嘗嚴內外之分，亦未嘗絕內外之交。是以有禮焉，以秩其分；有分焉，以定其名。試以邦君之妻言之，所以聽一國之內治，掌斯民之陰教，風化存焉者也。其稱名之法，當何如哉？自夫君之稱之也，則曰夫人。蓋邦君，乾道也；夫人，坤道也。乾健而不息，坤順而有常，既以德而配德，必以貴而從貴。以夫人稱，尊之也，言其與己同也。自夫人之自稱也，則曰小童。蓋夫者，天道也；妻者，地道也。天尊而莫踰，地卑而上行，雖以體而敵體，猶必謙而又謙。以小童稱，自卑也，言為君之役也。此特稱於宮中者耳，至於邦人稱之，則不徒曰夫人，而必曰君夫人焉。蓋婦人無爵，從夫之爵，國無恒爵，惟君為尊。稱夫人而係之以君，雖所以稱夫人也，亦所以尊君也。此特稱於本國者耳，至於稱諸異邦也，不徒曰小君，而必曰寡小君焉。蓋寡德之辭，諸侯不嫌於自貶；而藉君為號，夫人不容以自矜。稱小君而必係之以寡，非惟附君之美也，實則從君之謙也。此固夫人之

稱於異邦者矣。至於異邦人稱之也，亦曰君夫人焉。蓋君之於民也，異所統而尊則同；夫人之於君也，殊所位而親則一。敬其君以及人之君，則敬彼國之夫人，亦當如本國之夫人矣。是之謂充類也，故不嫌於同辭也。吁，一邦君之妻，而稱名之異如此，要皆緣情而定、因理而起者也。學者其可忽諸？」評謂：「句句詳覈，股法變換參差，尤見手筆。」「實能抉禮意之精微，古茂雅潔，典制文字，此爲極軌。」卷四錄其《中庸》「武王纘大王……及士庶人」題文：「《中庸》稱二聖有繼先緒而隆一統之尊者，有承先德而備一代之典者。蓋德業創於前而莫爲之後，雖盛弗傳也。如二聖之所爲，豈不有光於前人也哉？《中庸》述夫子之意，謂夫欲知文王之無憂，當觀武、周之善述。夫文王既沒而不能作，繼之者誰與？蓋太王、王季創於前，文王之業隆於後，而纘其緒者惟武王也。觀其身一著夫戎衣，師不勞於再舉，而坐收一統之全功；迹雖嫌於伐君，志非富乎天下，而無損萬世之令譽。且不獨功名之俱盛而已，以貴則尊極一人，以富則奄有四海，而福有超於尋常也；不獨祿位之兼得而已，上焉則宗廟饗之，下焉則子孫保之，而業有光於前後也。武王之繼先緒如此，是以創業而兼守成，雖征誅而同揖遜矣，其武功之隆何如哉？若夫武王已老而受命，承之者誰與？蓋文王欲爲而拘於位，武王得爲而限於年，而成其德者在周公也。觀其隆古公之號爲太王，加季歷之稱爲王季，則近推乎文武之盛心；祀組紺而上以王禮，迨后稷以下而皆然，則上追乎先祖之遺意。於是推斯禮以及人，使有國而爲諸侯、有家而爲大夫者，咸得隨等序而行其禮也；達斯禮以逮下，使有位而爲士、無位而爲庶人者，皆得循禮度以伸其情也。周公之成先德如此，是繼述善於一身，禮制通於天下矣，其文德之備爲何如哉？吁，武王纘焉而益隆，周公成焉而大備，此周家所以勃興而文王所以無憂也與？」評謂：「精語卓立，氣格渾成。當玩其苦心撰結處。」卷六錄其《孟子》「周公思兼三王以施四事」題文：「大賢論前聖欲集乎群聖而纘其舊服者，一憂勤惕厲之心也。蓋三王之事，皆事之善者也。周公欲以一身而兼體之，其憂勤惕厲何如哉？孟子意謂三王不可作矣，繼三王而作，時則有若周公。其爲心果何如也哉？景前聖之烈光，毅然欲以身統其盛，曠百世而相感，固不限於分位之難齊；瞻庭闈之遺矩，慨然欲以己會其全，幸再傳之未泯，時自責以心力所可。繼夏而王者禹也，商而王者湯也，公而如禹如湯，亦可已矣，而尚不忘乎有賢父兄之樂，遠稽未滿其志，參之以近守焉，會眾美而歸之身，固所願也；始王周者文也，繼王周者武也，公而如文如武，

亦可已矣，而猶不廢乎古先哲王之求，見知未厭其心，益之以聞知焉，集四聖而爲大成，蓋有期也。是以撫往事而興則傚之思，將以行於古者而行於今，典則具在，冀追踐而不遺；即往行而勵進修之念，將以敷於前者而敷於後，謨烈相承，期作求而無斁。於禹而欲施其好善惡酒之事，於湯而欲施其執中立賢之事，成功未見於躬行，而奮發已形於意氣，彼謂古今之不相及而畫焉以自處者，豈公之志哉！於文而欲施其愛民求道之事，於武而欲施其不泄不忘之事，大效未彰於踐履，而感激已動於精神，彼謂君相之不同道而陋焉以自居者，豈公之心哉！吁，公亦人耳，而所以厚待其身者必備夫三王四事而後已，其憂勤惕厲屬至矣。此天理常存、人心不死而道統之傳有由也歟！」評謂：「音調頗與後來科舉揣摩之體相近，而意脈自清，在稿中另爲一格。」同卷錄其《孟子》「晉之乘」二節題文：「大賢之論聖經，始則同於諸史，終則定於聖人。蓋《春秋》未修則爲魯國之史，《春秋》既修則爲萬世之法也。聖人之作經，夫豈徒然哉？昔孟子之意，若曰：古之爲國也必有史，史之載事也必有名。彼晉嘗伯天下矣，其爲史也，興於田賦乘馬之事，故名之曰『乘』焉；楚嘗伯天下矣，其爲史也，興於記惡垂戒之義，故名之曰『檮杌』焉。以至魯爲中國之望，其史必表年以首事，故錯舉春秋以名也。於斯時也，《春秋》未經仲尼之筆，褒貶不明，亦一《乘》而已矣；蕪穢不治，亦一《檮杌》而已矣。是故以其事言之，齊桓創伯於葵丘之盟，晉文繼伯於城濮之戰，其事伯者之事也；以其文言之，諸侯有言左史記之，諸侯有行右史記之，其文史官之文也。何以異於列國之史哉？然孔子嘗曰其義則丘竊取之，則夫子以春秋之素王，秉南面之賞罰。一褒一貶，皆聖心所自裁；一筆一削，雖游、夏不能贊。中國而入於夷狄則夷之，凜於斧鉞之誅也；夷狄而進於中國則中國之，寵於華袞之錫也。此孔子之《春秋》，雖曰舊史之文，而實爲百王之大法也。嗟夫！《春秋》之作，自姬轍既東，王室衰微，禮樂不由天子，征伐出自諸侯，泯泯棼棼，聖人憂之，於是筆削一經，垂法萬世。然使魯之史官阿諛畏怯，君過不書，簡編失實，無所考信，則仲尼雖欲作《春秋》以法萬世，將何所據乎？此史之功高於伯，而孔子之功倍於史。」評謂：「如題順敘而波折自生，於過接處、收束處著意數筆，便覺神致疏宕不群。」同卷錄其《孟子》「吾聞其以堯舜之道要湯」一節題文：「大賢明聖人之所以要君而辨其誣也。夫要湯以堯舜之道，則固未嘗要也，而可以割烹誣之哉！蓋謂天下之人往往知伊尹割烹要湯，而不知尹之所謂要者，乃要之以道而非要之以割

烹也。蓋尹以堯舜之道善其身，而湯欲以堯舜之道善天下，則堯舜之道在尹，堯舜之責在湯也。責在於湯，則尹雖無求於湯，而湯不得不求於尹；道在於尹，則湯雖無求於尹，而不能不求乎道。是求之者湯，而所以求之者尹；致之者尹，而所以致之者道也。謂尹之不要湯，可也；謂尹之要湯以道，亦可也。若曰割烹要湯，則尹之出處之嚴，天下所知也，喪其守於割烹，而嚴於出處之際，有如此耶？尹之自任之重，天下所知也，辱其身於割烹，而自任天下之重，有如此耶？縱使伊尹割烹以要湯，吾恐成湯之聖，非辱己者所能要，尹不得而要之也；縱使割烹可以要湯，吾恐天下之大，非要君者所能正，尹不得而正之也。然則謂湯以割烹而聘尹，是誣湯也；謂尹以割烹而要湯，是誣尹也。湯不可誣，尹不可誣，是自誣也。嗚呼，君子焉可以自誣耶？」評謂：「殊有踔厲風發之勢，實能寫出孟子語妙。」卷六錄其《孟子》「附於諸侯曰附庸」題文：「因人以致覲君之禮，附庸之所由名也。甚矣，明王不遺小國之臣也。觀附庸之所由名，而小國其不遺矣。孟子若謂：先王之班祿於天下也，必隆其尊者，固所以秩天下之分；而不遺於小者，尤所以公天下之利也。彼不能五十里者，既不能自達於天子矣，而果何以處之哉？誠以諸侯之必達於天子者，臣之禮也。使其不能以自達也，而苟無以附之，則力不能以自給，而王朝恤下之仁，或幾乎息矣；既不能以自達也，而苟無以附之，則禮不獲以自盡，而人臣述職之義，或幾乎廢矣。於是緣分以制其禮，而因禮以通其情。朝覲會同有定期也，莫不於諸侯而附之，凡所以繫其姓以昭有國之守者，恒於人而有賴也；敷奏明試有定期也，亦莫不於諸侯而附之，凡所以稱其字以昭往來之典者，必待人而後達也。若是者不謂之附庸乎？蓋諸侯之有國也，每視夫功之崇卑；而其稱名也，必視夫國之大小。今惟附於諸侯焉，則是錫類隘於先王，而茅土之所封者，不得以有乎百里、七十里、五十里之國；錫命拘於定分，而名位之所稱者，自不得以與乎公、侯、伯、子、男之列。以是而稱之於王朝也，必曰附庸，是雖社稷所主，不能不稱臣於諸侯也，而其為天子之臣，則一而已矣；以是而稱之於侯國也，亦必曰附庸，是雖邦域所在，不能不統屬於諸侯也，而其為國之君，則一而已矣。謂之曰附庸，非以是夫？是知因地制國，而必儉於附庸者，所以嚴其分也，義之盡也；因分制禮，而必附於諸侯者，所以通其情也，仁之至也。此周室班祿之制所以為盡善也。」評謂：「祇用清寫，而舉義該洽，波瀾闊老。」同卷錄其《孟子》「大國地方百里」三節題文：「大賢第言三等之國，祿之浸厚者其制

異，祿之浸薄者其制同。蓋祿厚者可殺，而薄者不可殺也。三等之國，君卿以異，而大夫以下者則同，不以是哉？孟子告北宮錡者及此，謂夫周室班祿之制，蓋有施於侯國之中者矣。彼大國之地，方百里也。語其封疆則廣，語其井田則多，君卿之祿有可得而厚者。故公皆十倍乎卿祿，卿祿則四倍乎大夫，四倍之者爲厚，則十其四者更厚矣。自此以下則浸以薄。大夫特倍上士耳，上士特倍中士耳，中士特倍下士耳，下士與庶人在官者同祿，其祿特足以代其耕耳。所謂大國之制如此。次國之地，非方七十里乎？封疆、井田視大國則殺其十之五矣，君卿之祿當漸殺也，故伯固十倍乎卿祿，卿祿但三倍乎大夫，三殺於四，君亦不過十其三耳。若大夫倍上士，上士倍中士，中士倍下士，下士與庶人在官者同祿，而祿足以代其耕，猶夫大國而已，固無所殺也。其爲次國之制如此。小國之制，非方五十里乎？封疆、井田視次國又殺其十之五矣。君卿之祿當益殺也，故子男固十倍乎卿祿，卿祿但二倍乎大夫，二殺於三，君亦不過十其二耳。若大夫倍上士，上士倍中士，中士倍下士，下士與庶人在官者同祿，而祿足以代其耕，猶夫次國而已，亦無所殺也。其爲小國之制如此。是知自卿以上而各異者，蓋祿浸厚而不殺，則其地不足以供也；自大夫以下而皆同者，蓋祿浸薄而殺之，則其養不能以給也。周制之善何如耶？」評謂：「無甚奇特，但局老筆高，又得說書之正體，遂使好奇特者鏤心鉥肝而不能至。」卷六又錄其「桃應問曰」一章題文：「聖賢以身處臣子之難而要其所以全之之道焉。夫爲士執法，爲子盡孝，理也。不幸而處皋陶與舜之難，寧無所以全之者乎？是故桃應習變以求權，孟子因權以執極，而臣子之道無遺於天下矣。今夫莫尊於天子，尤莫尊於天子之父；莫重於法，尤莫重於殺人之法。子如舜而冒殺人之法，士如皋陶而臨天子之父之刑。君以及親，法可立也，而情不可忍；廢法蔽罪，情可盡也，而分不可踰。然則如之何而後可？此固桃應之意也。孟子於是教之曰：天下有不可變之法，而有不可徇之情。是故以士師而私其君，廢法易，執法之爲難；以天子而庇其父，禁法易，不禁之爲難。而不知法也者，非皋陶之所得私也，曰受於舜也；亦非舜之所得私也，曰出於天下人心之公也。君臣父子，惟法則久；生殺予奪，惟法則行。舜亦如其法何哉？然以士師之法律瞽瞍之法，則瞽瞍無所逃於天下；以人子之情律舜之情，則雖天下無以解舜之憂。當斯時也，居舜之地，諒舜之心，必將曰：在朝廷則情爲重，法爲尤重，而情窮於不可奪；在海濱則天下爲輕，親爲重，而法泯於無所加。故寧以其身冒竊負之名，無寧

使我有爲天下而陷父之罪；寧使天下有爲親而棄之名，無寧忍其親於不赦之
辟。不能避法而能避天下，不有天下而有其親。夫如是，而後在舜則委曲以
濟變，在瞽瞍則宜死而得生；在皋陶則不容於法，而容於法之所不料。斯其
善處變者乎？夫以是而達於天下後世，知一日不可無法，則不可撓皋陶之法；
知一日不可無父，則不可不存舜不得已之心。」評謂：「化累敘問答之板局，
而以大氣包舉。實理充貫，有龍象蹴盤之概。此文一本作邵圭潔，或疑守溪
文尚無此發揚蹈厲氣象，但邵稿中亦未見此種，恐仍屬王鏊會適至而得之也。」

王鏊議改革科舉，建議於常科之外，另設制科以收非常之才。

　　王鏊《震澤集》卷三十三《擬罷言》：「王子曰：國家設科取士之法，可
謂正矣、密矣。先之經義，以觀其窮理之學，次之論、表，以觀其博古之學，
終之策問，以觀其時務之學。士誠窮理也、博古也、識時務也，尚何求哉？
其可謂良法矣。然行之百五十年，宜其得人超軼前代，卒未聞有如古之豪傑
者出於其間，而文詞終有愧於古。雖人才高下係於時，然亦科目之制爲之也。
科目之設，天下之士群趨而奔嚮之，上意所嚮，風俗隨之。人才之高下，士
風之醇漓，率由是出。三代取士之法，吾未暇論。唐、宋以來，科有明經，
有進士。明經即今經義之謂也，進士則兼以詩賦。當時二科並行，而進士得
人爲盛，名臣將相皆是焉出。明經雖近正，而士之拙者則爲之，謂之學究。
詩賦雖近於浮豔，而士之高明者多嚮之，謂之進士。詩賦雖浮豔，然必博觀
泛取、出入經史百家，蓋非詩賦之得人，而博古之爲益於治也。至宋王安石
爲相，黜詩賦，崇經學，科場以經義論策取士，可謂一掃歷代之陋也。然士
專一經，白首莫究，其餘經史付之度外，謂非己事，其學誠專，其識日陋，
其才日下，蓋不過當時明經一科耳。後安石言初意驅學究爲進士，不意驅進
士爲學究，蓋安石亦自悔之矣。今科場雖兼策論，而百年之間，主司所重，
惟在經義，士子所習，亦惟經義。以爲經既通，則策論可無俟乎習矣。近年
頗重策論，而士習既成，亦難猝變。夫古之通經者，通其義焉耳。今也割裂、
裝綴、穿鑿、支離，以希合主司之求，窮年畢力，莫有底止。偶得科目，棄
如弁髦，始欲從事於學，而精力竭矣，不復能有進矣。人才之不如古，其實
由此也。然則進士之科可無易乎？曰：科不俟易也。經義取士，其學正矣，
其義精矣，所恨者其途稍狹，不能盡天下之才耳。愚欲於進士之外，別立一
科，如前代制科之類，必兼通諸經，博洽子、史、詞賦，乃得預焉。有官無

官，皆得應之。其甲授翰林，次科、次道、次部屬，而有官者則遞陞焉。如此天下之士，皆將爭奮於學，雖有官者亦翹翹然有興起之心，無復專經之陋矣。或曰：今士子一經且不能精，如餘經何？曰：制科以待非常之士耳。以科目收天下之士，以制科收非常之才，如此而後天下無遺才。故曰：科不俟易也。」

三　月

謝遷、劉戩、王鏊等三百人進士及第、出身有差。是科未考選庶吉士。

《明憲宗實錄》卷一百三十九：「成化十一年三月庚戌朔，上御奉天殿，親策舉人王鏊等。」「壬子，上親閱舉人所對策，賜謝遷等二百九十七人進士及第、出身有差。」據《成化十一年進士登科錄‧玉音》：「成化十一年二月二十七日，禮部尚書臣鄒幹等於奉天門奏爲科舉事。會試天下舉人，取中三百名。本年三月初一日殿試，合請讀卷官及執事等官少保吏部尚書兼文淵閣大學士彭時等五十二員。其進士出身等第，恭依太祖高皇帝欽定資格，第一甲例取三名，第一名從六品，第二第三名正七品，賜進士及第。第二甲從七品，賜進士出身。第三甲正八品，賜同進士出身。奉聖旨：是，欽此。讀卷官：資德大夫正治上卿戶部尚書兼翰林院學士商輅，乙丑進士；資善大夫禮部尚書兼翰林院學士萬安，戊辰進士；資善大夫吏部尚書尹旻，戊辰進士；資德大夫正治上卿戶部尚書楊鼎，己未進士；資德大夫正治上卿兵部尚書項忠，壬戌進士；資善大夫刑部尚書董方，乙丑進士；資德大夫正治上卿工部尚書王復，壬戌進士；通政使司掌司事工部尚書張文質，壬戌進士；資德大夫正治上卿太子少保兼都察院左都御史李賓，乙丑進士；資政大夫太子少保兼都察院左都御史王越，辛未進士；嘉議大夫大理寺卿宋旻，辛未進士；翰林院學士奉議大夫王獻，辛未進士；翰林院侍讀學士奉訓大夫彭華，甲戌進士；翰林院侍講學士奉訓大夫尹直，甲戌進士。提調官：資德大夫正治上卿禮部尚書鄒幹，己未進士；通議大夫禮部左侍郎劉吉，戊辰進士；嘉議大夫禮部右侍郎俞欽，辛未進士。監試官：文林郎江西道監察御史龔晟，甲申進士；文林郎雲南道監察御史薛爲學，丙戌進士。受卷官：翰林院侍講承德郎徐瓊，丁丑進士；翰林院侍講承直郎程敏政，丙戌進士；承事郎吏科都給事中徐英，丁丑進士；承事郎戶科都給事中鄧山，甲申進士。彌封官：亞中大夫光祿寺卿周騤，戊辰進士；中憲大夫鴻臚寺卿楊宣，甲戌進士；中議大大

贊治尹太常寺少卿林章，儒士；奉議大夫尚寶司卿蔣敵，甲戌進士；翰林院修撰儒林郎汪諧，庚辰進士；徵仕郎禮科左給事中張謙，丙戌進士；徵仕郎兵科給事中郭鏜，丙戌進士。掌卷官：翰林院修撰承務郎吳寬，壬辰進士；翰林院編修文林郎倪岳，甲申進士；承事郎刑科都給事中雷澤，甲申進士；徵事郎工科右給事中陳峻，庚辰進士。巡綽官：驃騎將軍錦衣衛掌衛事都指揮使袁彬；懷遠將軍錦衣衛指揮同知焦壽；明威將軍錦衣衛指揮僉事趙能；明威將軍錦衣衛指揮僉事朱驥；明威將軍錦衣衛指揮僉事董璋；明威將軍金吾前衛指揮僉事萬友；昭勇將軍金吾後衛指揮使朱英。印卷官：奉政大夫禮部儀制清吏司郎中彭彥充，丁丑進士；奉訓大夫禮部儀制清吏司員外郎趙繕，庚辰進士；承德郎禮部儀制清吏司主事張習，己丑進士；承直郎禮部儀制清吏司主事邵新，己丑進士。供給官：奉議大夫光祿寺少卿艾福，庚辰進士；奉議大夫光祿寺少卿秦玘，甲戌進士；登仕佐郎禮部司務劉琛，監生；奉議大夫禮部精膳清吏司郎中周宗智，庚辰進士；禮部精膳清吏司員外郎陸淵之，丙戌進士；承德郎禮部精膳清吏司主事魏佑，監生。」《成化十一年進士登科錄・恩榮次第》：「成化十一年三月初一日早，諸貢士赴內府殿試，上御奉天殿親賜策問。三月初三日早，文武百官朝服侍班。是日，錦衣衛設鹵簿於丹陛丹墀內，上御奉天殿，鴻臚寺官傳制唱名，禮部官捧黃榜，鼓樂導引出長安左門外，張掛畢，順天府官用傘蓋儀從送狀元歸第。三月初四日，賜宴於禮部。宴畢，赴鴻臚寺習儀。三月初五日，賜狀元朝服冠帶及進士寶鈔。三月初六日，狀元率諸進士上表謝恩。三月初七日，狀元率諸進士詣先師孔子廟行釋菜禮，禮部奏請命工部於國子監立石題名。」

據《成化十一年進士登科錄》，第一甲三名，賜進士及第。履歷如下：

謝遷，貫浙江紹興府餘姚縣，民籍，縣學生，治《禮記》。字于喬，行二，年二十七，十二月二十八日生。曾祖原廣。祖瑩，前布政司都事。父恩。母鄒氏。重慶下。弟選、迪、遲。娶徐氏。浙江鄉試第一名，會試第三名。

劉戩，貫江西吉安府安福縣，民籍，國子生，治《易經》。字景元，行一，年四十，十一月十五日生。曾祖能寬。祖東彙。父丕嚴。母趙氏。具慶下。弟戲、景恪、景隆。娶胡氏。江西鄉試第六十名，會試第十五名。

王鏊，貫直隸蘇州府吳縣，民籍，府學生，治《詩經》。字濟之，行二，年二十六，八月十七日生。曾祖伯瑛。祖惟道。父朝用，知縣。母葉氏。重慶下。兄銘。弟鈇。娶吳氏。應天府鄉試第一名，會試第一名。

據《成化十一年進士登科錄》，第二甲九十五名，賜進士出身。第三甲二百二名，賜同進士出身。

謝遷（1449～1531）中一甲一名狀元。

《遊藝塾文規》卷一《科第全憑陰德》：「昔正統間，鄧茂七倡亂於福建，始於沙縣，蔓及延平等處，士民從賊者甚眾。朝廷起鄞縣張都憲楷南征，以計擒賊，後委布政司謝都事搜殺東路賊黨，委都司張斷事搜殺西路賊黨。謝求賊中黨附冊籍，凡不附賊者，密授以白布小旗，約兵至日，插旗門首，戒軍兵毋妄殺，全活萬人，張混殺甚多。後謝之子遷中狀元，為宰輔，孫丕復中探花。同時又有江西人王某，亦為司官，委查鄧籍，厚情申改，免死數千人。夜夢神人語之曰：『爾子當與謝子皆中狀元。』後果聯科及第。」查繼佐《罪惟錄》志卷十八《科舉志》「科舉盛事‧父子魁元六氏」：「餘姚謝遷，解元、會魁、狀元，子丕，解元、會魁、探花。南海倫文敘，會元、狀元，子以諒，解元、進士，次子以訓，會元、榜眼，幼子以詵，進士。敘與子諒、訓皆由儒士。鉛山費宏，狀元，子懋賢，進士，從子懋中，探花。臨海秦文，解元，子鳴雷，狀元。太倉王錫爵，會元、榜眼，子衡，解元、榜眼。南海陳熙昌，解元，子子壯，探花。吉水劉同升，崇禎丁丑狀元，父應秋，萬曆癸未探花。」

王鏊以一甲三名進士及第。其制義「開闢一代」，影響深遠。

邵寶《容春堂續集》卷十六《文恪墓誌銘》：「公自幼穎悟不凡，年十六隨父在國學，始課舉業，落筆過人。有傳其論策於文莊葉公，公大奇之曰：『此子他日忠肅乎？』忠肅，鹽山公謚也。公與同姓，且嫌名，故稱之。於是聲名動京師，有屈年與行，引為友，如奚元啟者。居二年，歸遊吳庠，凡考必居首。陳提學天台先生，尤以天下士期之。甲午試應天第一，主司謂：『安得東坡復出？』至全錄其論策，不易一字。乙未會試第一。廷對策入，眾擬第一，執政有忌其言直而抑之者，誘曰：『文太長，難讀也。』冢宰尹公讀之，遂置第一甲第三。」《甫田集》卷二十八《太傅王文恪公傳》：「成化戊子將歸試應天，文莊欲留卒業不果，意甚惜之，曰：『科目不足以淺子也！』既歸，補郡學生，一再試不利，而文名日益起。甲午遂以第一人薦，明年試禮部，復第一，廷試以第一甲第三人及第。」「少工舉子文。既連捷魁選，文名一日傳天下。程文四出，士爭傳錄

以爲式。公歎曰：『是足爲吾學耶？』及官翰林，遂肆力群經，下逮子史百家之言，莫不貫總。」霍韜《震澤集序》：「守溪先生早年詞氣如風檣駕濤，如逸驥馳野，如銀河注溟，如長虹橫漢，如列缺劃雲，如駛颶之嘯六合，可謂雄矣。……先生早學於蘇，晚學於韓，折衷於程朱。」董其昌《震澤先生集序》：「公之風節在朝廷，文章在海內，即無論中秘之奇、名山之藏，全豹莫窺，如制義八股之藝，開闢一代，士之茹其華而食其實者，迄今如一日也。」《遊藝塾續文規》卷四《了凡袁先生論文》：「成化場屋之文，王濟之爲宗，布帛菽粟，無施不可，所謂一代之宗匠非與？當時正大則有羅一峰倫，透徹則有儲柴墟巏，精煉則有程樂平楷，警策則有鄒立齋智，皆後先相望，翕然稱雄者也。」《明史·王鏊傳》：「鏊年十六，隨父讀書，國子監諸生爭傳誦其文。侍郎葉盛、提學御史陳選奇之，稱爲天下士。成化十年鄉試，明年會試，俱第一。廷試第三，授編修。杜門讀書，避遠權勢。」「少善制舉義，後數典鄉試，程文魁一代。取士尙經術，險詭者一切屏去。弘、正間，文體爲一變。」《四庫全書總目·震澤集提要》：「鏊以制義名一代，雖鄉塾童稚纔能誦讀八比，即無不知有王守溪者。然其古文亦湛深經術，典雅遒潔，有唐宋遺風。蓋有明盛時，雖爲時文者，亦必研索六籍，泛覽百氏，以培其根柢而窮其波瀾。鏊困頓名場，老乃得遇，其澤於古者已深。故時文工，而古文亦工也。」梁章鉅《制義叢話》卷十二：「前明科舉文字有元派、元脈、元度之目，甚至借釋氏之語，美其名曰元燈。其實則文章家之別徑，於古人立誠之本、載道之旨，杳不相關。顧風氣所趨，上以是求，下以是應，遂增藝林一故實。至我朝文運昌明，士尙實學，此調不彈久矣，而瑣聞遺事時時間出，亦足以資談柄。因薈萃而次之，俾舉業者知有此事，而不必專精致力於斯也。」「俞桐川曰：成、弘二朝會元，皆能名世。文之富者，爲王守溪、錢鶴灘、董中峰三家。王、錢之體正大，中峰之格孤高。王、錢之後，衍於荊川，終明之世號曰元燈。中峰以後，其傳遂絕，三百年來未嘗有問津者。」

明憲宗成化十三年丁酉（西元 1477 年）

八　月

兩京及河南、山東、陝西、山西、浙江、湖廣、江西、福建、廣東、廣西、四川、雲南等十二布政司鄉試；貴州士子附雲南鄉試。

十二月

黎淳奏請申明科場舊制，頒降學校。從之。

《明憲宗實錄》卷一百七十三：成化十三年十二月，「辛亥，詹事府少詹事兼翰林院侍讀黎淳奏：『科場出題作文定式，洪武年間已嘗頒降。近年有司多有不遵，任情行事，所刊程文，除兩京外，其餘純粹者少，駁雜者多，甚至犯廟諱及御名。乞移文所司，將提調、監試並考試、同考試官究治，考官如例追奪表裏。仍查墨卷，如舉人自錯，退還原學。及《小錄》前列吏典掌行科舉、生員謄錄對讀兩條，亦當削去。申明科場舊制，頒降學校，永爲遵守。』有旨：『科舉重事，各處出題刊文等事，何爲違式差謬。該部會官查究明白以聞。』禮部會同翰林院等衙門學士等官覆奏：『成化十三年鄉試錄，浙江等布政司中有犯廟諱、御名及親王諱，其嫌音及偏犯一字者如例不坐外，其犯二字及文理差謬行文有疵表失平側字畫差錯者，宜如淳言究治。但犯親王諱及文疵平側不順字畫差錯者，比與文理差謬者不同，宜止治其罪，仍令舉人會試。如錯改其文，止罪考官。今後會試鄉試開科取士，凡遇御名及廟諱，下一字俱要減寫點畫，以盡臣下尊敬之道。餘皆如禮部奏行條件，考試等官務取學行老成之士，不許徇私濫舉，及越數多取。出題校文並刊錄文字，必須依經按傳，文理純正，不許監臨等官干預。其考試官如有徇私作弊，仍從監臨等官糾舉。簾外執事，如舊例取用。《小錄》刊板如禮部會試錄式，不許仍開掌行科舉文字吏典及謄錄對讀生員姓名。從之。」《殿閣詞林記》卷十四《試錄》：「凡鄉試錄，舊制例進呈，祖宗時令翰林院儒臣評駁，之後其制漸弛。成化十四年，天下鄉試錄多舛謬，或犯國諱，少詹事兼侍讀黎淳摘奏數十條，下禮部、翰林院議，治考試提調官罪，且申定格例，行之至今。按是年山東刻文，《論語》義『不曰堅乎磨而不磷，不曰白乎涅而不緇』，最爲紕繆，遂逮舉人張天瑞治之，以墨卷不同乃止。」王圻《續文獻通考》卷四十六《選舉考·舉士四》：「成化十三年十二月，詹事府少詹事黎淳奏科場出題作文定式，謂洪武年間已嘗頒降，近年所刊程文，純粹者少，駁雜者多，乞移所司，將考試官究治，申明科場舊制，頒降學校，永爲遵守。上曰：『科舉重事，各處出題刊文等事，何爲違式差謬？該部會同翰林院學士等官覆奏。考試等官，務取學行老成之士，不許徇私濫舉。出題校文，並刊錄文字，必須合式，依經按傳，文理純正，不許監臨等官干預。』」案：洪武開科，詔《五經》皆主古注疏，及《易》兼主程、朱；《書》主蔡；《詩》主朱；《春秋》兼

左氏、公羊、穀梁、程、胡、張;《禮記》主陳。乃後,盡棄注疏,不知始何時,或曰:始於頒《五經大全》時,以為諸家說優者採入故耳。然古注疏終不可廢也。」

明憲宗成化十四年戊戌（西元 1478 年）

二　月

命禮部尚書兼學士劉吉、學士彭華為會試考試官,取中梁儲等三百五十人。（據《館閣漫錄》卷六《成化十四年》）

《明憲宗實錄》卷一百七十五:成化十四年二月,「丁巳,禮部奏,會試天下舉人三場已畢,請定名數。上命正榜取三百五十人。」「辛酉,禮部引會試中式舉人梁儲等三百五十人陛見。」查繼佐《罪惟錄》志卷十八《科舉志》:「(成化)十四年戊戌,試貢士,得梁儲等三百五十人,賜曾彥、楊守阯、曾追等及第、出身有差。時大學士萬安得彥策,大稱賞,且初過堂,美而頎長也,立擢第一。彥實六十餘,多髭,頹瑣也。安為惘然。覆閱其策,平平無奇。同榜譚溥,係山東□縣驛丞。」

本科會試題。

本科會試題有《論語》「子溫而厲,威而不猛,恭而安」;《孟子》「善政不如善教之得民也。善政民畏之,善教民愛之。善政得民財,善教得民心」;《中庸》「道也者,不可須臾離也,可離非道也」。

三　月

曾彥、楊守阯、曾追等進士及第、出身有差。改梁儲、張濬等二十八人為庶吉士。

《館閣漫錄》卷六《成化十四年》:「三月癸亥朔。丙子,以太子少保、吏部尚書兼謹身殿大學士萬安,太子少保、戶部尚書兼文淵閣大學士劉珝,太子少保、禮部尚書兼文淵閣大學士劉吉,太子少保、吏部尚書尹旻,兵部尚書余子俊、刑部尚書林聰、工部尚書王復,太子少保、兵部尚書兼都

察院左都御史王越，掌通政司事工部尚書張文質、戶部右侍郎邢簡、大理卿宋旻、詹事府少詹事兼侍讀黎淳、學士謝一夔、侍讀學士江朝宗充殿試讀卷官。乙酉，授第一甲進士曾彥修撰，楊守阯、曾追為編修。」《明憲宗實錄》卷一百七十六：成化十四年三月，「丁丑，上御奉天殿親策舉人梁儲等三百五十一人，制曰：『朕聞昔者三代聖王之化成天下，各有所尚，夏忠商質而周文也，享國已久，其迹可指言乎？生民以來，稱至治必曰唐虞三代，今止言三代而不及唐虞者，然則唐虞獨無所尚乎？史謂三代之道若循環，終而復始，春秋變周之文從商之質，豈時然乎？質法天，文法地，果然否乎？漢損周之文，夏之忠，有所據乎？唐宋二代，歷年亦久，有定尚乎？我太祖高皇帝肇造洪業，變夷為夏，重修人紀，載整衣冠，有功於天地大矣。太宗文皇帝纂紹大統，中靖家邦，列聖相承，益隆治教，百餘年來，海內漸涵，仁義之澤厚矣。其所尚可名乎？若名曰忠，民情猶變詐而多訟，非忠也。若名曰質，民用猶奢靡而逾分，非質也。若名曰文，民俗猶粗鄙而鮮禮，非文也。名既不可，然則今之世，其如唐虞之無所尚乎？朕欲移風易俗，去其所謂忠、敬、文之弊，悉囿斯人於皇極之中，行之自何始？子諸生明經待聞久矣，茲咸造於廷，詳著以獻，朕將親覽焉。』」「己卯，上親閱舉人所對策，賜曾彥等三百五十一人進士及第、出身有差。」「丙戌，選進士梁儲、張潊、陳璚、楊傑、敖山、劉忠、孫圭、于材、王珦、劉允中、張璞、徐鵬、汪藻、鄧炳、林霄、江瀾、張九功、陳邦瑞、馬廷用、荊茂、劉機、李經、謝文、張芮、倪進賢、楊廷和、楊時暢、武衛改翰林院庶吉士，讀書績文。命學士王獻、謝一夔教之，大學士萬安等提督考校，務令成效，以需他日之用。命所司給紙筆飲饌燈燭如舊例。」李東陽《懷麓堂集》卷二十一《奉詔育材賦》：「成化戊戌春二月，禮部試貢士，得三百五十人。三月策試於廷，既賜第一甲三人進士及第，為翰林修撰、編修。復詔內閣臣擇第二甲以下文之優者為庶吉士，命學士錢唐王公、南昌謝公蒞教事，遵舊典也。謹按《書》曰：『彰厥有常，吉哉。』又曰：『庶常吉士。』《詩》曰：『藹藹王多吉士。』今之所謂庶吉士者，所以儲才蓄德為天下用，古之遺意存焉。蓋自高皇帝立法創制，義精慮遠，出於歷代之所不及。及文皇帝二年甲申，詔庶吉士與第一甲曾公棨等二十八人肄學翰林，而周文襄公忱以自陳在列，皆上所親擇。命學士解公縉蒞之，而親顧問程試，大嚴賞罰之典。諸公亦感奮激勵，多為名臣。若王文端公直、

王文安公英、李忠文公時勉以及文襄，文章氣節，材猷勳業，卓卓在人耳目，儲材之典於斯爲盛。皇上即位十有五年，自甲申至今凡六策進士、四舉吉士之選。是科取人不減前甲申之數。」據《成化十四年進士登科錄·玉音》:「成化十四年三月十五日，太子少保禮部尚書臣鄒幹等於奉天門奏爲科舉事，會試天下舉人，取中三百五十名。本年三月十五日殿試，合請讀卷官及執事等官太子少保吏部尚書兼謹身殿大學士萬安等五十二員。其進士出身等第，恭依太祖高皇帝欽定資格，第一甲例取三名，第一名從六品。第二第三名正七品，賜進士及第。第二甲從七品，賜進士出身。第三甲正八品，賜同進士出身。奉聖旨：是，欽此。讀卷官：資政大夫太子少保吏部尚書兼謹身殿大學士萬安，戊辰進士；□□□少保戶部尚書兼文淵閣大學士劉珝，戊辰進士；□□□太子少保禮部尚書兼文淵閣大學士□□□，戊辰進士；□□□太子少保吏部尚書□□，戊辰進士；□□□太子少保兵部尚書兼都察院左都御史王偰，辛未進士；資政大夫兵部尚書余子俊，辛未進士；資政大夫刑部尚書林聰，己未進士；資德大夫正治上卿工部尚書王復，壬戌進士；資政大夫通政□□□事工部尚書張文質，壬戌進士。通議大夫吏部右侍郎邢簡，甲戌進士；通議大夫大理寺卿宋旻，辛未進士；中順大夫詹事府少詹事兼翰林院侍讀黎淳，丁丑進士；翰林院學士奉議大夫謝一夔，庚辰進士；翰林院侍讀學士奉直大夫江朝宗，辛未進士。提調官：資德大夫正治上卿太子少保禮部尚書鄒幹，己未進士；通議大夫禮部左侍郎俞欽，辛未進士；嘉議大夫禮部右侍郎周洪謨，乙丑進士。監試官：文林郎浙江道監察御史侶鍾，丙戌進士；文林郎湖廣道監察御史屠滽，丙戌進士。翰林院侍講承德郎謝□，甲申進士；翰林院編修文林郎尹龍，己丑進士；□□科都給事中趙侃，甲申進士；徵仕郎戶科給事中□孟暘，壬辰進士。彌封官：亞中大夫光祿寺卿艾福，庚辰進士；中憲大夫太常寺少卿兼司經局正字謝宇，監生；中順大夫鴻臚寺卿施純，丙戌進士；奉政大夫尚寶司卿李木，甲戌進士；翰林院修撰承務郎張頤，庚辰進士；翰林院編修文林郎李傑，丙戌進士；禮科都給事中唐章，丙戌進士；兵科都給事中郭鏜，丙戌進士。掌卷官：翰林院侍講承德郎陳音，甲申進士；翰林院編修文林郎商良臣，丙戌進士；刑科都給事中楊鈺，丙戌進士；承事郎工科都給事中張澤，甲申進士。巡綽官：□□□錦衣衛掌衛事都指揮同知牛循；□□將軍錦衣衛指揮同知朱驥；□□將軍署指揮同知劉良；□□將軍

錦衣衛指揮僉事趙璟；明威將軍錦衣衛指揮僉事陳璽；明威將軍金吾前衛指揮僉事萬友；懷遠將軍金吾後衛指揮同知徐能。印卷官：奉議大夫禮部儀制清吏司郎中趙繕，庚辰進士；奉訓大夫禮部儀制清吏司員外郎張習，己丑進士；承德郎禮部儀制清吏司主事邵新，己丑進士；承直郎禮部儀制清吏司主事劉紳，乙未進士。供給官：奉政大夫光祿寺少卿秦玘，甲戌進士；奉議大夫光祿寺少卿郭良，丁丑進士；將仕佐郎禮部司務王均美，己卯貢士；奉政大夫禮部精膳清吏司郎中倪輔，甲申進士；奉訓大夫禮部精膳清吏司員外郎楊□，庚辰進士；承直郎禮部精膳清吏司主事王傅，乙未進士。」《成化十四年進士登科錄·恩榮次第》：「成化十四年三月十五日早，諸貢士赴內府殿試，上御奉天殿賜策問。三月十七日早，文武百官朝服侍班，是日錦衣衛設鹵簿於丹陛丹墀內，上御奉天殿，鴻臚寺官傳制唱名，禮部官捧黃榜，鼓樂導引出長安左門外，張掛畢，順天府官用傘蓋儀從送狀元歸第。三月十八日，賜宴於禮部，宴畢，赴鴻臚寺習儀。三月十九日，賜狀元朝服冠帶及進士寶鈔。三月二十日，狀元率諸進士上表謝恩。三月二十一日，狀元率諸進士詣先師孔子廟行釋菜禮，禮部奏請命工部於國子監立石題名。」

　　據《成化十四年進士登科錄》，第一甲三名，賜進士及第。履歷如下：

　　曾彥，貫江西吉安府泰和縣，軍籍，國子生，治《詩經》。字士美，行一，年五十四，九月初七日生。曾祖文昇。祖澳宗。父廣相。前母尹氏，母蕭氏。永感下。弟燦、學、華、絢、韶。娶蕭氏，繼娶吳氏。應天府鄉試第九十名，會試第二百五十四名。

　　楊守阯，貫浙江寧波府鄞縣，官籍，國子生，治《易經》。字惟立，行八，年四十三，七月初七日生。曾祖浩卿。祖九疇。父自懲，倉副使，贈編修。母張氏，封太孺人。永感下。兄守陳，侍講學士。弟守隅。娶全氏。浙江鄉試第一名，會試第四名。

　　曾追，貫江西吉安府泰和縣，儒籍，國子生，治《書經》。字文甫，行二，年三十六，四月二十日生。曾祖伯高，贈修撰。祖鶴齡，侍講學士。父蒙簡，按察使。母陳氏，封孺人。慈侍下。兄道甫。弟迴，貢士；退。娶陳氏。江西鄉試第四十九名，會試第五十五名。

　　據《成化十四年進士登科錄》，第二甲一百十名，賜進士出身。第三甲二百三十七名，賜同進士出身。